Impressum

© 2016 Sascha Stoll
1. Auflage 2016
Herstellung und Verlag: BoD – Books on Demand, Norderstedt
ISBN 9783848208494
Grafiken: Sascha Stoll, Hintergrund: Leyasw/Fotolia.com,
Titelbild/Rückseite: jack1e/Fotolia.com

Bibliografische Information der Deutschen Nationalbibliothek:
Die Deutsche Nationalbibliothek verzeichnet diese Publikation in der Deutschen Nationalbibliografie;
detaillierte bibliografische Daten sind im Internet über www.dnb.de abrufbar.

Sascha Stoll
Ich und die Woche
Wochentagebuch

Ich und die Woche – Ein Wochentagebuch ist ein besonderes
Tagebuch. Schreiben Sie Ihre täglichen Erlebnisse, Gefühle und
Emotionen auf und bewerten Sie jeden einzelnen Tag. Am Ende
jeder Woche ziehen Sie Ihr ganz persönliches Resumé: War
die Woche perfekt oder nicht? Was kann ich in der nächsten
Woche besser machen. Das Buch gibt über ein Jahr hinweg
einen perfekten Überblick über Ihre guten und schlechten
Tage, Wochen und Jahre.

Kleine Ausfüllhilfe
Veranschaulichen Sie Ihre Tages-
oder Monatsform in einer Skala

Zeichnen Sie
Ihren Tagessmiley

Smiley des Tages

10 (super)

5 (solala)

1 (mies)

Wie fühlen Sie sich?
Malen Sie das
Thermometer aus

Was waren die Top 3 der Woche?

Die Top 3

① Mein Geburtstag

② Prüfung bestanden   ③ Endlich Sommer!

Sie beginnen mit den Gedanken an das zurückliegende Jahr ...

Meine Jahresbilanz _____

Positive Dinge des Jahres

Negative Dinge des Jahres

Ich habe alle Pläne, die ich mir für das letzte Jahr vorgenommen habe, verwirklicht

☐ ja   ☐ nein

Die beste Nachricht des Jahres

Welche nicht?

_____

_____

_____

_____

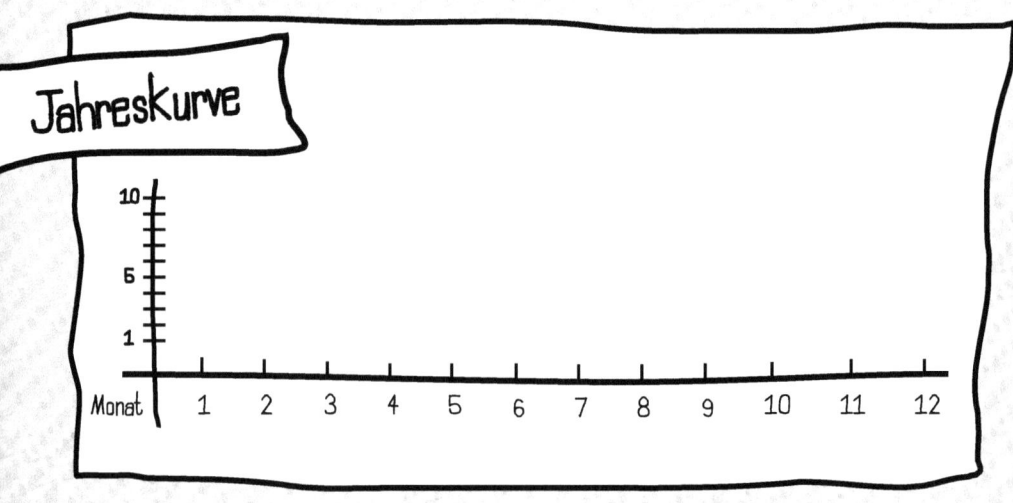

Jahreskurve

10
5
1

Monat   1   2   3   4   5   6   7   8   9   10   11   12

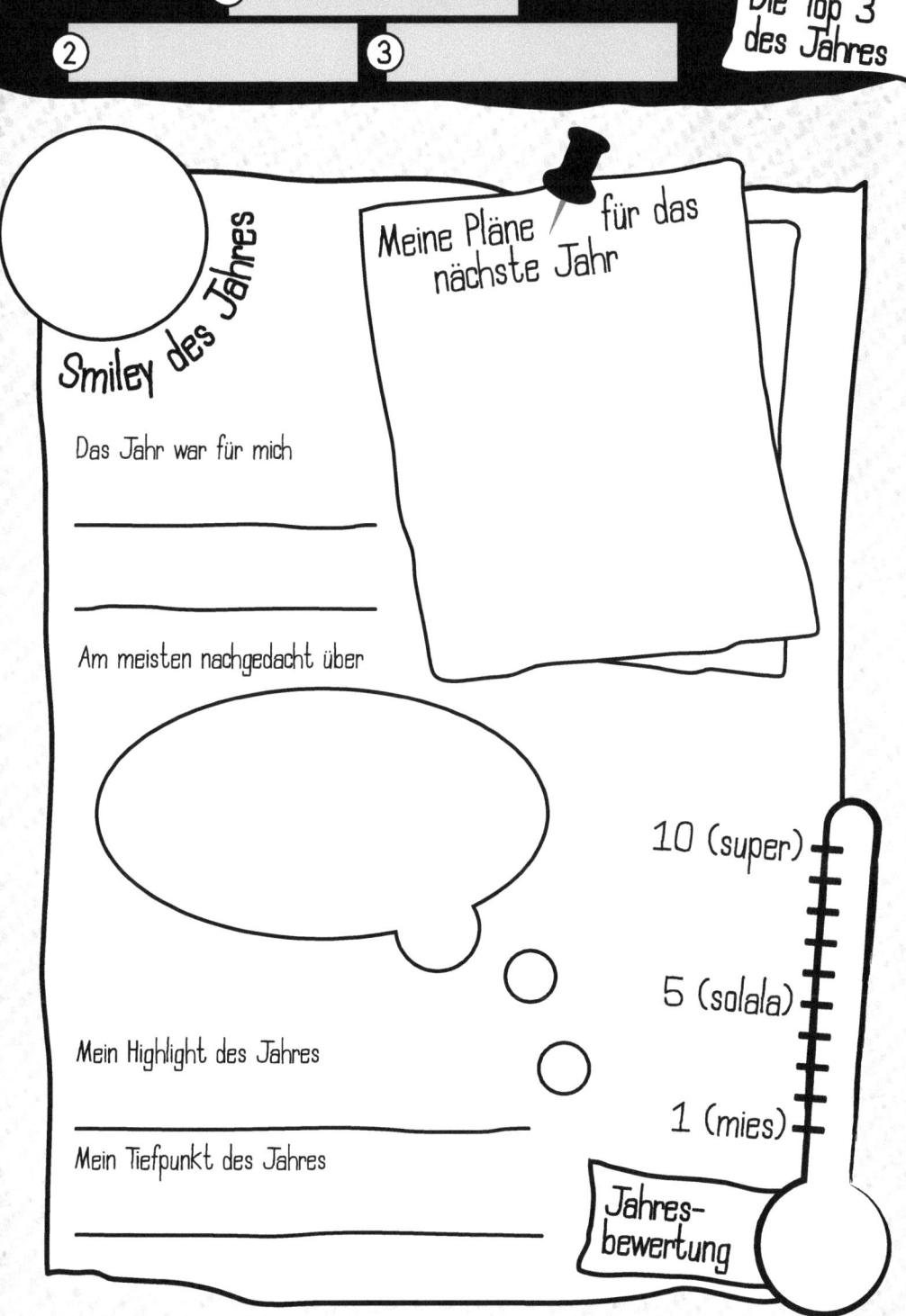

Woche 1 vom _____ bis _____ Jahr _____

Montag

Mein Highlight des Tages

_____

_____

Mein Tiefpunkt des Tages

_____

_____

Mein Arbeitstag
☐ gut ☐ schlecht

Mein Privatleben
☐ gut ☐ schlecht

Heute fühle ich mich

☐ glücklich ☐ unglücklich

☐ motiviert ☐ traurig

☐ müde ☐ fit

Am meisten nachgedacht über

Smiley des Tages

Tages-bewertung

10 (super)

5 (solala)

1 (mies)

Dienstag

Mein Highlight des Tages

_____

_____

Mein Tiefpunkt des Tages

_____

_____

Mein Arbeitstag
☐ gut ☐ schlecht

Mein Privatleben
☐ gut ☐ schlecht

Heute fühle ich mich

☐ glücklich ☐ unglücklich

☐ motiviert ☐ traurig

☐ müde ☐ fit

Am meisten nachgedacht über

Smiley des Tages

Tages-bewertung

10 (super)

5 (solala)

1 (mies)

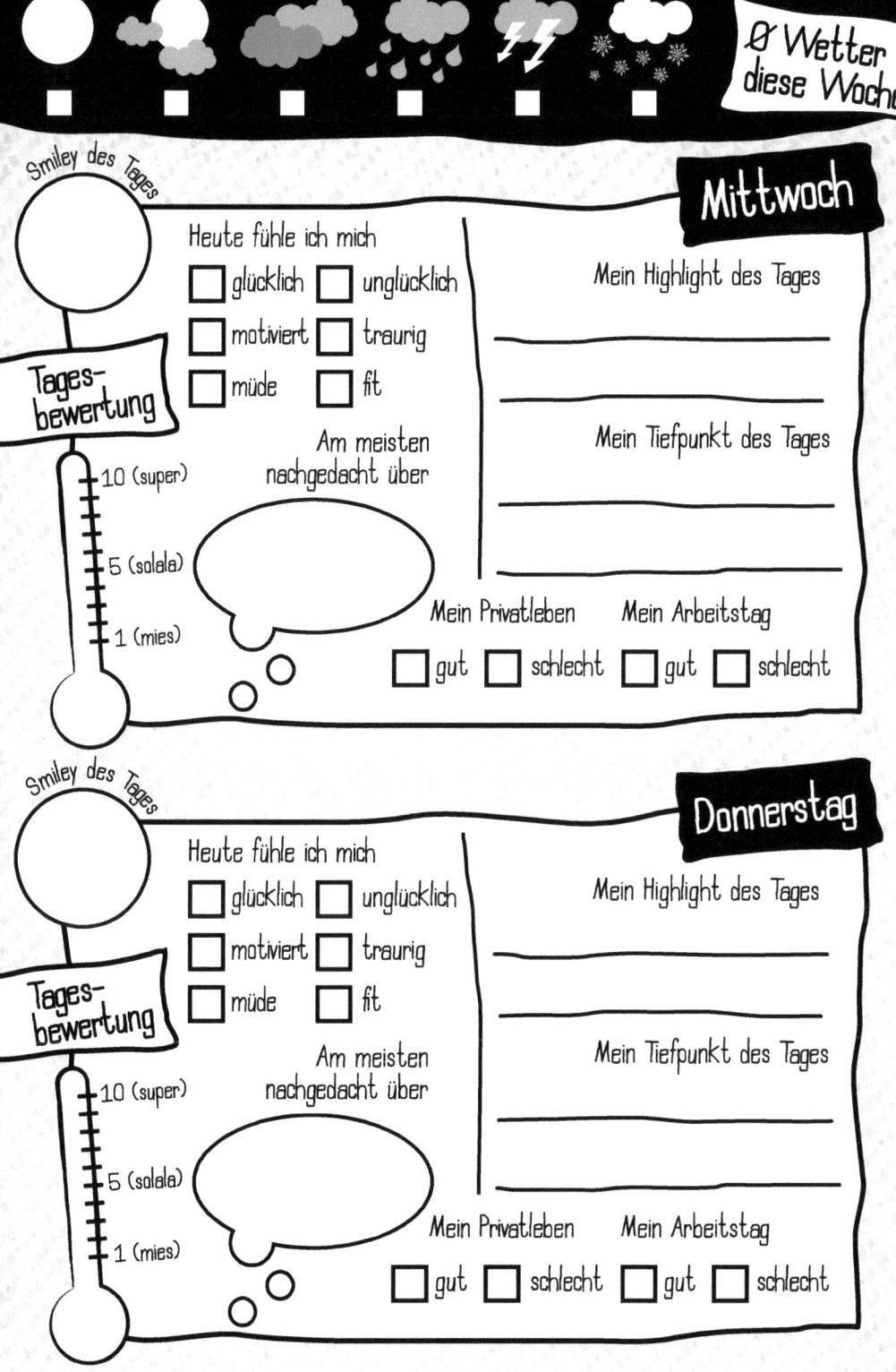

Ø Wetter diese Woche

Mittwoch

Smiley des Tages

Heute fühle ich mich

☐ glücklich ☐ unglücklich

☐ motiviert ☐ traurig

☐ müde ☐ fit

Tages-bewertung

10 (super)

5 (solala)

1 (mies)

Am meisten nachgedacht über

Mein Highlight des Tages

_____
_____

Mein Tiefpunkt des Tages

_____
_____

Mein Privatleben   Mein Arbeitstag

☐ gut ☐ schlecht   ☐ gut ☐ schlecht

Donnerstag

Smiley des Tages

Heute fühle ich mich

☐ glücklich ☐ unglücklich

☐ motiviert ☐ traurig

☐ müde ☐ fit

Tages-bewertung

10 (super)

5 (solala)

1 (mies)

Am meisten nachgedacht über

Mein Highlight des Tages

_____
_____

Mein Tiefpunkt des Tages

_____
_____

Mein Privatleben   Mein Arbeitstag

☐ gut ☐ schlecht   ☐ gut ☐ schlecht

Tageskurve

```
10
 5
 1
```
Montag Dienstag Mittwoch Donnerstag Freitag Samstag Sonntag

Freitag

Mein Highlight des Tages

_____

_____

Mein Tiefpunkt des Tages

_____

_____

Mein Arbeitstag   Mein Privatleben

☐ gut ☐ schlecht   ☐ gut ☐ schlecht

Heute fühle ich mich

☐ glücklich ☐ unglücklich

☐ motiviert ☐ traurig

☐ müde ☐ fit

Am meisten
nachgedacht über

Smiley des Tages

Tages-
bewertung

10 (super)

5 (solala)

1 (mies)

Samstag

Mein Highlight des Tages

_____

_____

Mein Tiefpunkt des Tages

_____

_____

Mein Arbeitstag   Mein Privatleben

☐ gut ☐ schlecht   ☐ gut ☐ schlecht

Heute fühle ich mich

☐ glücklich ☐ unglücklich

☐ motiviert ☐ traurig

☐ müde ☐ fit

Am meisten
nachgedacht über

Smiley des Tages

Tages-
bewertung

10 (super)

5 (solala)

1 (mies)

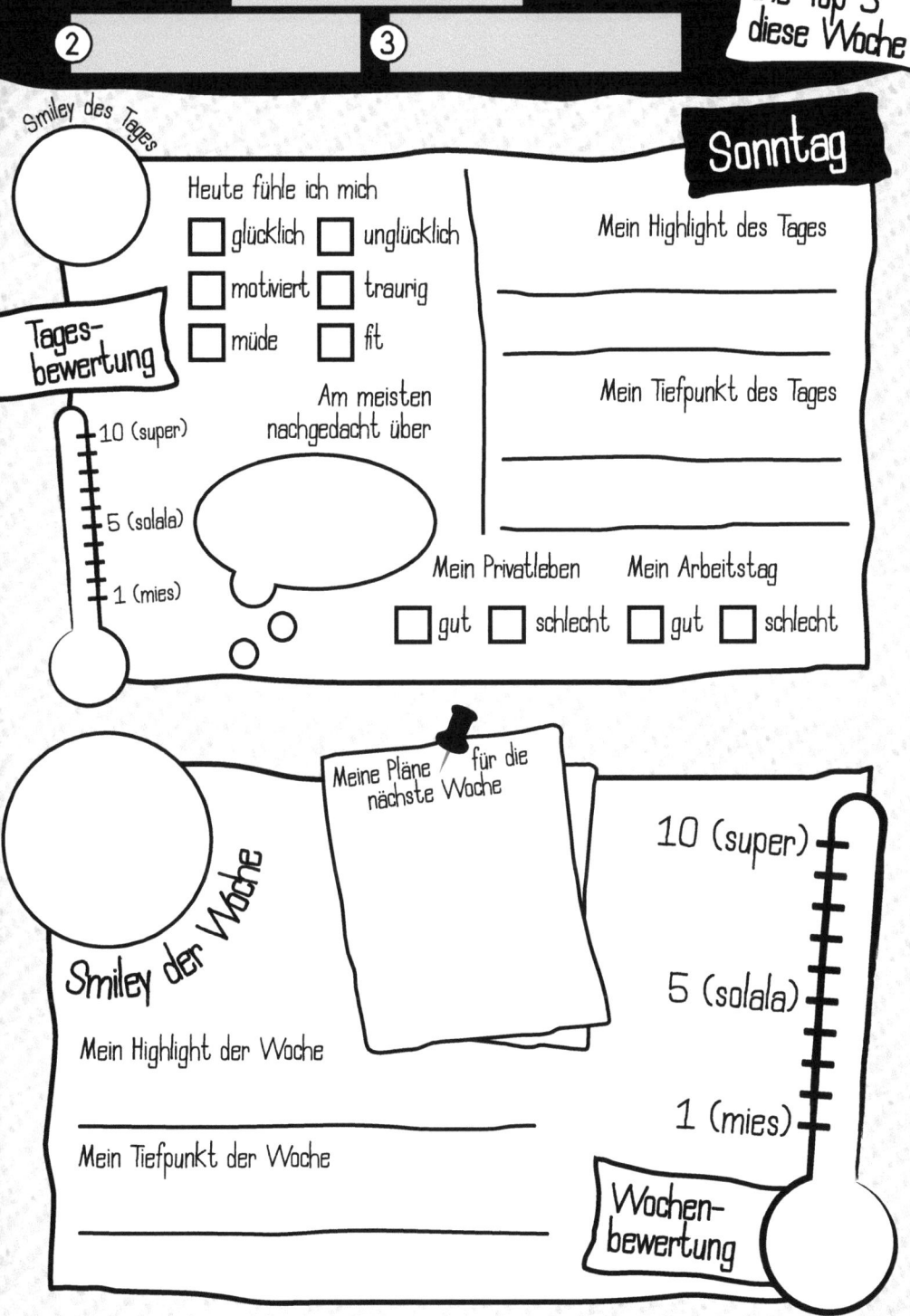

Woche 2   vom _____ bis _____ Jahr _____

Montag

Mein Highlight des Tages

_____

_____

Mein Tiefpunkt des Tages

_____

_____

Mein Arbeitstag

☐ gut ☐ schlecht

Mein Privatleben

☐ gut ☐ schlecht

Heute fühle ich mich

☐ glücklich ☐ unglücklich

☐ motiviert ☐ traurig

☐ müde ☐ fit

Am meisten nachgedacht über

Smiley des Tages

Tages-bewertung

10 (super)

5 (solala)

1 (mies)

Dienstag

Mein Highlight des Tages

_____

_____

Mein Tiefpunkt des Tages

_____

_____

Mein Arbeitstag

☐ gut ☐ schlecht

Mein Privatleben

☐ gut ☐ schlecht

Heute fühle ich mich

☐ glücklich ☐ unglücklich

☐ motiviert ☐ traurig

☐ müde ☐ fit

Am meisten nachgedacht über

Smiley des Tages

Tages-bewertung

10 (super)

5 (solala)

1 (mies)

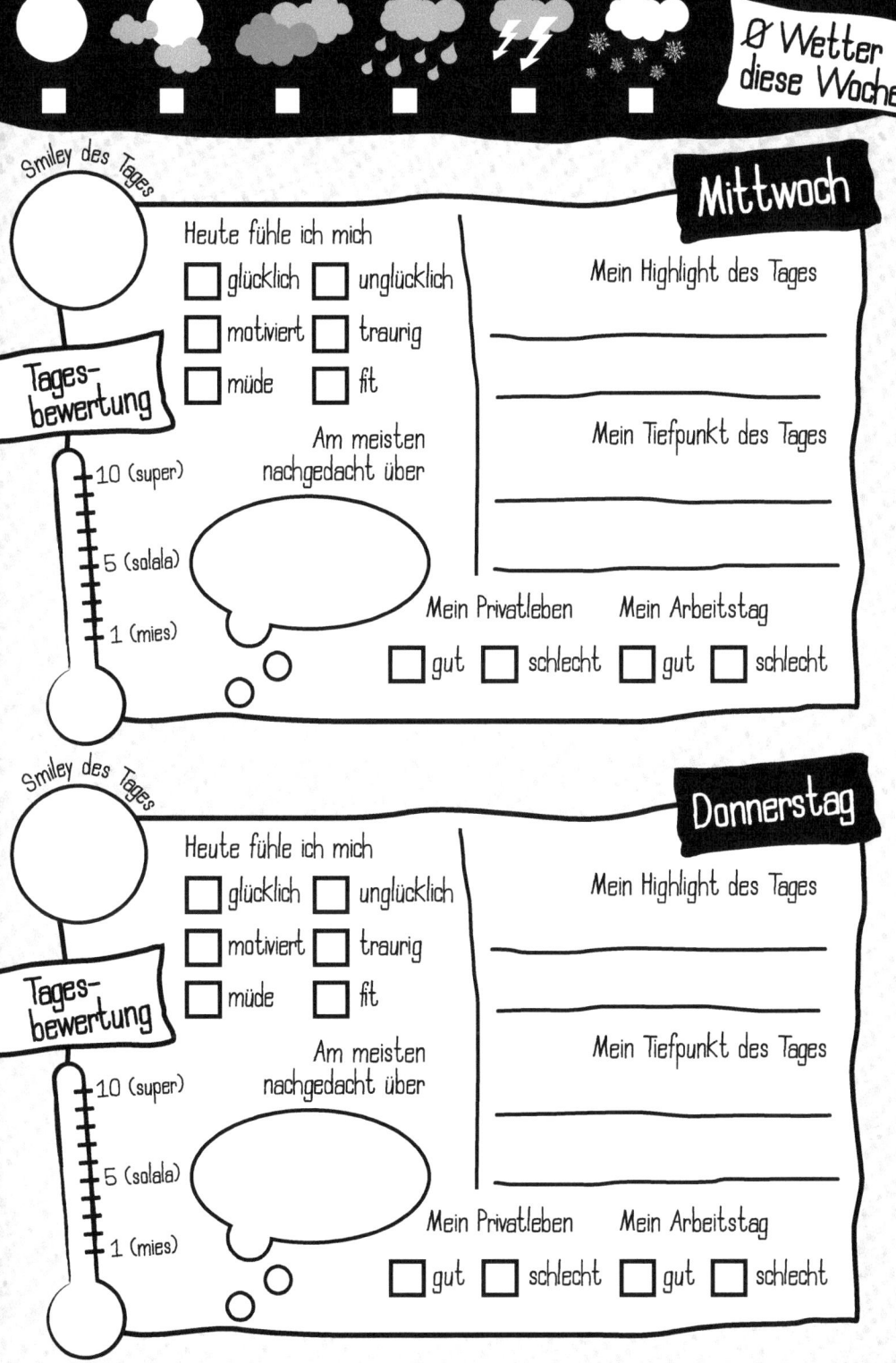

Ø Wetter diese Woche

Mittwoch

Smiley des Tages

Heute fühle ich mich

☐ glücklich ☐ unglücklich
☐ motiviert ☐ traurig
☐ müde ☐ fit

Tages-bewertung

10 (super)
5 (solala)
1 (mies)

Am meisten nachgedacht über

Mein Highlight des Tages
_____
_____

Mein Tiefpunkt des Tages
_____
_____

Mein Privatleben   Mein Arbeitstag
☐ gut ☐ schlecht   ☐ gut ☐ schlecht

Donnerstag

Smiley des Tages

Heute fühle ich mich

☐ glücklich ☐ unglücklich
☐ motiviert ☐ traurig
☐ müde ☐ fit

Tages-bewertung

10 (super)
5 (solala)
1 (mies)

Am meisten nachgedacht über

Mein Highlight des Tages
_____
_____

Mein Tiefpunkt des Tages
_____
_____

Mein Privatleben   Mein Arbeitstag
☐ gut ☐ schlecht   ☐ gut ☐ schlecht

Tageskurve

10
6
1

Montag Dienstag Mittwoch Donnerstag Freitag Samstag Sonntag

Freitag

Mein Highlight des Tages

_____

_____

Mein Tiefpunkt des Tages

_____

_____

Mein Arbeitstag

☐ gut ☐ schlecht

Mein Privatleben

☐ gut ☐ schlecht

Heute fühle ich mich

☐ glücklich ☐ unglücklich

☐ motiviert ☐ traurig

☐ müde ☐ fit

Am meisten nachgedacht über

Smiley des Tages

Tages-bewertung

10 (super)

5 (solala)

1 (mies)

Samstag

Mein Highlight des Tages

_____

_____

Mein Tiefpunkt des Tages

_____

_____

Mein Arbeitstag

☐ gut ☐ schlecht

Mein Privatleben

☐ gut ☐ schlecht

Heute fühle ich mich

☐ glücklich ☐ unglücklich

☐ motiviert ☐ traurig

☐ müde ☐ fit

Am meisten nachgedacht über

Smiley des Tages

Tages-bewertung

10 (super)

5 (solala)

1 (mies)

Smiley des Tages

Heute fühle ich mich

☐ glücklich ☐ unglücklich

☐ motiviert ☐ traurig

☐ müde ☐ fit

Sonntag

Mein Highlight des Tages

_____

_____

Mein Tiefpunkt des Tages

_____

_____

Tages-bewertung

10 (super)

5 (solala)

1 (mies)

Am meisten nachgedacht über

Mein Privatleben

☐ gut ☐ schlecht

Mein Arbeitstag

☐ gut ☐ schlecht

Meine Pläne für die nächste Woche

10 (super)

5 (solala)

1 (mies)

Smiley der Woche

Mein Highlight der Woche

_____

Mein Tiefpunkt der Woche

_____

Wochen-bewertung

Montag

Mein Highlight des Tages

_____

_____

Mein Tiefpunkt des Tages

_____

_____

Mein Arbeitstag   Mein Privatleben

☐ gut ☐ schlecht   ☐ gut ☐ schlecht

Heute fühle ich mich

☐ glücklich ☐ unglücklich

☐ motiviert ☐ traurig

☐ müde ☐ fit

Am meisten
nachgedacht über

Smiley des Tages

Tages-
bewertung

10 (super)

5 (solala)

1 (mies)

Dienstag

Mein Highlight des Tages

_____

_____

Mein Tiefpunkt des Tages

_____

_____

Mein Arbeitstag   Mein Privatleben

☐ gut ☐ schlecht   ☐ gut ☐ schlecht

Heute fühle ich mich

☐ glücklich ☐ unglücklich

☐ motiviert ☐ traurig

☐ müde ☐ fit

Am meisten
nachgedacht über

Smiley des Tages

Tages-
bewertung

10 (super)

5 (solala)

1 (mies)

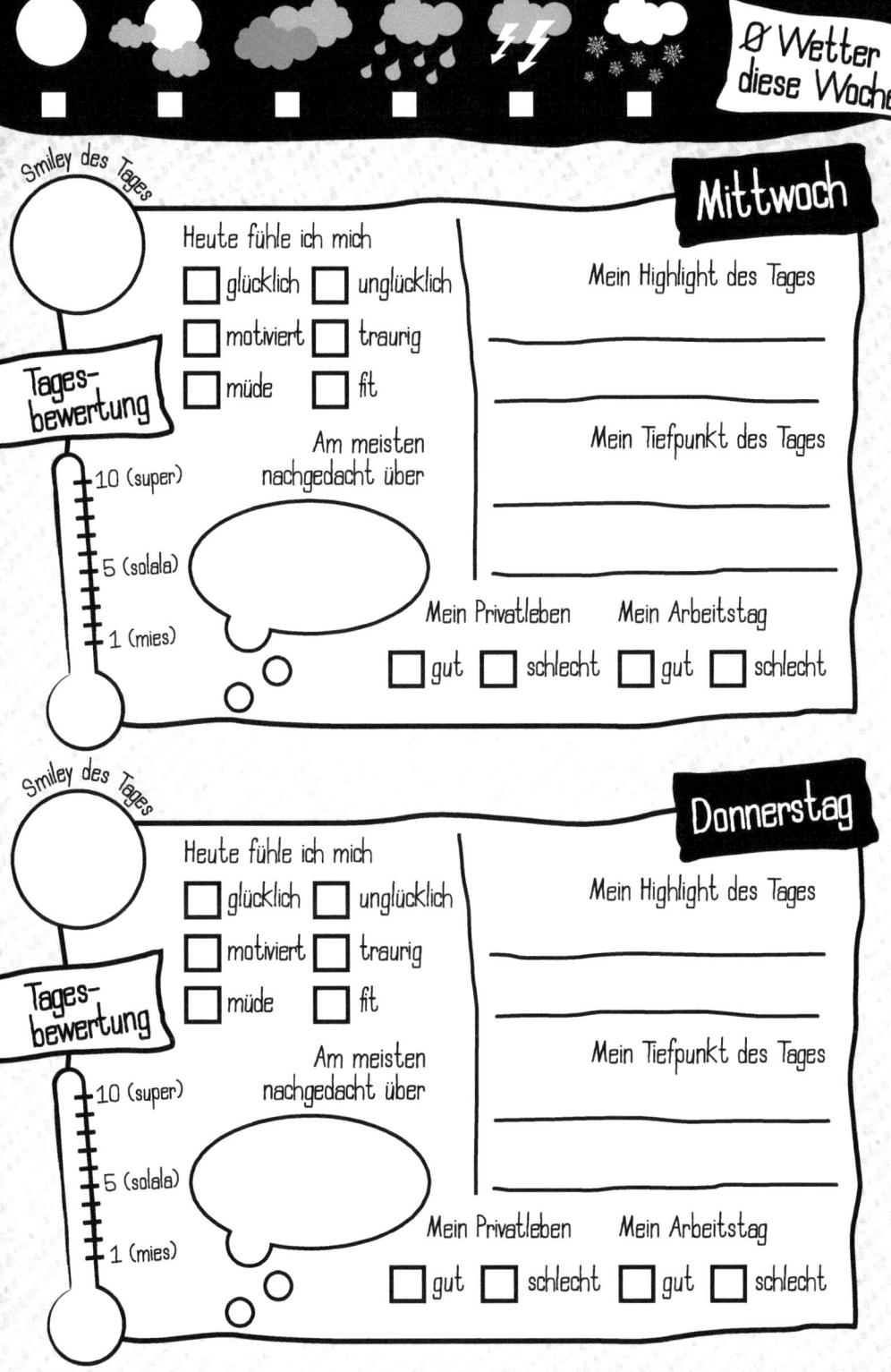

Tageskurve

10
5
1

Montag   Dienstag   Mittwoch   Donnerstag   Freitag   Samstag   Sonntag

Freitag

Smiley des Tages

Mein Highlight des Tages

_____

_____

Mein Tiefpunkt des Tages

_____

_____

Heute fühle ich mich

☐ glücklich ☐ unglücklich

☐ motiviert ☐ traurig

☐ müde   ☐ fit

Am meisten
nachgedacht über

Tages-
bewertung

Mein Arbeitstag

☐ gut ☐ schlecht

Mein Privatleben

☐ gut ☐ schlecht

10 (super)

5 (solala)

1 (mies)

Samstag

Smiley des Tages

Mein Highlight des Tages

_____

_____

Mein Tiefpunkt des Tages

_____

_____

Heute fühle ich mich

☐ glücklich ☐ unglücklich

☐ motiviert ☐ traurig

☐ müde   ☐ fit

Am meisten
nachgedacht über

Tages-
bewertung

Mein Arbeitstag

☐ gut ☐ schlecht

Mein Privatleben

☐ gut ☐ schlecht

10 (super)

5 (solala)

1 (mies)

Smiley des Tages

Sonntag

Heute fühle ich mich

- [ ] glücklich [ ] unglücklich
- [ ] motiviert [ ] traurig
- [ ] müde [ ] fit

Mein Highlight des Tages

_____

_____

Mein Tiefpunkt des Tages

_____

Tagesbewertung

Am meisten nachgedacht über

10 (super)

5 (solala)

1 (mies)

Mein Privatleben   Mein Arbeitstag

[ ] gut [ ] schlecht   [ ] gut [ ] schlecht

Smiley der Woche

Meine Pläne für die nächste Woche

10 (super)

5 (solala)

1 (mies)

Mein Highlight der Woche

_____

Mein Tiefpunkt der Woche

_____

Wochenbewertung

Woche 4

vom _____ bis _____ Jahr _____

Montag

Mein Highlight des Tages

_____

_____

Mein Tiefpunkt des Tages

_____

_____

Mein Arbeitstag

☐ gut ☐ schlecht

Mein Privatleben

☐ gut ☐ schlecht

Heute fühle ich mich

☐ glücklich ☐ unglücklich

☐ motiviert ☐ traurig

☐ müde ☐ fit

Am meisten nachgedacht über

Smiley des Tages

Tages-bewertung

10 (super)

5 (solala)

1 (mies)

Dienstag

Mein Highlight des Tages

_____

_____

Mein Tiefpunkt des Tages

_____

_____

Mein Arbeitstag

☐ gut ☐ schlecht

Mein Privatleben

☐ gut ☐ schlecht

Heute fühle ich mich

☐ glücklich ☐ unglücklich

☐ motiviert ☐ traurig

☐ müde ☐ fit

Am meisten nachgedacht über

Smiley des Tages

Tages-bewertung

10 (super)

5 (solala)

1 (mies)

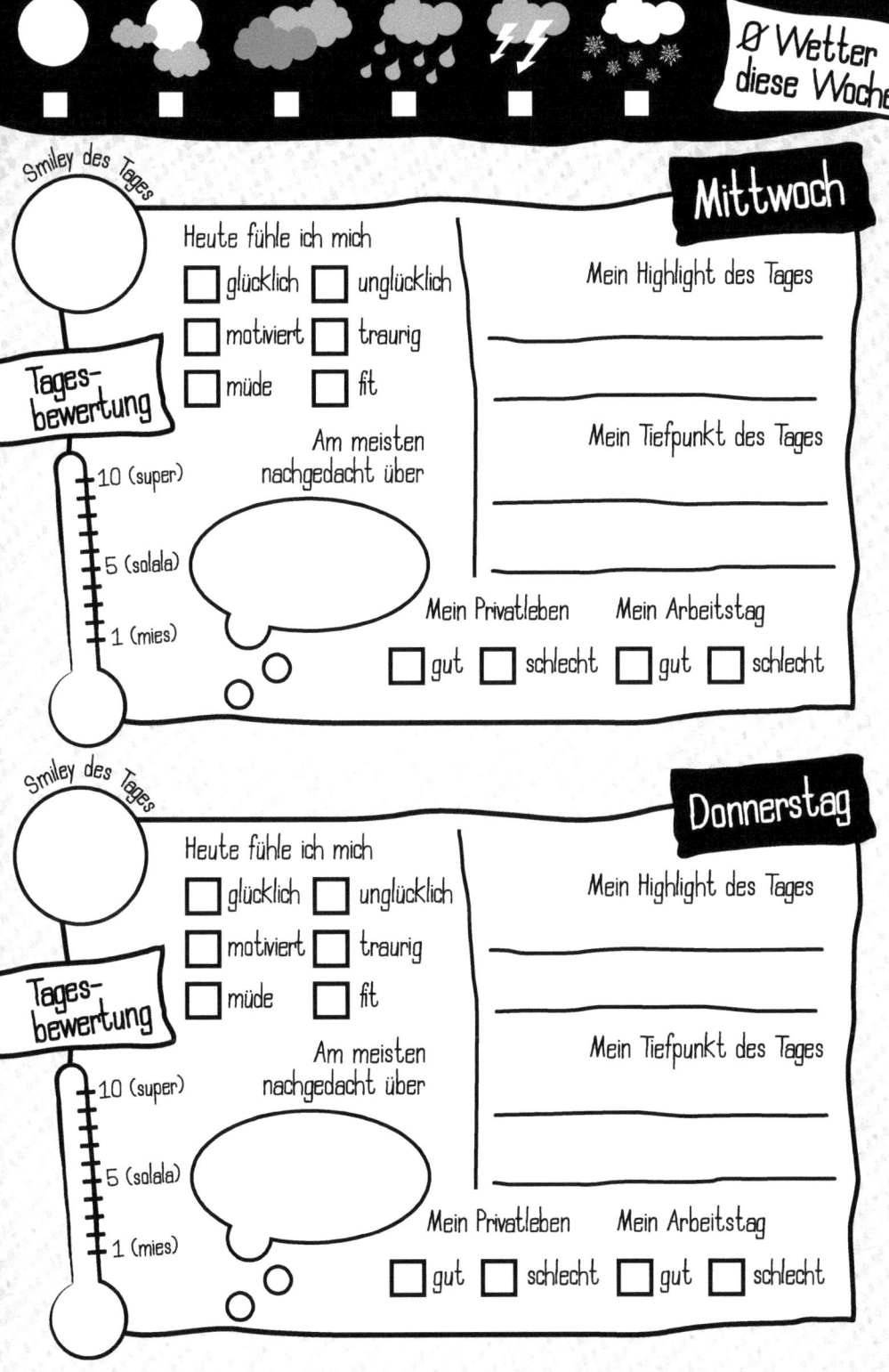

Ø Wetter diese Woche

Mittwoch

Smiley des Tages

Heute fühle ich mich

☐ glücklich ☐ unglücklich
☐ motiviert ☐ traurig
☐ müde ☐ fit

Tages-bewertung

10 (super)
5 (solala)
1 (mies)

Am meisten nachgedacht über

Mein Highlight des Tages

_____
_____

Mein Tiefpunkt des Tages

_____
_____

Mein Privatleben   Mein Arbeitstag

☐ gut ☐ schlecht   ☐ gut ☐ schlecht

Donnerstag

Smiley des Tages

Heute fühle ich mich

☐ glücklich ☐ unglücklich
☐ motiviert ☐ traurig
☐ müde ☐ fit

Tages-bewertung

10 (super)
5 (solala)
1 (mies)

Am meisten nachgedacht über

Mein Highlight des Tages

_____
_____

Mein Tiefpunkt des Tages

_____
_____

Mein Privatleben   Mein Arbeitstag

☐ gut ☐ schlecht   ☐ gut ☐ schlecht

Tageskurve

10
5
1

Montag Dienstag Mittwoch Donnerstag Freitag Samstag Sonntag

Freitag

Smiley des Tages

Mein Highlight des Tages

_____

_____

Mein Tiefpunkt des Tages

_____

_____

Heute fühle ich mich

☐ glücklich ☐ unglücklich

☐ motiviert ☐ traurig

☐ müde ☐ fit

Am meisten
nachgedacht über

Tages-
bewertung

10 (super)

5 (solala)

1 (mies)

Mein Arbeitstag   Mein Privatleben

☐ gut ☐ schlecht   ☐ gut ☐ schlecht

Samstag

Smiley des Tages

Mein Highlight des Tages

_____

_____

Mein Tiefpunkt des Tages

_____

_____

Heute fühle ich mich

☐ glücklich ☐ unglücklich

☐ motiviert ☐ traurig

☐ müde ☐ fit

Am meisten
nachgedacht über

Tages-
bewertung

10 (super)

5 (solala)

1 (mies)

Mein Arbeitstag   Mein Privatleben

☐ gut ☐ schlecht   ☐ gut ☐ schlecht

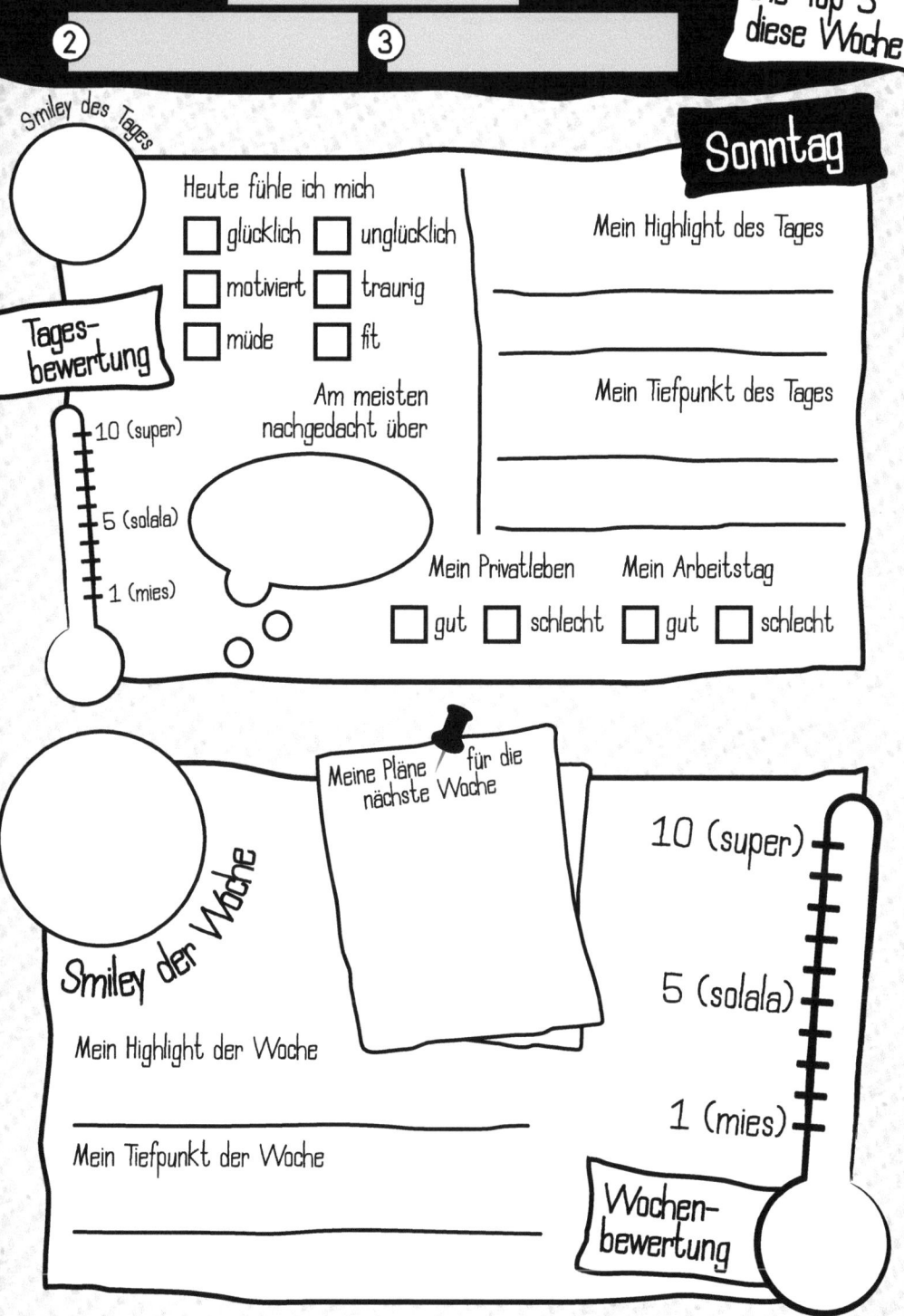

Woche 5

Montag

Mein Highlight des Tages

_____

_____

Mein Tiefpunkt des Tages

_____

_____

Mein Arbeitstag   Mein Privatleben

☐ gut ☐ schlecht   ☐ gut ☐ schlecht

Heute fühle ich mich

☐ glücklich ☐ unglücklich

☐ motiviert ☐ traurig

☐ müde ☐ fit

Am meisten nachgedacht über

Smiley des Tages

Tages-bewertung

10 (super)

5 (solala)

1 (mies)

Dienstag

Mein Highlight des Tages

_____

_____

Mein Tiefpunkt des Tages

_____

_____

Mein Arbeitstag   Mein Privatleben

☐ gut ☐ schlecht   ☐ gut ☐ schlecht

Heute fühle ich mich

☐ glücklich ☐ unglücklich

☐ motiviert ☐ traurig

☐ müde ☐ fit

Am meisten nachgedacht über

Smiley des Tages

Tages-bewertung

10 (super)

5 (solala)

1 (mies)

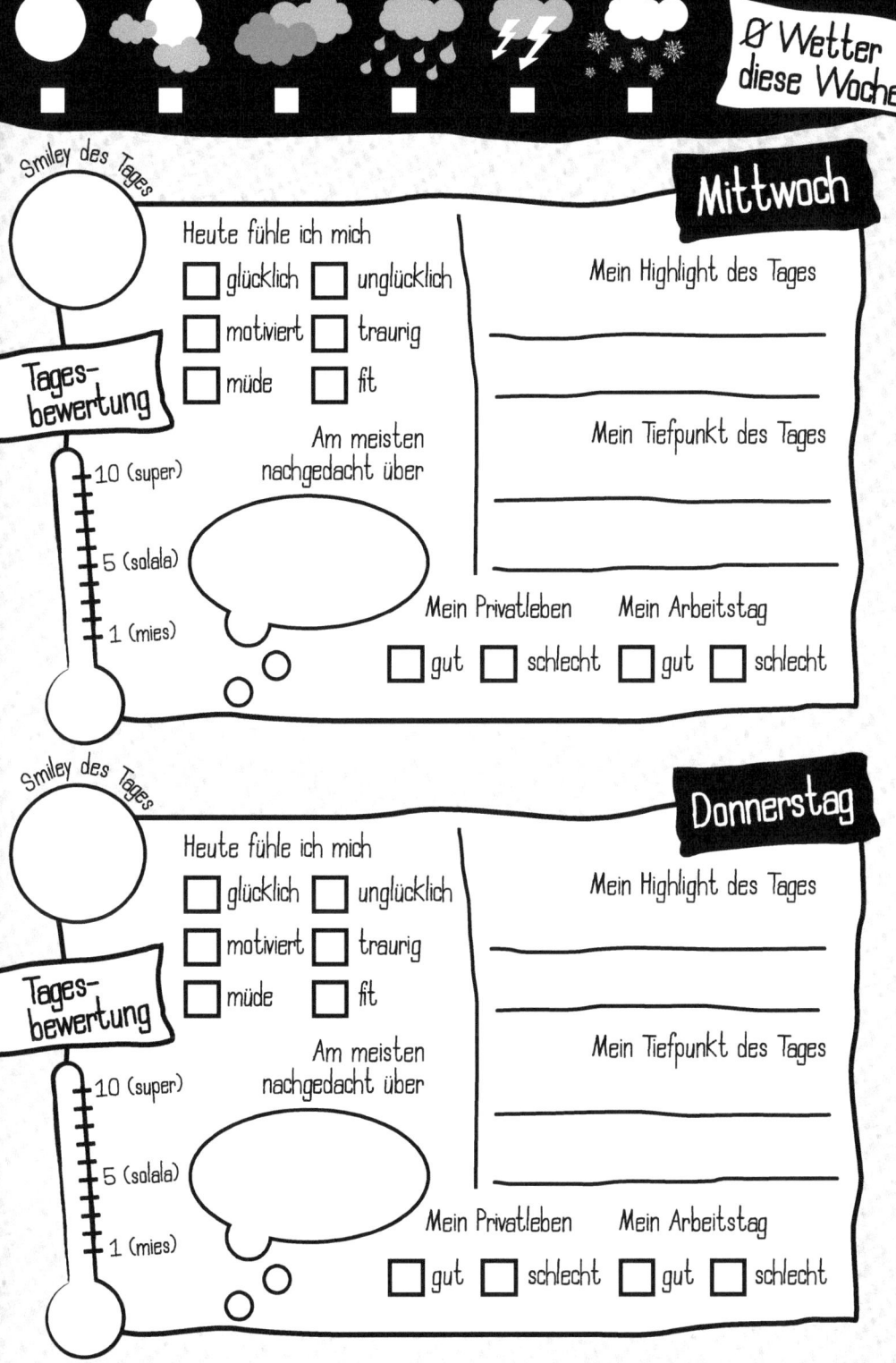

Tageskurve

```
10
 5
 1
```
Montag   Dienstag   Mittwoch   Donnerstag   Freitag   Samstag   Sonntag

Freitag

Smiley des Tages

Mein Highlight des Tages

_____

_____

Mein Tiefpunkt des Tages

_____

_____

Mein Arbeitstag

☐ gut ☐ schlecht

Mein Privatleben

☐ gut ☐ schlecht

Heute fühle ich mich

☐ glücklich ☐ unglücklich

☐ motiviert ☐ traurig

☐ müde ☐ fit

Am meisten nachgedacht über

Tages-bewertung

10 (super)

5 (solala)

1 (mies)

Samstag

Smiley des Tages

Mein Highlight des Tages

_____

_____

Mein Tiefpunkt des Tages

_____

_____

Mein Arbeitstag

☐ gut ☐ schlecht

Mein Privatleben

☐ gut ☐ schlecht

Heute fühle ich mich

☐ glücklich ☐ unglücklich

☐ motiviert ☐ traurig

☐ müde ☐ fit

Am meisten nachgedacht über

Tages-bewertung

10 (super)

5 (solala)

1 (mies)

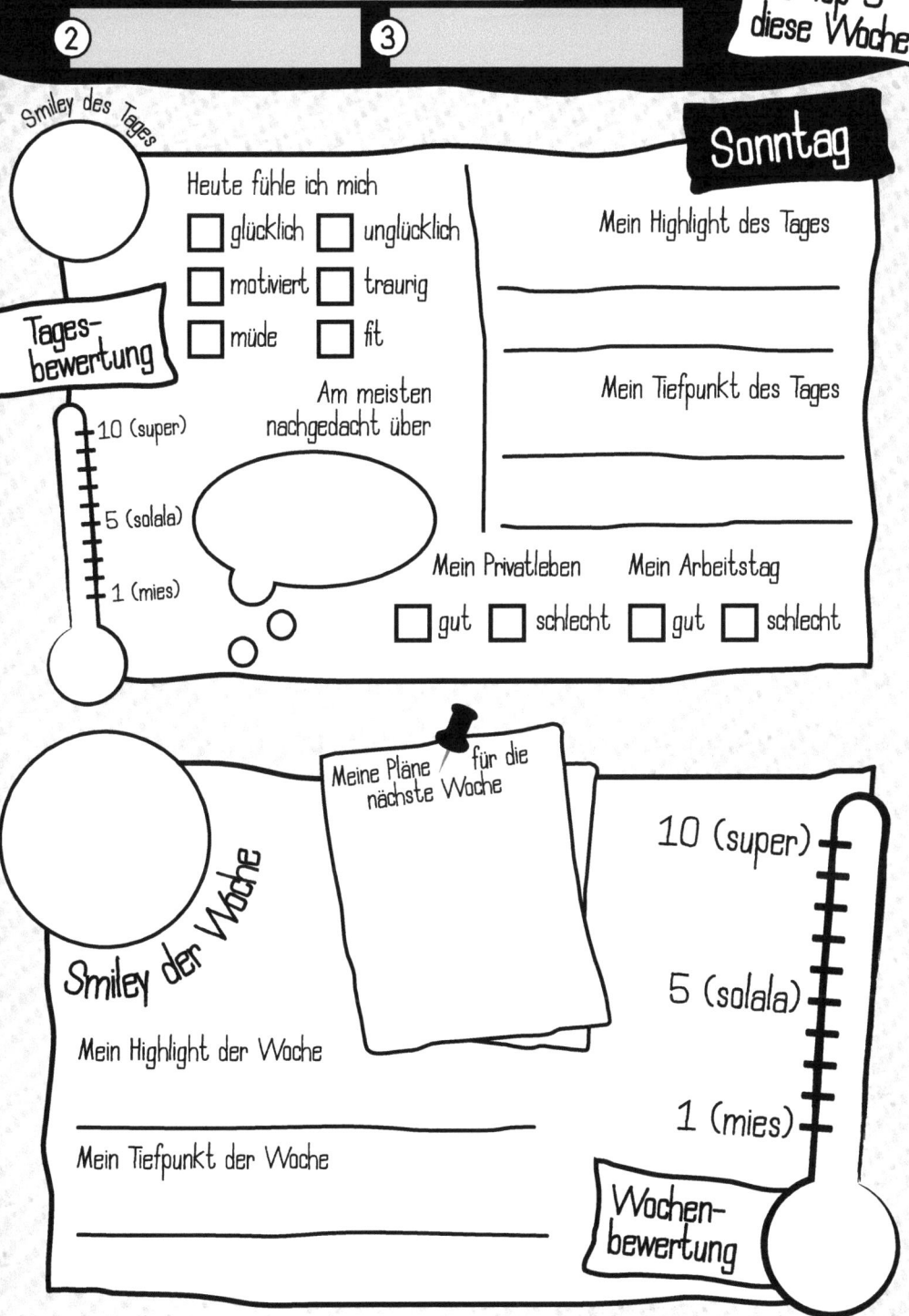

Woche 6

vom _____ bis _____ Jahr _____

Montag

Smiley des Tages

Mein Highlight des Tages

_____

_____

Mein Tiefpunkt des Tages

_____

_____

Mein Arbeitstag   Mein Privatleben

☐ gut ☐ schlecht   ☐ gut ☐ schlecht

Heute fühle ich mich

☐ glücklich ☐ unglücklich

☐ motiviert ☐ traurig

☐ müde ☐ fit

Am meisten nachgedacht über

Tages-bewertung

10 (super)

5 (solala)

1 (mies)

Dienstag

Smiley des Tages

Mein Highlight des Tages

_____

_____

Mein Tiefpunkt des Tages

_____

_____

Mein Arbeitstag   Mein Privatleben

☐ gut ☐ schlecht   ☐ gut ☐ schlecht

Heute fühle ich mich

☐ glücklich ☐ unglücklich

☐ motiviert ☐ traurig

☐ müde ☐ fit

Am meisten nachgedacht über

Tages-bewertung

10 (super)

5 (solala)

1 (mies)

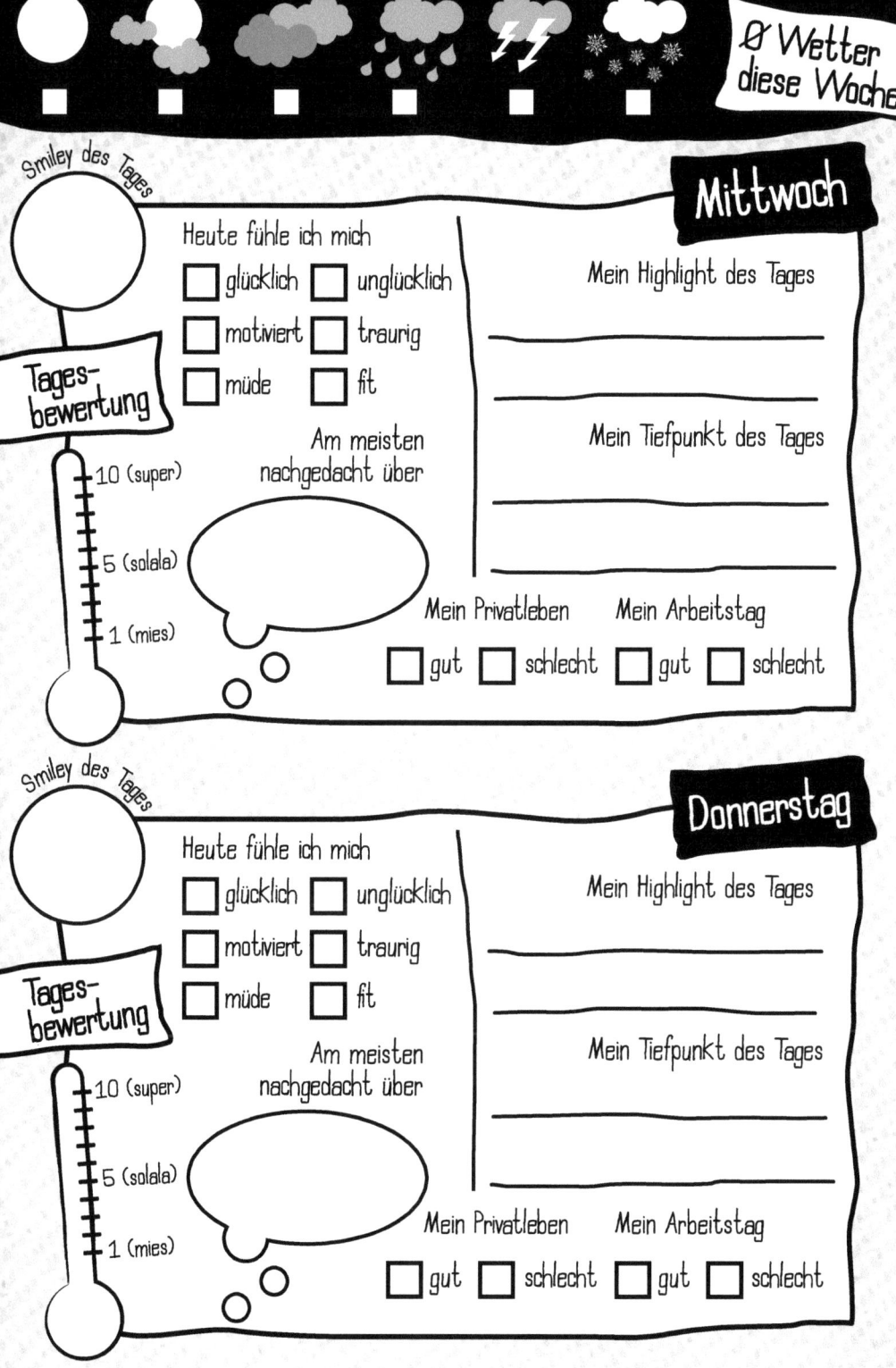

Tageskurve

10
5
1

Montag Dienstag Mittwoch Donnerstag Freitag Samstag Sonntag

Freitag

Smiley des Tages

Mein Highlight des Tages

_____

_____

Mein Tiefpunkt des Tages

_____

_____

Mein Arbeitstag   Mein Privatleben

☐ gut ☐ schlecht   ☐ gut ☐ schlecht

Heute fühle ich mich

☐ glücklich ☐ unglücklich

☐ motiviert ☐ traurig

☐ müde   ☐ fit

Am meisten
nachgedacht über

Tages-
bewertung

10 (super)

5 (solala)

1 (mies)

Samstag

Smiley des Tages

Mein Highlight des Tages

_____

_____

Mein Tiefpunkt des Tages

_____

_____

Mein Arbeitstag   Mein Privatleben

☐ gut ☐ schlecht   ☐ gut ☐ schlecht

Heute fühle ich mich

☐ glücklich ☐ unglücklich

☐ motiviert ☐ traurig

☐ müde   ☐ fit

Am meisten
nachgedacht über

Tages-
bewertung

10 (super)

5 (solala)

1 (mies)

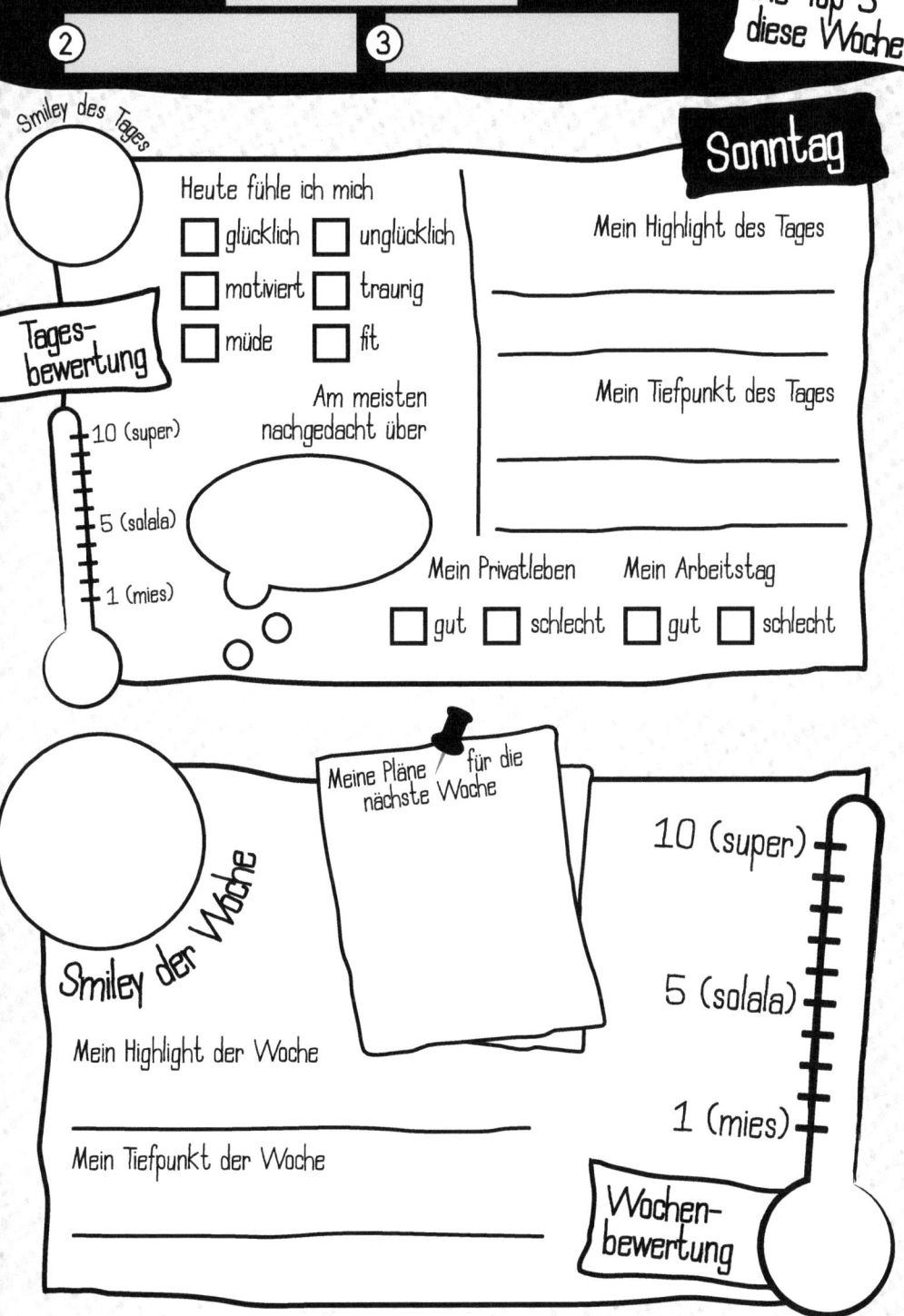

Woche 7 vom _____ bis _____ Jahr _____

Montag

Smiley des Tages

Mein Highlight des Tages

_____

_____

Mein Tiefpunkt des Tages

_____

_____

Mein Arbeitstag
☐ gut ☐ schlecht

Mein Privatleben
☐ gut ☐ schlecht

Heute fühle ich mich
☐ glücklich ☐ unglücklich
☐ motiviert ☐ traurig
☐ müde ☐ fit

Am meisten nachgedacht über

Tages-bewertung

10 (super)

5 (solala)

1 (mies)

Dienstag

Smiley des Tages

Mein Highlight des Tages

_____

_____

Mein Tiefpunkt des Tages

_____

_____

Mein Arbeitstag
☐ gut ☐ schlecht

Mein Privatleben
☐ gut ☐ schlecht

Heute fühle ich mich
☐ glücklich ☐ unglücklich
☐ motiviert ☐ traurig
☐ müde ☐ fit

Am meisten nachgedacht über

Tages-bewertung

10 (super)

5 (solala)

1 (mies)

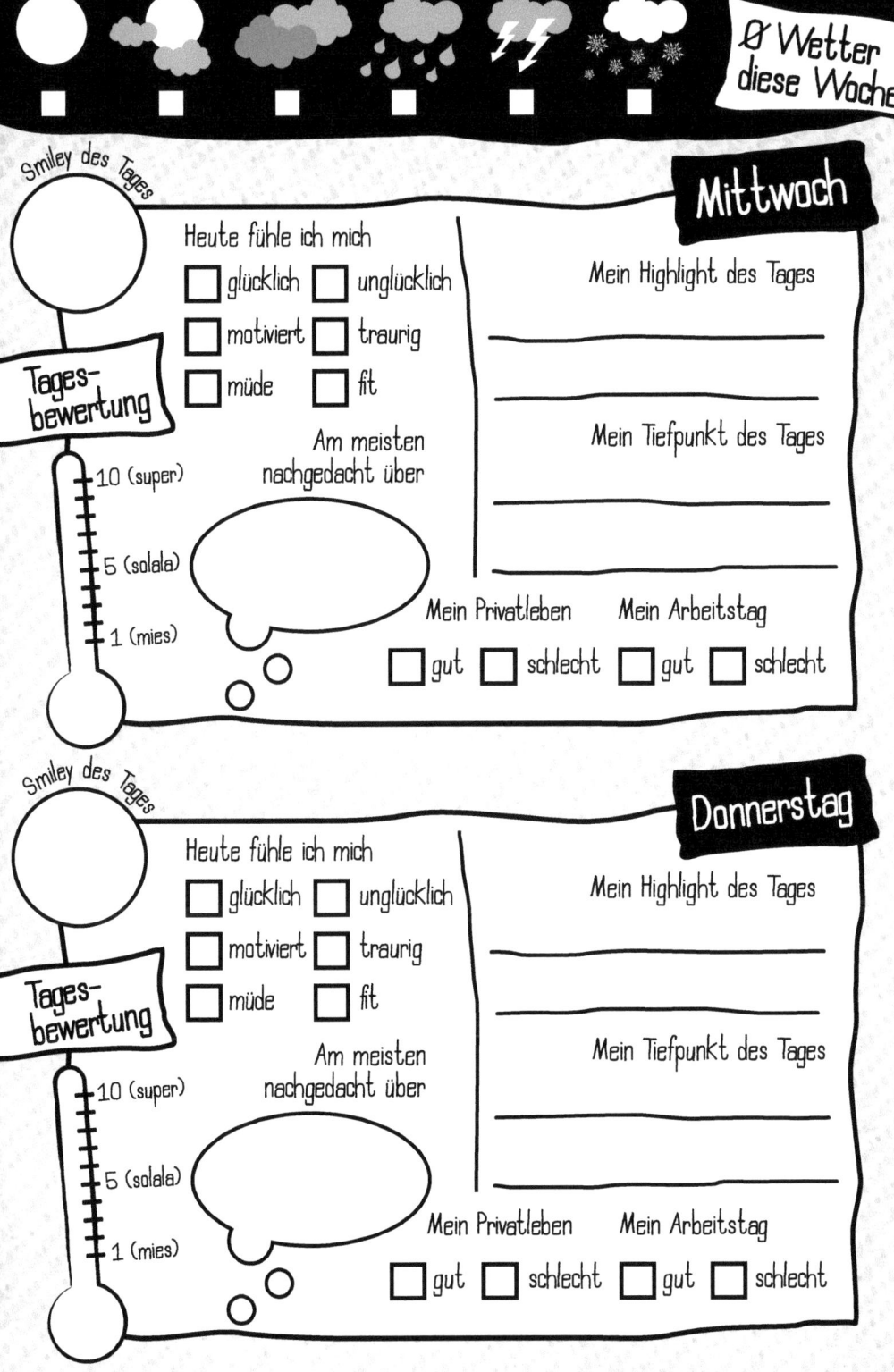

Tageskurve

10
5
1

Montag Dienstag Mittwoch Donnerstag Freitag Samstag Sonntag

Freitag

Smiley des Tages

Mein Highlight des Tages

_____

_____

Mein Tiefpunkt des Tages

_____

_____

Heute fühle ich mich

☐ glücklich   ☐ unglücklich

☐ motiviert   ☐ traurig

☐ müde   ☐ fit

Am meisten
nachgedacht über

Tages-
bewertung

10 (super)

5 (solala)

1 (mies)

Mein Arbeitstag   Mein Privatleben

☐ gut ☐ schlecht   ☐ gut ☐ schlecht

Samstag

Smiley des Tages

Mein Highlight des Tages

_____

_____

Mein Tiefpunkt des Tages

_____

_____

Heute fühle ich mich

☐ glücklich   ☐ unglücklich

☐ motiviert   ☐ traurig

☐ müde   ☐ fit

Am meisten
nachgedacht über

Tages-
bewertung

10 (super)

5 (solala)

1 (mies)

Mein Arbeitstag   Mein Privatleben

☐ gut ☐ schlecht   ☐ gut ☐ schlecht

1
2
3

Smiley des Tages

Heute fühle ich mich

☐ glücklich ☐ unglücklich

☐ motiviert ☐ traurig

☐ müde ☐ fit

Tages-bewertung

10 (super)

5 (solala)

1 (mies)

Am meisten nachgedacht über

Sonntag

Mein Highlight des Tages

_____

_____

Mein Tiefpunkt des Tages

_____

_____

Mein Privatleben   Mein Arbeitstag

☐ gut ☐ schlecht   ☐ gut ☐ schlecht

Smiley der Woche

Meine Pläne für die nächste Woche

Mein Highlight der Woche

_____

Mein Tiefpunkt der Woche

_____

10 (super)

5 (solala)

1 (mies)

Wochen-bewertung

Woche 8

vom _____ bis _____ Jahr _____

Montag

Mein Highlight des Tages

_____

_____

Mein Tiefpunkt des Tages

_____

_____

Mein Arbeitstag

☐ gut ☐ schlecht

Mein Privatleben

☐ gut ☐ schlecht

Heute fühle ich mich

☐ glücklich ☐ unglücklich

☐ motiviert ☐ traurig

☐ müde ☐ fit

Am meisten nachgedacht über

Smiley des Tages

Tages-bewertung

10 (super)

5 (solala)

1 (mies)

Dienstag

Mein Highlight des Tages

_____

_____

Mein Tiefpunkt des Tages

_____

_____

Mein Arbeitstag

☐ gut ☐ schlecht

Mein Privatleben

☐ gut ☐ schlecht

Heute fühle ich mich

☐ glücklich ☐ unglücklich

☐ motiviert ☐ traurig

☐ müde ☐ fit

Am meisten nachgedacht über

Smiley des Tages

Tages-bewertung

10 (super)

5 (solala)

1 (mies)

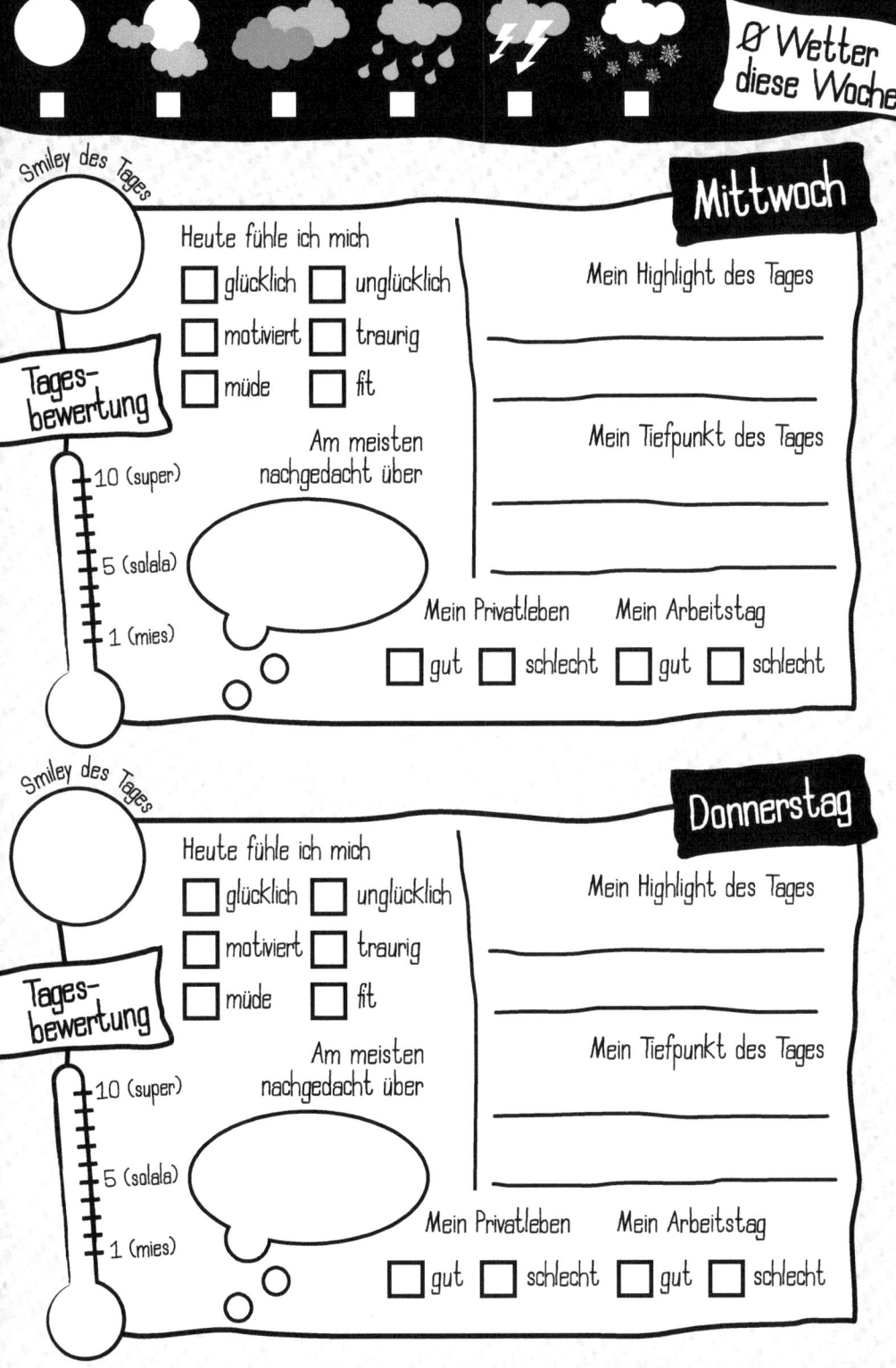

Ø Wetter diese Woche

Mittwoch

Smiley des Tages

Heute fühle ich mich

- [ ] glücklich
- [ ] unglücklich
- [ ] motiviert
- [ ] traurig
- [ ] müde
- [ ] fit

Tages-bewertung

10 (super)

5 (solala)

1 (mies)

Am meisten nachgedacht über

Mein Highlight des Tages

_____

_____

Mein Tiefpunkt des Tages

_____

_____

Mein Privatleben   Mein Arbeitstag

[ ] gut [ ] schlecht [ ] gut [ ] schlecht

Donnerstag

Smiley des Tages

Heute fühle ich mich

- [ ] glücklich
- [ ] unglücklich
- [ ] motiviert
- [ ] traurig
- [ ] müde
- [ ] fit

Tages-bewertung

10 (super)

5 (solala)

1 (mies)

Am meisten nachgedacht über

Mein Highlight des Tages

_____

_____

Mein Tiefpunkt des Tages

_____

_____

Mein Privatleben   Mein Arbeitstag

[ ] gut [ ] schlecht [ ] gut [ ] schlecht

Tageskurve

10
5
1

Montag   Dienstag   Mittwoch   Donnerstag   Freitag   Samstag   Sonntag

Freitag

Smiley des Tages

Mein Highlight des Tages

_____

_____

Mein Tiefpunkt des Tages

_____

_____

Mein Arbeitstag

☐ gut ☐ schlecht

Mein Privatleben

☐ gut ☐ schlecht

Heute fühle ich mich

☐ glücklich ☐ unglücklich

☐ motiviert ☐ traurig

☐ müde ☐ fit

Am meisten nachgedacht über

Tages-bewertung

10 (super)

5 (solala)

1 (mies)

Samstag

Smiley des Tages

Mein Highlight des Tages

_____

_____

Mein Tiefpunkt des Tages

_____

_____

Mein Arbeitstag

☐ gut ☐ schlecht

Mein Privatleben

☐ gut ☐ schlecht

Heute fühle ich mich

☐ glücklich ☐ unglücklich

☐ motiviert ☐ traurig

☐ müde ☐ fit

Am meisten nachgedacht über

Tages-bewertung

10 (super)

5 (solala)

1 (mies)

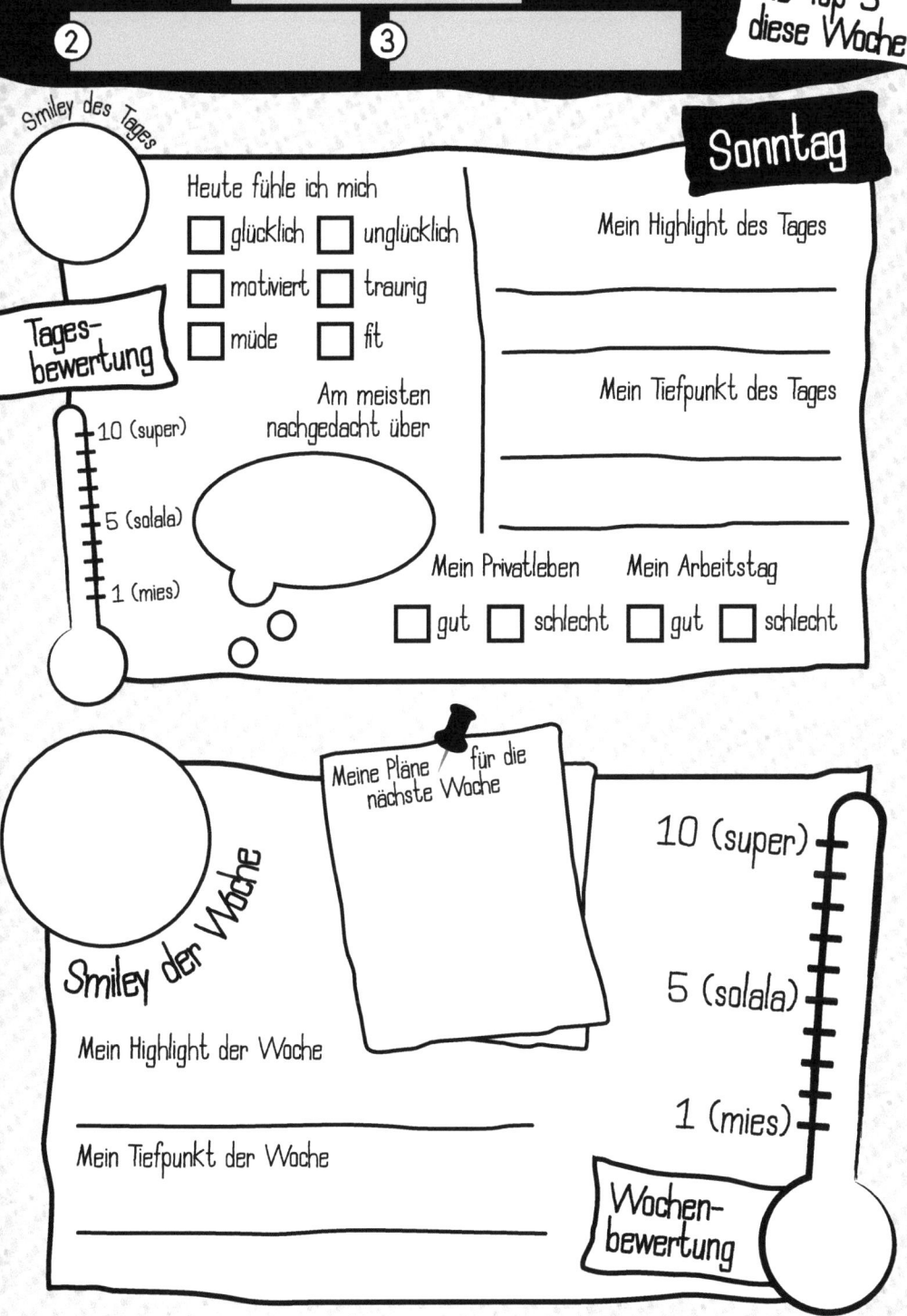

Woche 9

vom _____ bis _____ Jahr _____

Montag

Smiley des Tages

Mein Highlight des Tages

_____

_____

Mein Tiefpunkt des Tages

_____

_____

Mein Arbeitstag   Mein Privatleben

☐ gut ☐ schlecht   ☐ gut ☐ schlecht

Heute fühle ich mich

☐ glücklich ☐ unglücklich

☐ motiviert ☐ traurig

☐ müde ☐ fit

Am meisten
nachgedacht über

Tages-
bewertung

10 (super)

5 (solala)

1 (mies)

Dienstag

Smiley des Tages

Mein Highlight des Tages

_____

_____

Mein Tiefpunkt des Tages

_____

_____

Mein Arbeitstag   Mein Privatleben

☐ gut ☐ schlecht   ☐ gut ☐ schlecht

Heute fühle ich mich

☐ glücklich ☐ unglücklich

☐ motiviert ☐ traurig

☐ müde ☐ fit

Am meisten
nachgedacht über

Tages-
bewertung

10 (super)

5 (solala)

1 (mies)

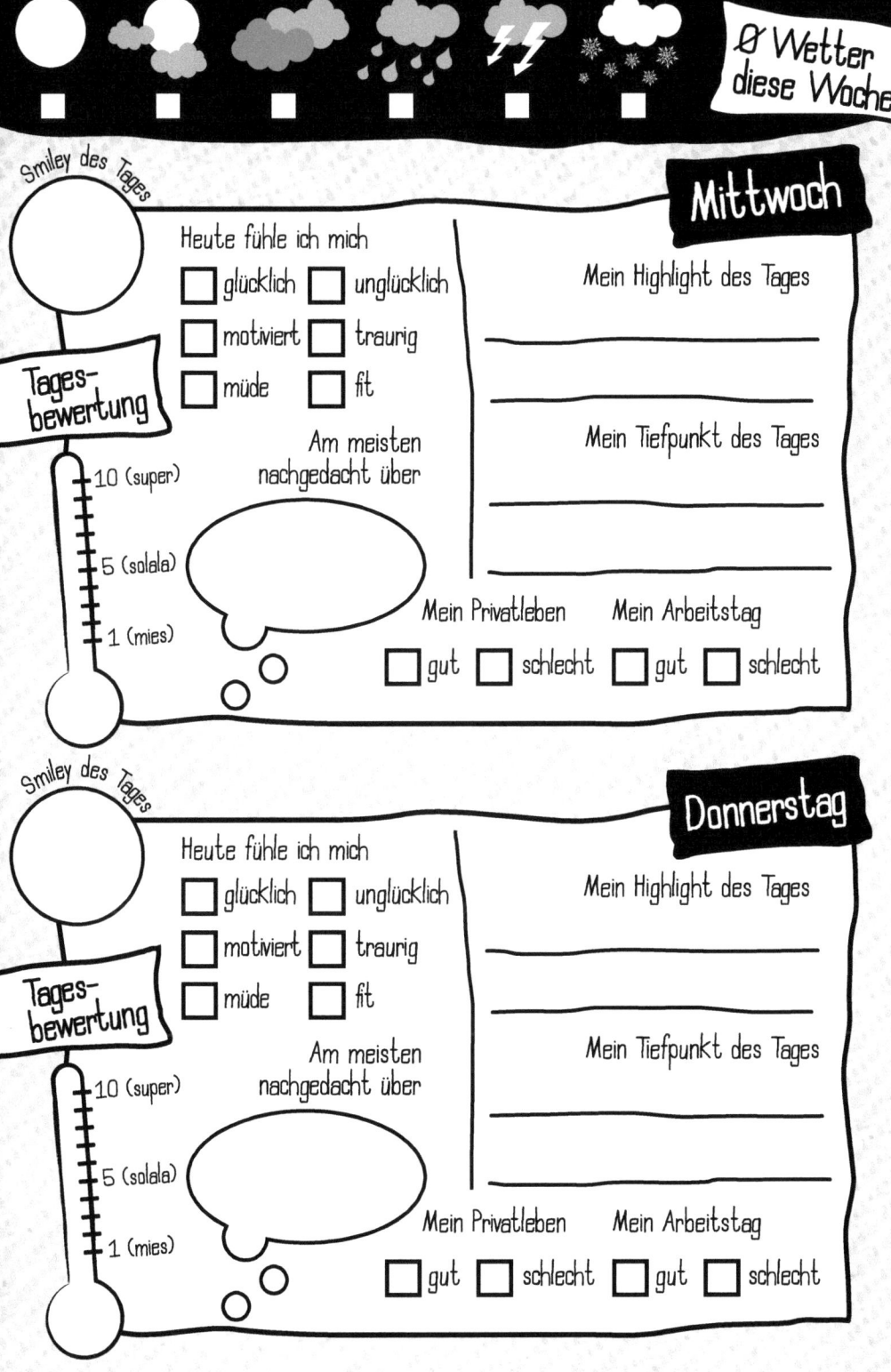

Ø Wetter diese Woche

Mittwoch

Smiley des Tages

Heute fühle ich mich
- [ ] glücklich
- [ ] unglücklich
- [ ] motiviert
- [ ] traurig
- [ ] müde
- [ ] fit

Tages-bewertung

10 (super)

5 (solala)

1 (mies)

Am meisten nachgedacht über

Mein Highlight des Tages
_____
_____

Mein Tiefpunkt des Tages
_____
_____

Mein Privatleben   Mein Arbeitstag
- [ ] gut
- [ ] schlecht
- [ ] gut
- [ ] schlecht

Donnerstag

Smiley des Tages

Heute fühle ich mich
- [ ] glücklich
- [ ] unglücklich
- [ ] motiviert
- [ ] traurig
- [ ] müde
- [ ] fit

Tages-bewertung

10 (super)

5 (solala)

1 (mies)

Am meisten nachgedacht über

Mein Highlight des Tages
_____
_____

Mein Tiefpunkt des Tages
_____
_____

Mein Privatleben   Mein Arbeitstag
- [ ] gut
- [ ] schlecht
- [ ] gut
- [ ] schlecht

Tageskurve

10
5
1

Montag   Dienstag   Mittwoch   Donnerstag   Freitag   Samstag   Sonntag

Freitag

Mein Highlight des Tages

_____

_____

Mein Tiefpunkt des Tages

_____

_____

Mein Arbeitstag   Mein Privatleben

☐ gut ☐ schlecht   ☐ gut ☐ schlecht

Heute fühle ich mich

☐ glücklich ☐ unglücklich

☐ motiviert ☐ traurig

☐ müde   ☐ fit

Am meisten
nachgedacht über

Smiley des Tages

Tages-
bewertung

10 (super)

5 (solala)

1 (mies)

Samstag

Mein Highlight des Tages

_____

_____

Mein Tiefpunkt des Tages

_____

_____

Mein Arbeitstag   Mein Privatleben

☐ gut ☐ schlecht   ☐ gut ☐ schlecht

Heute fühle ich mich

☐ glücklich ☐ unglücklich

☐ motiviert ☐ traurig

☐ müde   ☐ fit

Am meisten
nachgedacht über

Smiley des Tages

Tages-
bewertung

10 (super)

5 (solala)

1 (mies)

Smiley des Tages

Sonntag

Heute fühle ich mich

☐ glücklich ☐ unglücklich
☐ motiviert ☐ traurig
☐ müde ☐ fit

Tages-
bewertung

10 (super)

5 (solala)

1 (mies)

Am meisten
nachgedacht über

Mein Highlight des Tages

_____

_____

Mein Tiefpunkt des Tages

_____

_____

Mein Privatleben   Mein Arbeitstag

☐ gut ☐ schlecht   ☐ gut ☐ schlecht

Smiley der Woche

Meine Pläne für die
nächste Woche

10 (super)

5 (solala)

1 (mies)

Mein Highlight der Woche

_____

Mein Tiefpunkt der Woche

_____

Wochen-
bewertung

Woche 10 vom _____ bis _____ Jahr _____

Montag

Mein Highlight des Tages

_____

_____

Mein Tiefpunkt des Tages

_____

_____

Mein Arbeitstag

☐ gut ☐ schlecht

Mein Privatleben

☐ gut ☐ schlecht

Heute fühle ich mich

☐ glücklich ☐ unglücklich

☐ motiviert ☐ traurig

☐ müde ☐ fit

Am meisten nachgedacht über

Smiley des Tages

Tages-bewertung

10 (super)

5 (solala)

1 (mies)

Dienstag

Mein Highlight des Tages

_____

_____

Mein Tiefpunkt des Tages

_____

_____

Mein Arbeitstag

☐ gut ☐ schlecht

Mein Privatleben

☐ gut ☐ schlecht

Heute fühle ich mich

☐ glücklich ☐ unglücklich

☐ motiviert ☐ traurig

☐ müde ☐ fit

Am meisten nachgedacht über

Smiley des Tages

Tages-bewertung

10 (super)

5 (solala)

1 (mies)

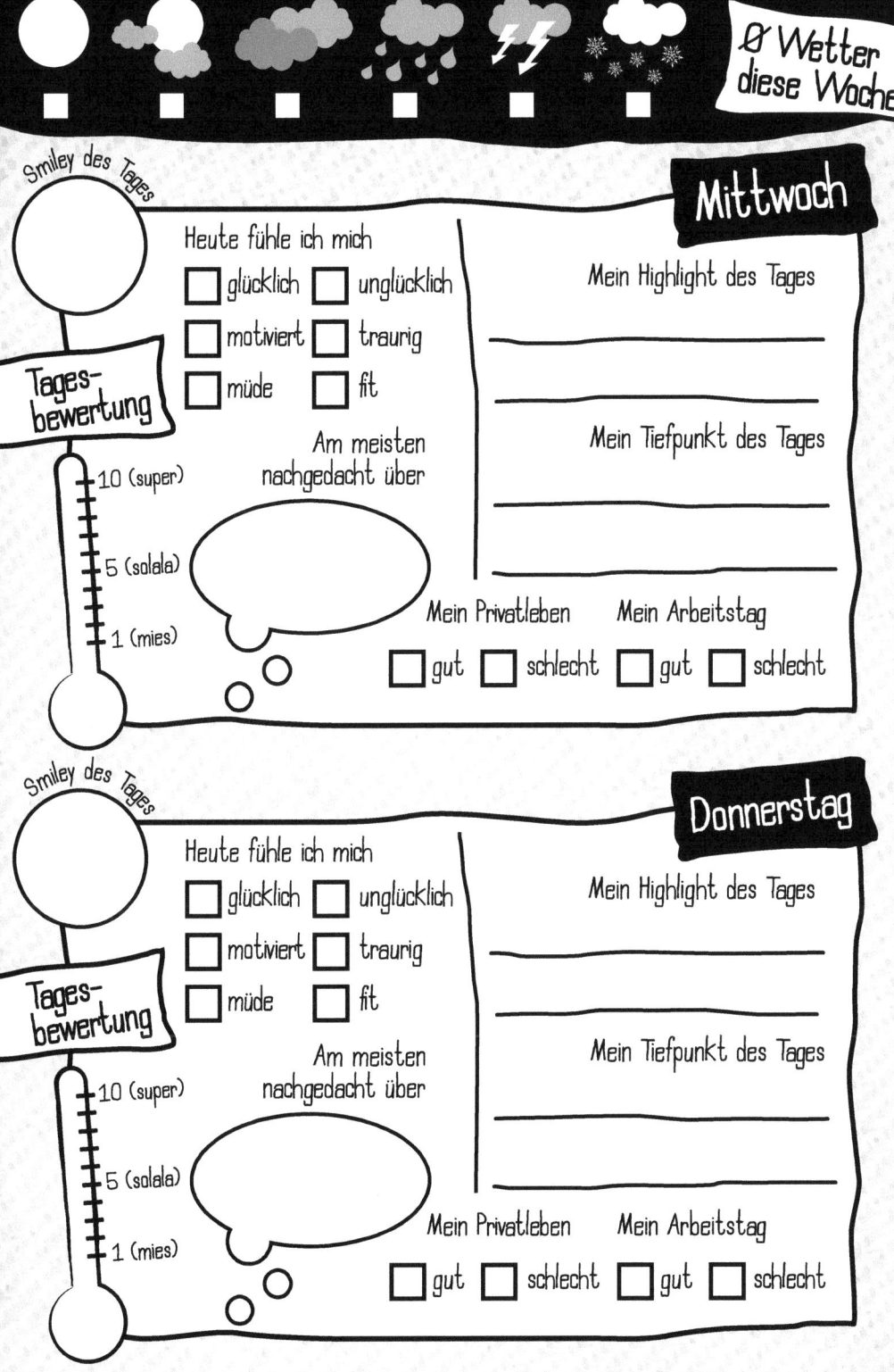

Tageskurve

10
5
1

Montag Dienstag Mittwoch Donnerstag Freitag Samstag Sonntag

Freitag

Mein Highlight des Tages

_____

_____

Mein Tiefpunkt des Tages

_____

_____

Mein Arbeitstag   Mein Privatleben

☐ gut ☐ schlecht   ☐ gut ☐ schlecht

Heute fühle ich mich

☐ glücklich ☐ unglücklich

☐ motiviert ☐ traurig

☐ müde   ☐ fit

Am meisten
nachgedacht über

Smiley des Tages

Tages-
bewertung

10 (super)

5 (solala)

1 (mies)

Samstag

Mein Highlight des Tages

_____

_____

Mein Tiefpunkt des Tages

_____

_____

Mein Arbeitstag   Mein Privatleben

☐ gut ☐ schlecht   ☐ gut ☐ schlecht

Heute fühle ich mich

☐ glücklich ☐ unglücklich

☐ motiviert ☐ traurig

☐ müde   ☐ fit

Am meisten
nachgedacht über

Smiley des Tages

Tages-
bewertung

10 (super)

5 (solala)

1 (mies)

① ② ③

Sonntag

Smiley des Tages

Heute fühle ich mich

☐ glücklich ☐ unglücklich
☐ motiviert ☐ traurig
☐ müde ☐ fit

Tages-bewertung

10 (super)
5 (solala)
1 (mies)

Am meisten nachgedacht über

Mein Highlight des Tages

_____

_____

Mein Tiefpunkt des Tages

_____

_____

Mein Privatleben   Mein Arbeitstag

☐ gut ☐ schlecht   ☐ gut ☐ schlecht

Smiley der Woche

Meine Pläne für die nächste Woche

Mein Highlight der Woche

_____

Mein Tiefpunkt der Woche

_____

10 (super)

5 (solala)

1 (mies)

Wochen-bewertung

Woche 11   vom _____ bis _____ Jahr _____

Montag

Smiley des Tages

Mein Highlight des Tages

_____

_____

Mein Tiefpunkt des Tages

_____

_____

Mein Arbeitstag

☐ gut ☐ schlecht

Mein Privatleben

☐ gut ☐ schlecht

Heute fühle ich mich

☐ glücklich ☐ unglücklich

☐ motiviert ☐ traurig

☐ müde ☐ fit

Am meisten
nachgedacht über

Tages-
bewertung

10 (super)

5 (solala)

1 (mies)

Dienstag

Smiley des Tages

Mein Highlight des Tages

_____

_____

Mein Tiefpunkt des Tages

_____

_____

Mein Arbeitstag

☐ gut ☐ schlecht

Mein Privatleben

☐ gut ☐ schlecht

Heute fühle ich mich

☐ glücklich ☐ unglücklich

☐ motiviert ☐ traurig

☐ müde ☐ fit

Am meisten
nachgedacht über

Tages-
bewertung

10 (super)

5 (solala)

1 (mies)

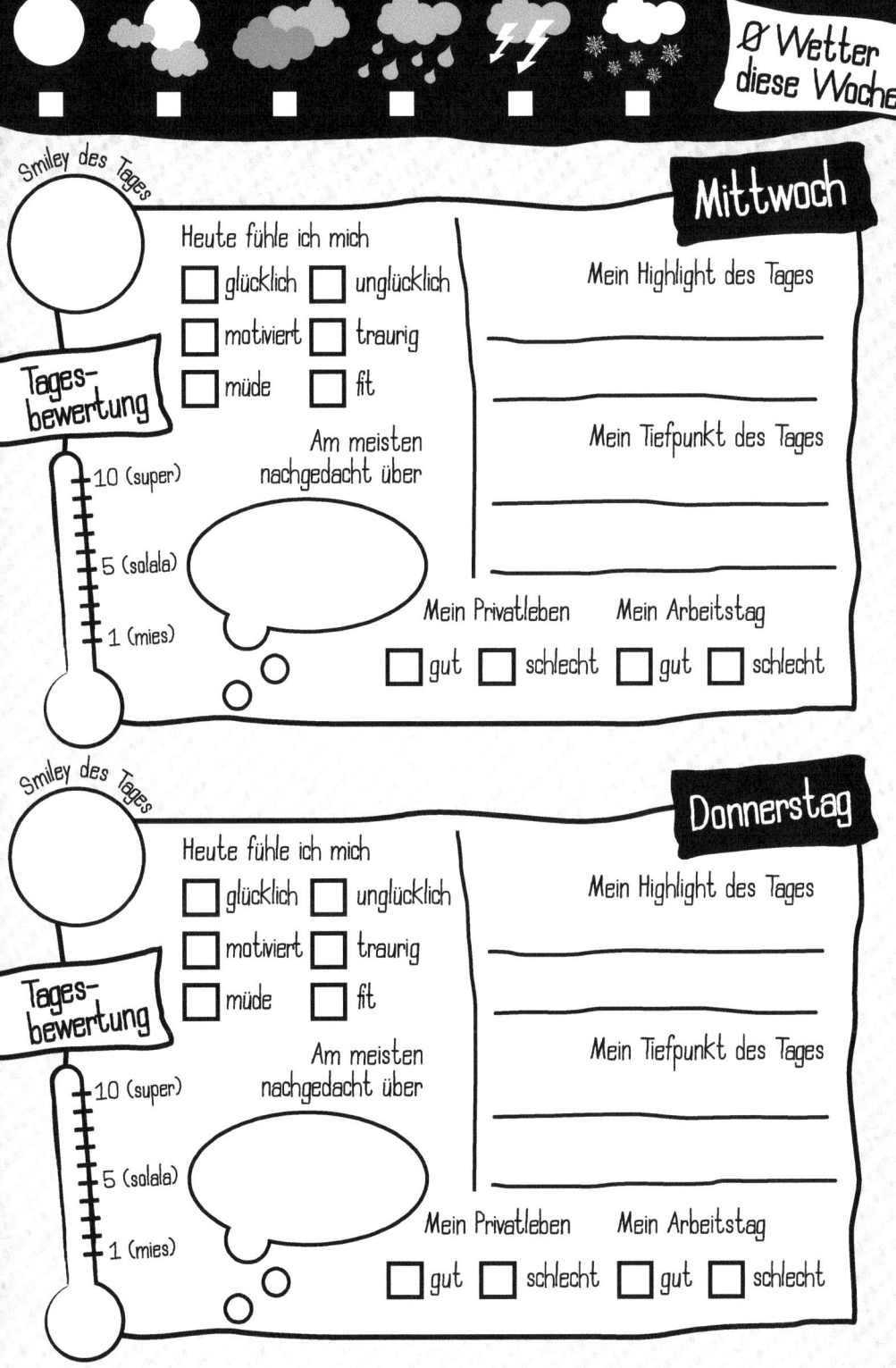

Tageskurve

10
5
1

Montag　Dienstag　Mittwoch　Donnerstag　Freitag　Samstag　Sonntag

Freitag

Mein Highlight des Tages

_____

_____

Mein Tiefpunkt des Tages

_____

_____

Mein Arbeitstag　　Mein Privatleben

☐ gut ☐ schlecht　☐ gut ☐ schlecht

Heute fühle ich mich

☐ glücklich ☐ unglücklich

☐ motiviert ☐ traurig

☐ müde ☐ fit

Am meisten
nachgedacht über

Smiley des Tages

Tages-
bewertung

10 (super)

5 (solala)

1 (mies)

Samstag

Mein Highlight des Tages

_____

_____

Mein Tiefpunkt des Tages

_____

_____

Mein Arbeitstag　　Mein Privatleben

☐ gut ☐ schlecht　☐ gut ☐ schlecht

Heute fühle ich mich

☐ glücklich ☐ unglücklich

☐ motiviert ☐ traurig

☐ müde ☐ fit

Am meisten
nachgedacht über

Smiley des Tages

Tages-
bewertung

10 (super)

5 (solala)

1 (mies)

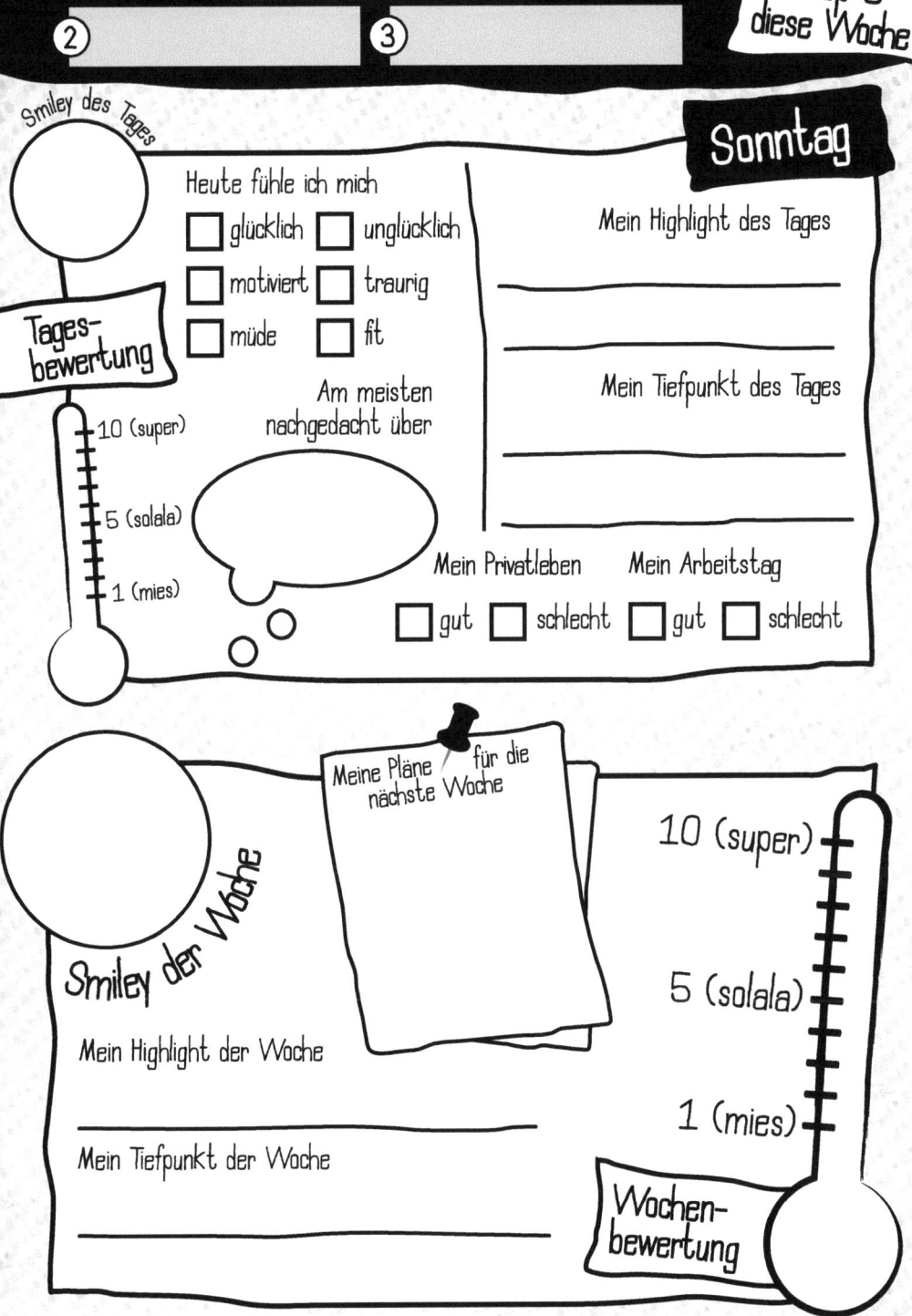

Woche 12 vom _____ bis _____ Jahr _____

Montag

Mein Highlight des Tages

_____

_____

Mein Tiefpunkt des Tages

_____

_____

Mein Arbeitstag

☐ gut ☐ schlecht

Mein Privatleben

☐ gut ☐ schlecht

Heute fühle ich mich

☐ glücklich ☐ unglücklich

☐ motiviert ☐ traurig

☐ müde ☐ fit

Am meisten nachgedacht über

Smiley des Tages

Tages-bewertung

10 (super)

5 (solala)

1 (mies)

Dienstag

Mein Highlight des Tages

_____

_____

Mein Tiefpunkt des Tages

_____

_____

Mein Arbeitstag

☐ gut ☐ schlecht

Mein Privatleben

☐ gut ☐ schlecht

Heute fühle ich mich

☐ glücklich ☐ unglücklich

☐ motiviert ☐ traurig

☐ müde ☐ fit

Am meisten nachgedacht über

Smiley des Tages

Tages-bewertung

10 (super)

5 (solala)

1 (mies)

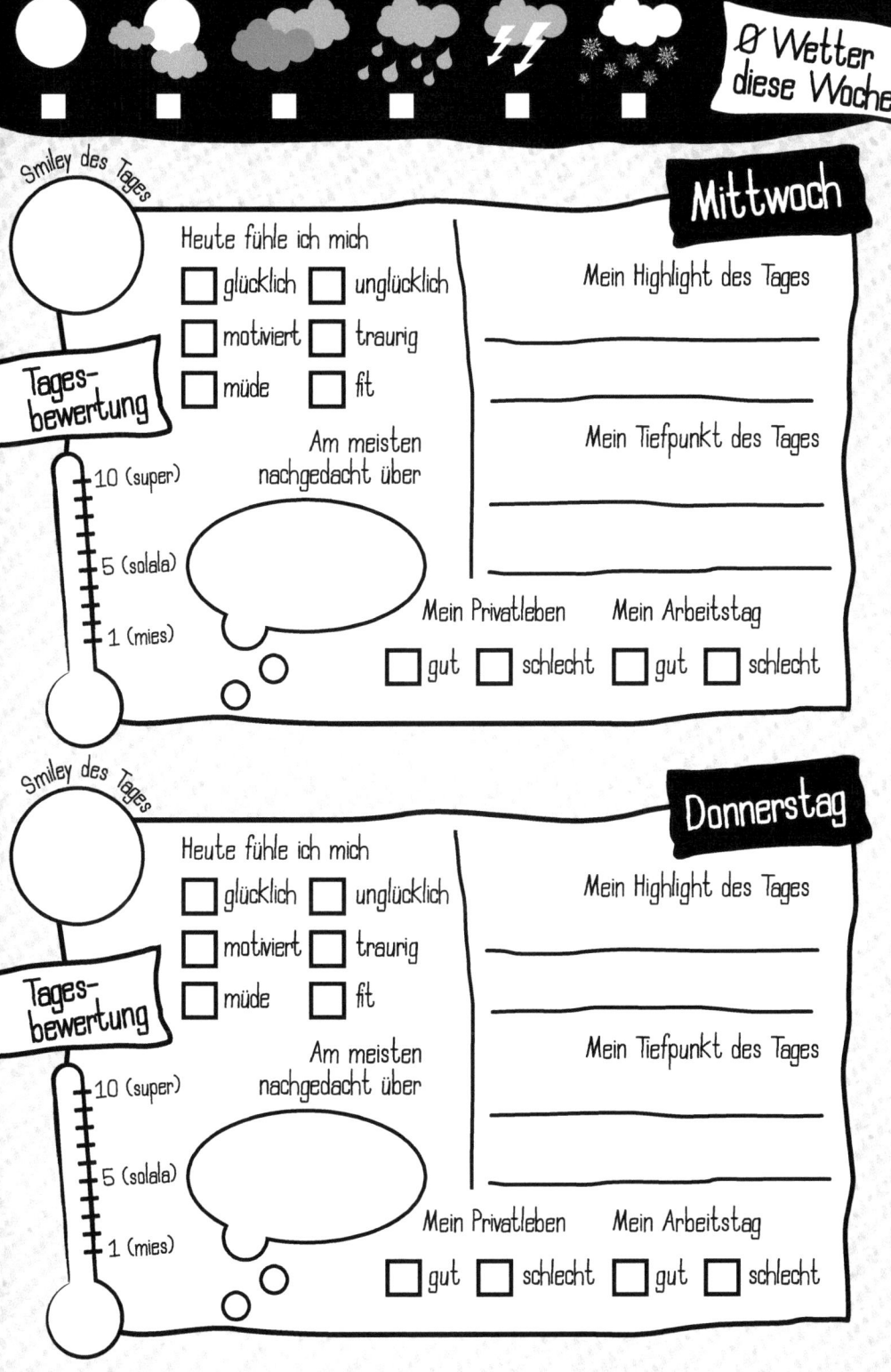

Tageskurve

	Montag	Dienstag	Mittwoch	Donnerstag	Freitag	Samstag	Sonntag

10
5
1

Freitag

Mein Highlight des Tages

_____

_____

Mein Tiefpunkt des Tages

_____

_____

Mein Arbeitstag

☐ gut ☐ schlecht

Mein Privatleben

☐ gut ☐ schlecht

Heute fühle ich mich

☐ glücklich ☐ unglücklich

☐ motiviert ☐ traurig

☐ müde ☐ fit

Am meisten nachgedacht über

Smiley des Tages

Tages-bewertung

10 (super)

5 (solala)

1 (mies)

Samstag

Mein Highlight des Tages

_____

_____

Mein Tiefpunkt des Tages

_____

_____

Mein Arbeitstag

☐ gut ☐ schlecht

Mein Privatleben

☐ gut ☐ schlecht

Heute fühle ich mich

☐ glücklich ☐ unglücklich

☐ motiviert ☐ traurig

☐ müde ☐ fit

Am meisten nachgedacht über

Smiley des Tages

Tages-bewertung

10 (super)

5 (solala)

1 (mies)

Die Top 3 diese Woche

①

②

③

Sonntag

Smiley des Tages

Tages-bewertung

10 (super)

5 (solala)

1 (mies)

Heute fühle ich mich

☐ glücklich ☐ unglücklich

☐ motiviert ☐ traurig

☐ müde ☐ fit

Am meisten nachgedacht über

Mein Highlight des Tages

_____

_____

Mein Tiefpunkt des Tages

_____

_____

Mein Privatleben

☐ gut ☐ schlecht

Mein Arbeitstag

☐ gut ☐ schlecht

Smiley der Woche

Meine Pläne für die nächste Woche

Mein Highlight der Woche

_____

Mein Tiefpunkt der Woche

_____

10 (super)

5 (solala)

1 (mies)

Wochen-bewertung

Woche 13 vom _____ bis _____ Jahr _____

Montag

Smiley des Tages

Mein Highlight des Tages

_____

_____

Mein Tiefpunkt des Tages

_____

_____

Mein Arbeitstag

☐ gut ☐ schlecht

Mein Privatleben

☐ gut ☐ schlecht

Heute fühle ich mich

☐ glücklich ☐ unglücklich

☐ motiviert ☐ traurig

☐ müde ☐ fit

Am meisten nachgedacht über

Tages-bewertung

10 (super)

5 (solala)

1 (mies)

Dienstag

Smiley des Tages

Mein Highlight des Tages

_____

_____

Mein Tiefpunkt des Tages

_____

_____

Mein Arbeitstag

☐ gut ☐ schlecht

Mein Privatleben

☐ gut ☐ schlecht

Heute fühle ich mich

☐ glücklich ☐ unglücklich

☐ motiviert ☐ traurig

☐ müde ☐ fit

Am meisten nachgedacht über

Tages-bewertung

10 (super)

5 (solala)

1 (mies)

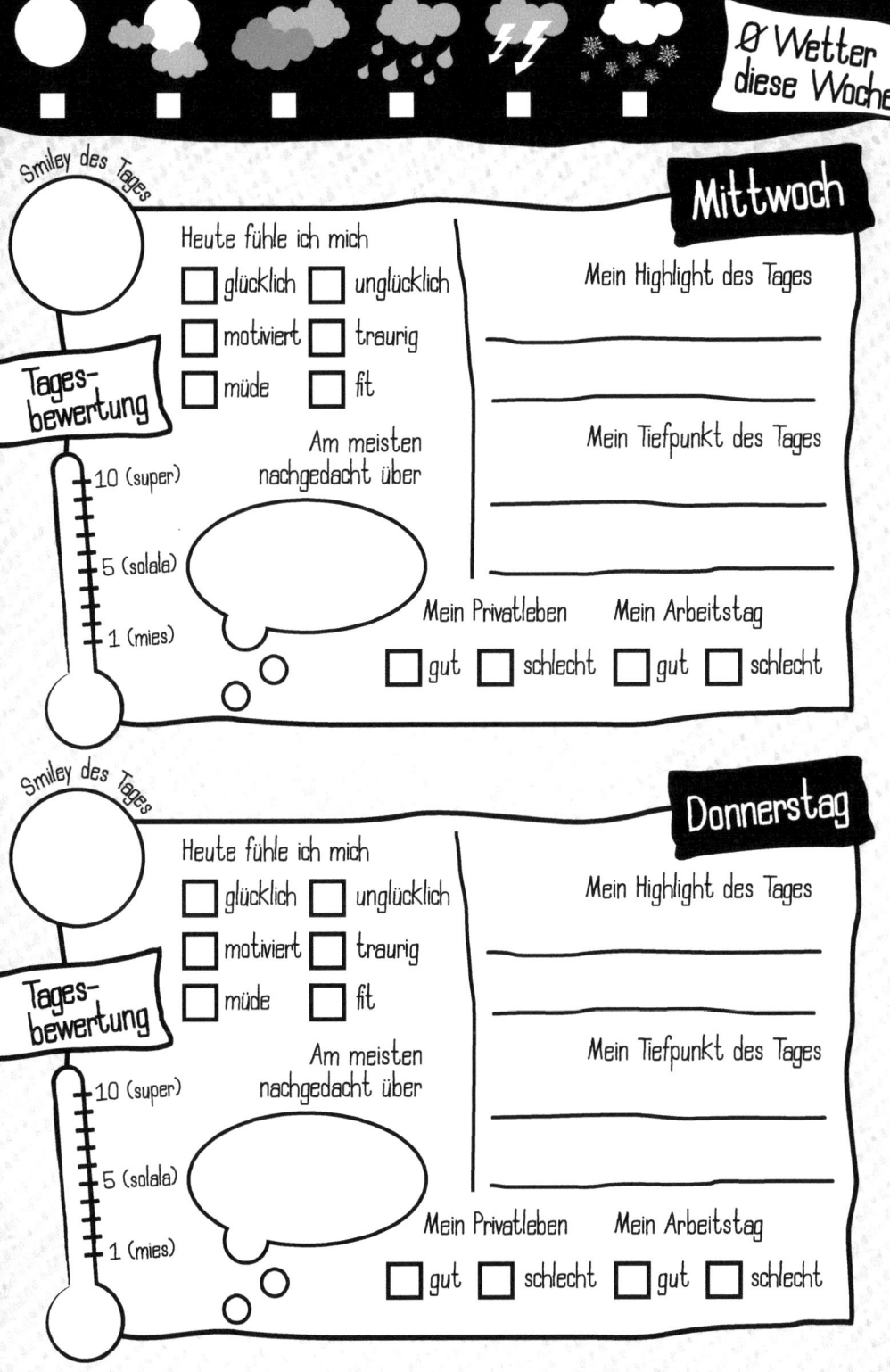

Ø Wetter diese Woche

Mittwoch

Smiley des Tages

Heute fühle ich mich

☐ glücklich ☐ unglücklich
☐ motiviert ☐ traurig
☐ müde ☐ fit

Tagesbewertung

10 (super)
5 (solala)
1 (mies)

Am meisten nachgedacht über

Mein Highlight des Tages

_____

_____

Mein Tiefpunkt des Tages

_____

_____

Mein Privatleben   Mein Arbeitstag

☐ gut ☐ schlecht   ☐ gut ☐ schlecht

Smiley des Tages

Donnerstag

Heute fühle ich mich

☐ glücklich ☐ unglücklich
☐ motiviert ☐ traurig
☐ müde ☐ fit

Tagesbewertung

10 (super)
5 (solala)
1 (mies)

Am meisten nachgedacht über

Mein Highlight des Tages

_____

_____

Mein Tiefpunkt des Tages

_____

_____

Mein Privatleben   Mein Arbeitstag

☐ gut ☐ schlecht   ☐ gut ☐ schlecht

Tageskurve

10
5
1

Montag Dienstag Mittwoch Donnerstag Freitag Samstag Sonntag

Freitag

Smiley des Tages

Mein Highlight des Tages

_____

_____

Mein Tiefpunkt des Tages

_____

_____

Mein Arbeitstag   Mein Privatleben

☐ gut ☐ schlecht   ☐ gut ☐ schlecht

Heute fühle ich mich

☐ glücklich ☐ unglücklich

☐ motiviert ☐ traurig

☐ müde   ☐ fit

Am meisten
nachgedacht über

Tages-
bewertung

10 (super)

5 (solala)

1 (mies)

Samstag

Smiley des Tages

Mein Highlight des Tages

_____

_____

Mein Tiefpunkt des Tages

_____

_____

Mein Arbeitstag   Mein Privatleben

☐ gut ☐ schlecht   ☐ gut ☐ schlecht

Heute fühle ich mich

☐ glücklich ☐ unglücklich

☐ motiviert ☐ traurig

☐ müde   ☐ fit

Am meisten
nachgedacht über

Tages-
bewertung

10 (super)

5 (solala)

1 (mies)

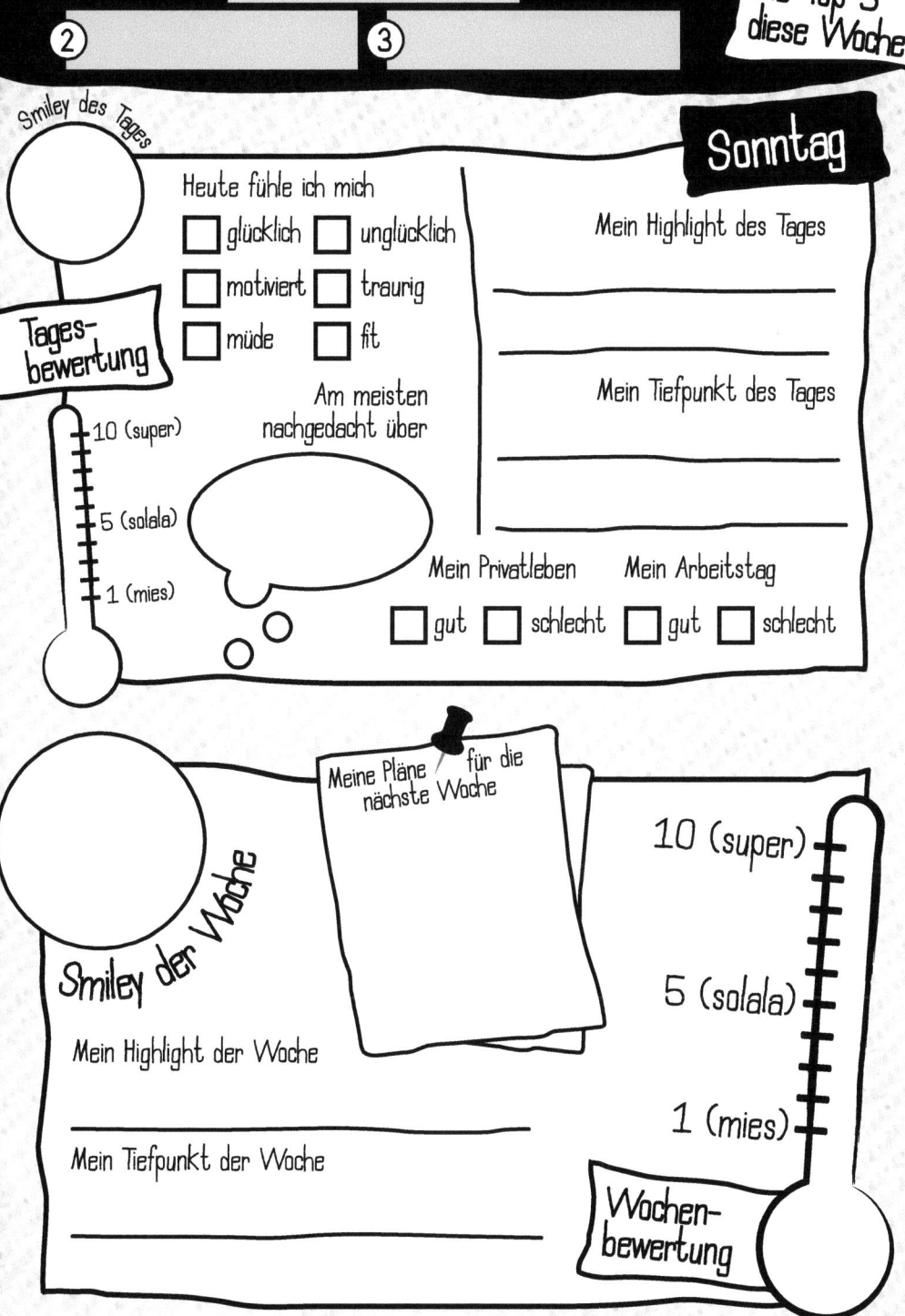

Woche 14 vom _____ bis _____ Jahr _____

Montag

Smiley des Tages

Mein Highlight des Tages

_____

_____

Mein Tiefpunkt des Tages

_____

_____

Mein Arbeitstag

☐ gut ☐ schlecht

Mein Privatleben

☐ gut ☐ schlecht

Heute fühle ich mich

☐ glücklich ☐ unglücklich

☐ motiviert ☐ traurig

☐ müde ☐ fit

Am meisten nachgedacht über

Tages-bewertung

10 (super)

5 (solala)

1 (mies)

Dienstag

Smiley des Tages

Mein Highlight des Tages

_____

_____

Mein Tiefpunkt des Tages

_____

_____

Mein Arbeitstag

☐ gut ☐ schlecht

Mein Privatleben

☐ gut ☐ schlecht

Heute fühle ich mich

☐ glücklich ☐ unglücklich

☐ motiviert ☐ traurig

☐ müde ☐ fit

Am meisten nachgedacht über

Tages-bewertung

10 (super)

5 (solala)

1 (mies)

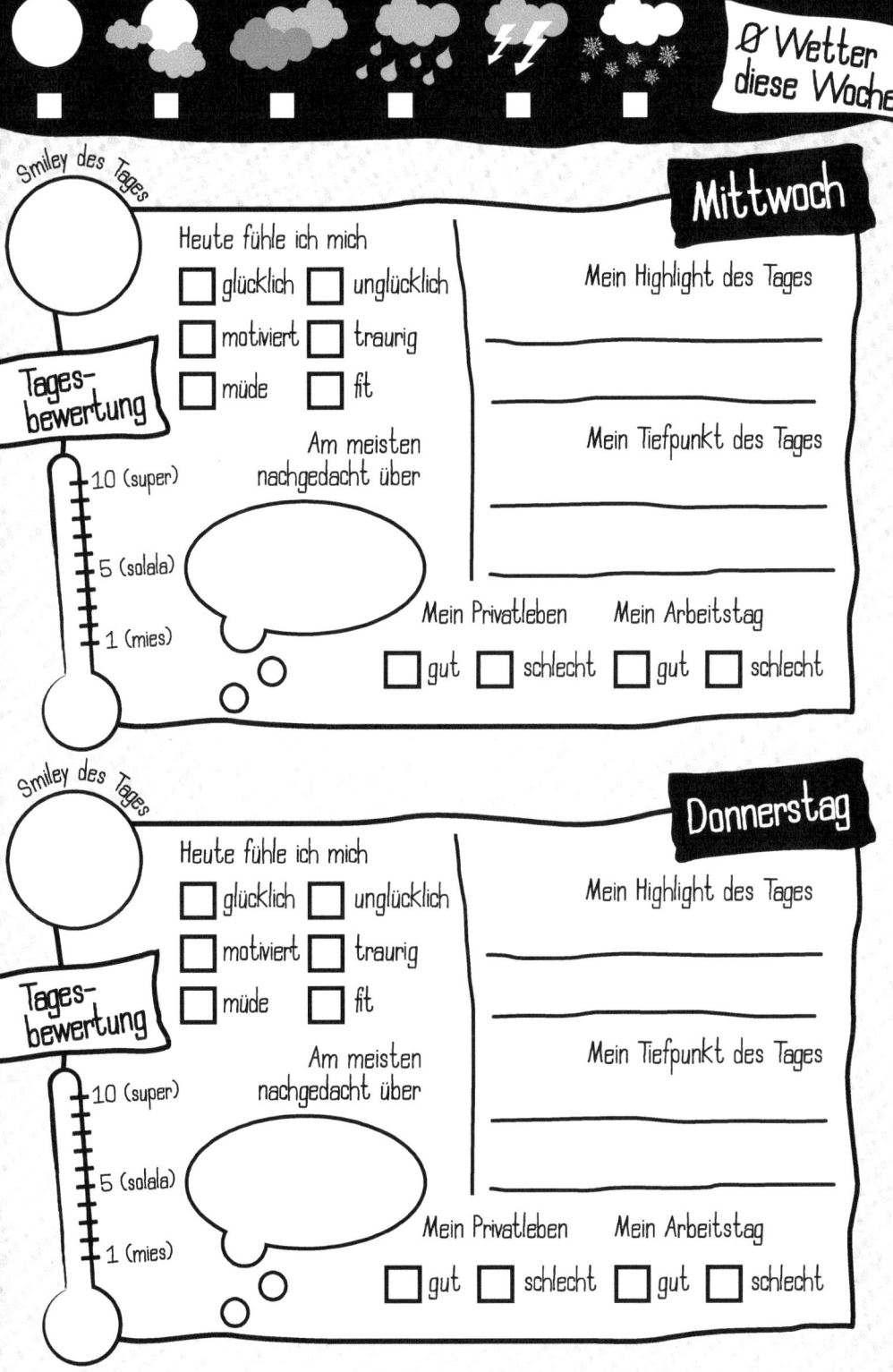

Tageskurve

```
10
5
1
```
Montag   Dienstag   Mittwoch   Donnerstag   Freitag   Samstag   Sonntag

Freitag

Smiley des Tages

Mein Highlight des Tages

_____

_____

Mein Tiefpunkt des Tages

_____

_____

Mein Arbeitstag

☐ gut ☐ schlecht

Mein Privatleben

☐ gut ☐ schlecht

Heute fühle ich mich

☐ glücklich ☐ unglücklich

☐ motiviert ☐ traurig

☐ müde ☐ fit

Am meisten nachgedacht über

Tages-bewertung

10 (super)

5 (solala)

1 (mies)

Samstag

Smiley des Tages

Mein Highlight des Tages

_____

_____

Mein Tiefpunkt des Tages

_____

_____

Mein Arbeitstag

☐ gut ☐ schlecht

Mein Privatleben

☐ gut ☐ schlecht

Heute fühle ich mich

☐ glücklich ☐ unglücklich

☐ motiviert ☐ traurig

☐ müde ☐ fit

Am meisten nachgedacht über

Tages-bewertung

10 (super)

5 (solala)

1 (mies)

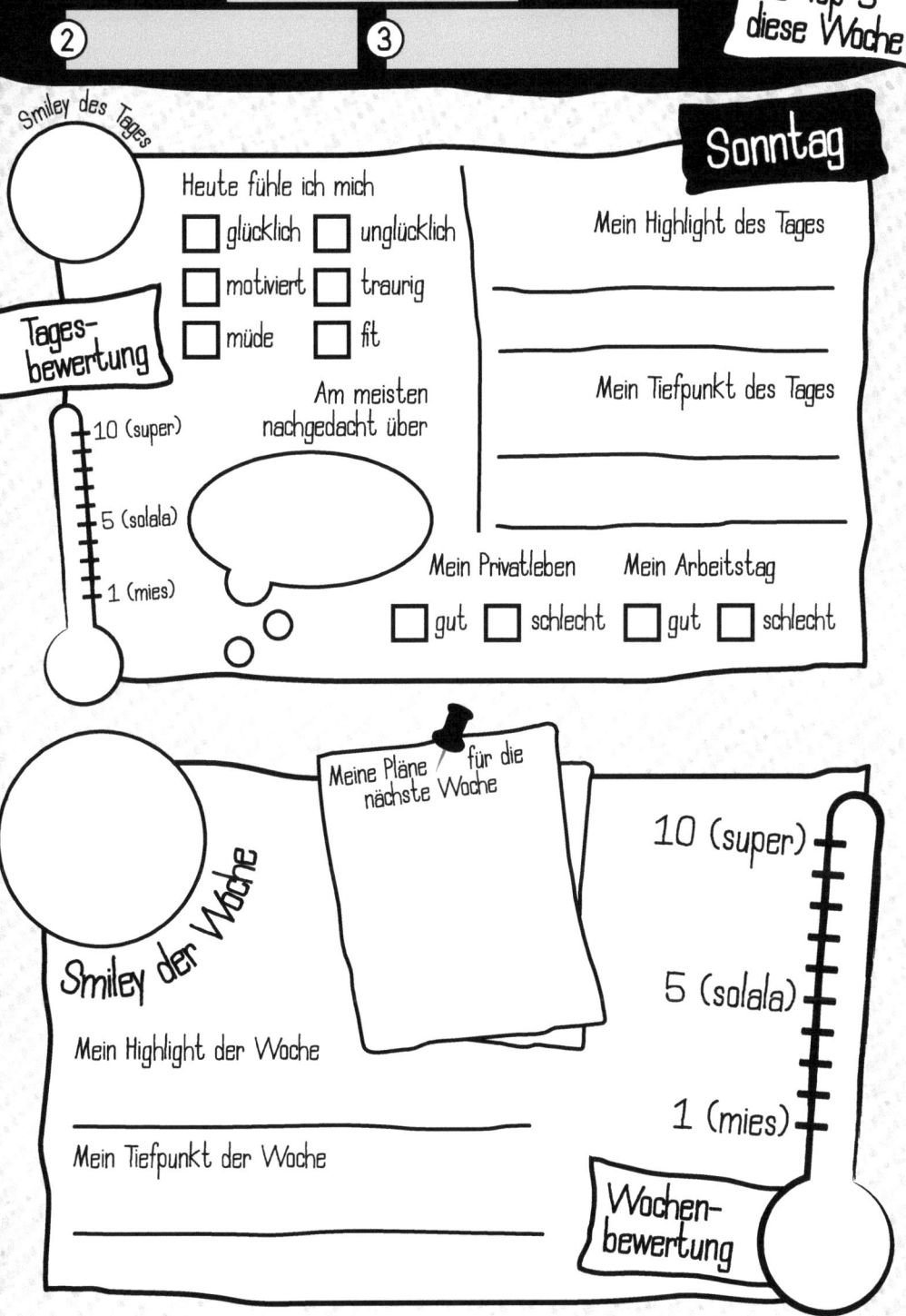

Woche 15

vom _____ bis _____ Jahr _____

Montag

Mein Highlight des Tages

_____

_____

Mein Tiefpunkt des Tages

_____

_____

Mein Arbeitstag

☐ gut ☐ schlecht

Mein Privatleben

☐ gut ☐ schlecht

Heute fühle ich mich

☐ glücklich ☐ unglücklich

☐ motiviert ☐ traurig

☐ müde ☐ fit

Am meisten nachgedacht über

Smiley des Tages

Tages-bewertung

10 (super)

5 (solala)

1 (mies)

Dienstag

Mein Highlight des Tages

_____

_____

Mein Tiefpunkt des Tages

_____

_____

Mein Arbeitstag

☐ gut ☐ schlecht

Mein Privatleben

☐ gut ☐ schlecht

Heute fühle ich mich

☐ glücklich ☐ unglücklich

☐ motiviert ☐ traurig

☐ müde ☐ fit

Am meisten nachgedacht über

Smiley des Tages

Tages-bewertung

10 (super)

5 (solala)

1 (mies)

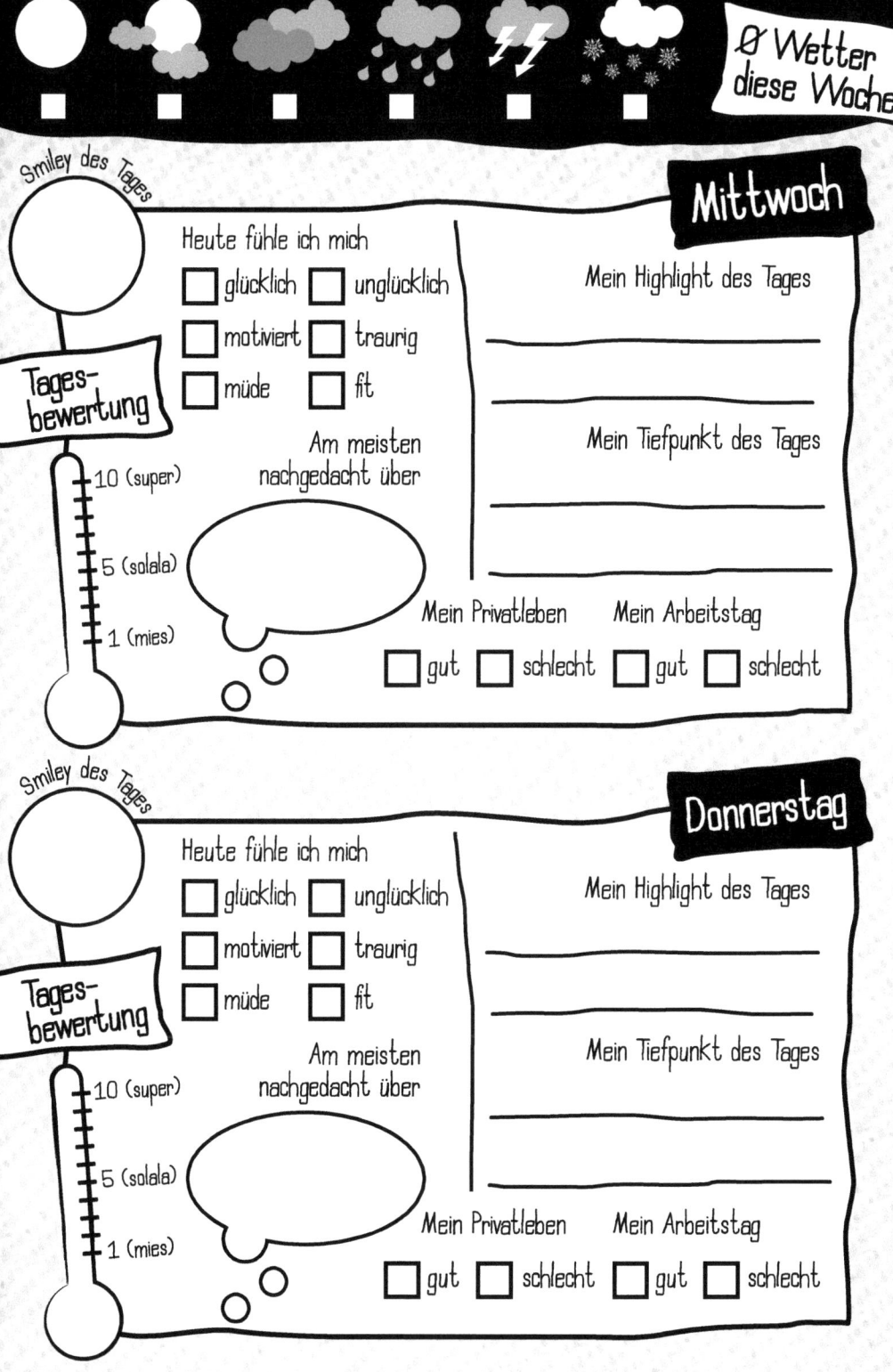

Ø Wetter diese Woche

Mittwoch

Smiley des Tages

Heute fühle ich mich

☐ glücklich ☐ unglücklich

☐ motiviert ☐ traurig

☐ müde ☐ fit

Tages-
bewertung

10 (super)

5 (solala)

1 (mies)

Am meisten
nachgedacht über

Mein Highlight des Tages

_____

_____

Mein Tiefpunkt des Tages

_____

_____

Mein Privatleben   Mein Arbeitstag

☐ gut ☐ schlecht   ☐ gut ☐ schlecht

Donnerstag

Smiley des Tages

Heute fühle ich mich

☐ glücklich ☐ unglücklich

☐ motiviert ☐ traurig

☐ müde ☐ fit

Tages-
bewertung

10 (super)

5 (solala)

1 (mies)

Am meisten
nachgedacht über

Mein Highlight des Tages

_____

_____

Mein Tiefpunkt des Tages

_____

_____

Mein Privatleben   Mein Arbeitstag

☐ gut ☐ schlecht   ☐ gut ☐ schlecht

Tageskurve

```
10
 5
 1
```
Montag   Dienstag   Mittwoch   Donnerstag   Freitag   Samstag   Sonntag

Freitag

Smiley des Tages

Mein Highlight des Tages

_____

_____

Mein Tiefpunkt des Tages

_____

_____

Mein Arbeitstag

☐ gut ☐ schlecht

Mein Privatleben

☐ gut ☐ schlecht

Heute fühle ich mich

☐ glücklich ☐ unglücklich

☐ motiviert ☐ traurig

☐ müde ☐ fit

Am meisten nachgedacht über

Tages-bewertung

10 (super)

5 (solala)

1 (mies)

Samstag

Smiley des Tages

Mein Highlight des Tages

_____

_____

Mein Tiefpunkt des Tages

_____

_____

Mein Arbeitstag

☐ gut ☐ schlecht

Mein Privatleben

☐ gut ☐ schlecht

Heute fühle ich mich

☐ glücklich ☐ unglücklich

☐ motiviert ☐ traurig

☐ müde ☐ fit

Am meisten nachgedacht über

Tages-bewertung

10 (super)

5 (solala)

1 (mies)

①

②

③

Smiley des Tages

Sonntag

Heute fühle ich mich

☐ glücklich ☐ unglücklich
☐ motiviert ☐ traurig
☐ müde ☐ fit

Tages-bewertung

10 (super)

5 (solala)

1 (mies)

Am meisten nachgedacht über

Mein Highlight des Tages

_____
_____

Mein Tiefpunkt des Tages

_____
_____

Mein Privatleben   Mein Arbeitstag

☐ gut ☐ schlecht   ☐ gut ☐ schlecht

Meine Pläne für die nächste Woche

10 (super)

5 (solala)

1 (mies)

Smiley der Woche

Mein Highlight der Woche

_____

Mein Tiefpunkt der Woche

_____

Wochen-bewertung

Montag

Mein Highlight des Tages

_____

_____

Mein Tiefpunkt des Tages

_____

_____

Mein Arbeitstag

☐ gut ☐ schlecht

Mein Privatleben

☐ gut ☐ schlecht

Heute fühle ich mich

☐ glücklich ☐ unglücklich

☐ motiviert ☐ traurig

☐ müde ☐ fit

Am meisten nachgedacht über

Smiley des Tages

Tages-bewertung

10 (super)

5 (solala)

1 (mies)

Dienstag

Mein Highlight des Tages

_____

_____

Mein Tiefpunkt des Tages

_____

_____

Mein Arbeitstag

☐ gut ☐ schlecht

Mein Privatleben

☐ gut ☐ schlecht

Heute fühle ich mich

☐ glücklich ☐ unglücklich

☐ motiviert ☐ traurig

☐ müde ☐ fit

Am meisten nachgedacht über

Smiley des Tages

Tages-bewertung

10 (super)

5 (solala)

1 (mies)

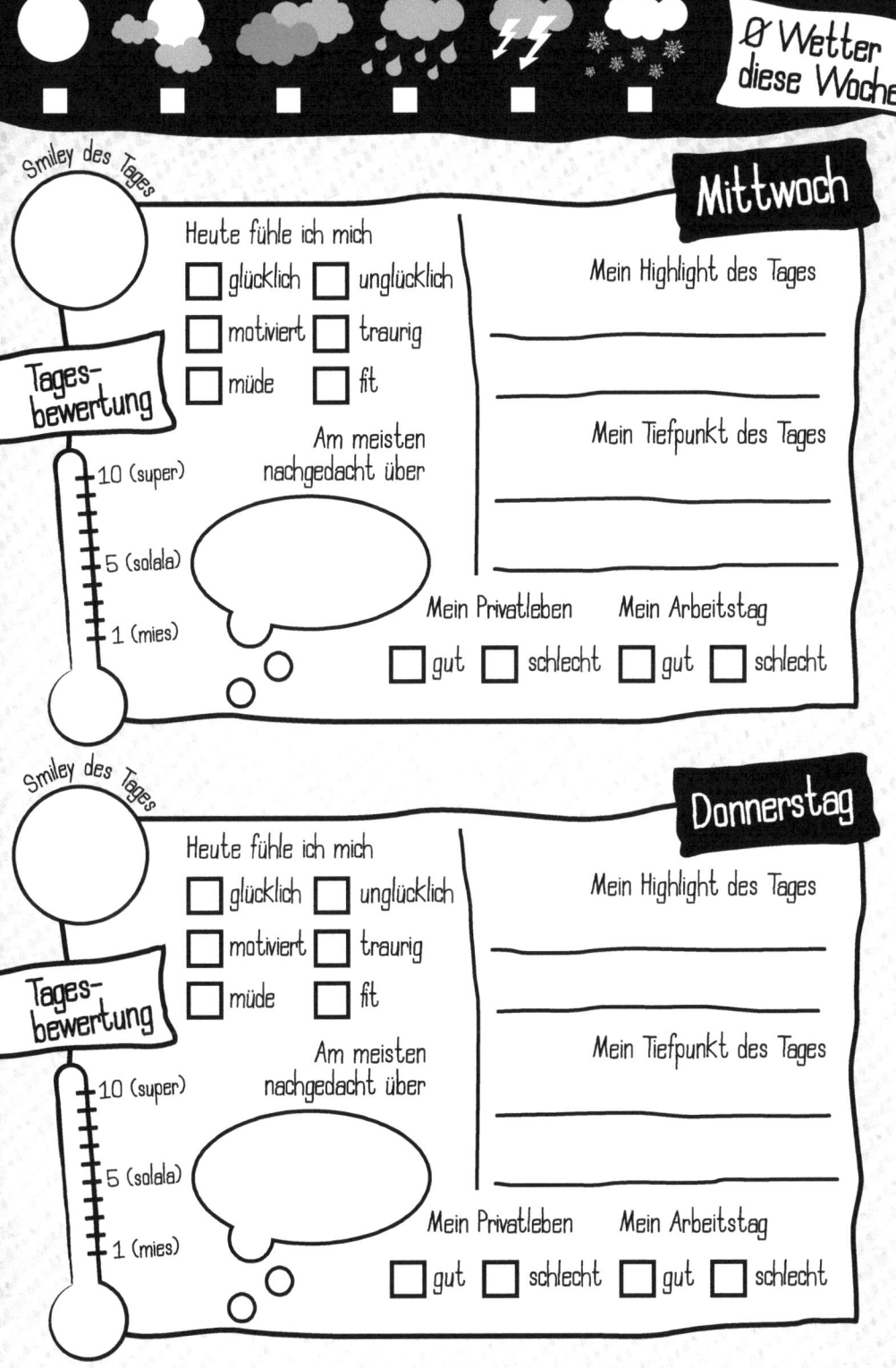

Tageskurve

```
10
 5
 1
     Montag  Dienstag  Mittwoch  Donnerstag  Freitag  Samstag  Sonntag
```

Freitag

Mein Highlight des Tages

_____

_____

Mein Tiefpunkt des Tages

_____

_____

Mein Arbeitstag

☐ gut ☐ schlecht

Mein Privatleben

☐ gut ☐ schlecht

Heute fühle ich mich

☐ glücklich ☐ unglücklich

☐ motiviert ☐ traurig

☐ müde ☐ fit

Am meisten nachgedacht über

Smiley des Tages

Tages-bewertung

10 (super)

5 (solala)

1 (mies)

Samstag

Mein Highlight des Tages

_____

_____

Mein Tiefpunkt des Tages

_____

_____

Mein Arbeitstag

☐ gut ☐ schlecht

Mein Privatleben

☐ gut ☐ schlecht

Heute fühle ich mich

☐ glücklich ☐ unglücklich

☐ motiviert ☐ traurig

☐ müde ☐ fit

Am meisten nachgedacht über

Smiley des Tages

Tages-bewertung

10 (super)

5 (solala)

1 (mies)

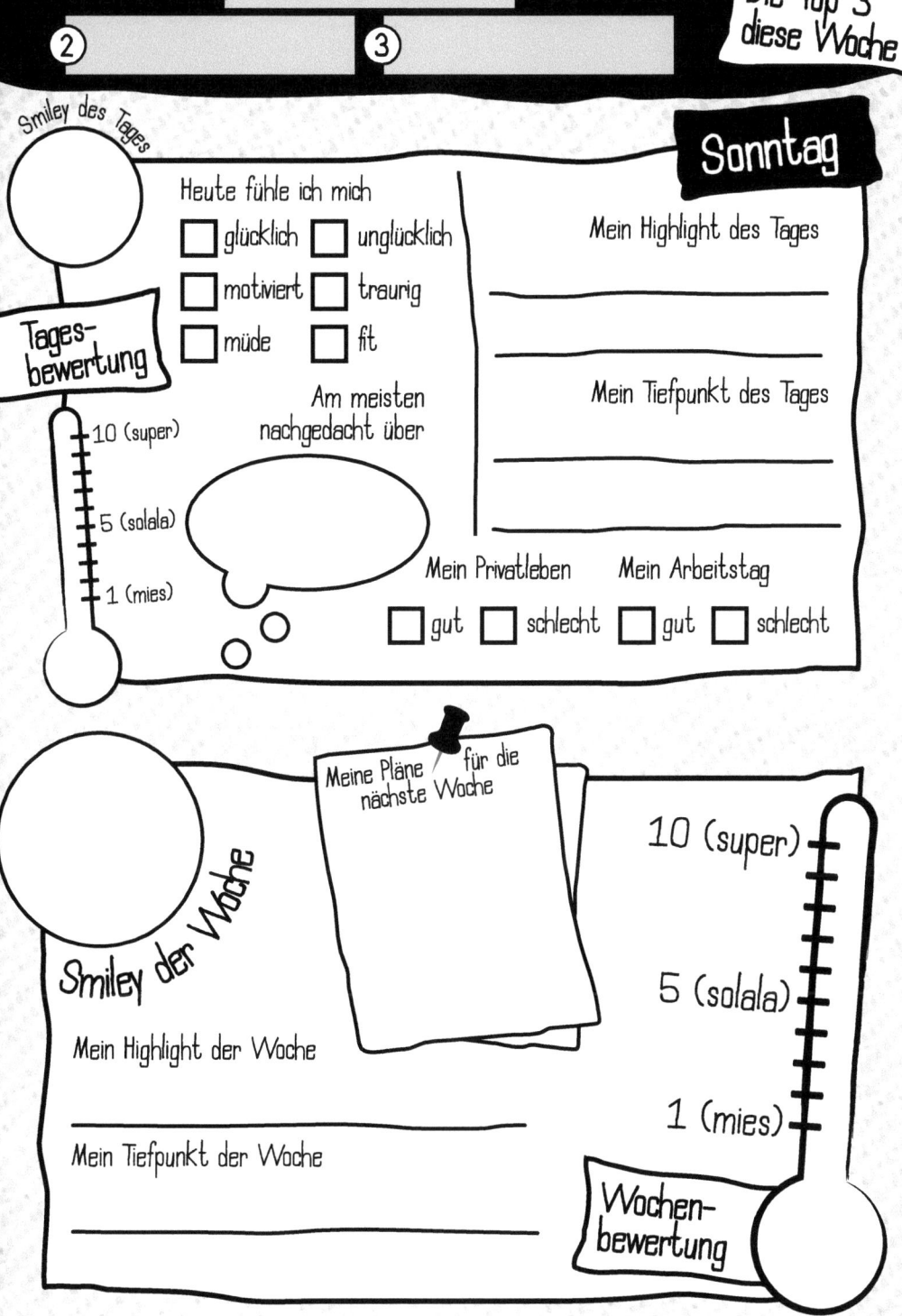

Woche 17 vom _____ bis _____ Jahr _____

Montag

Smiley des Tages

Mein Highlight des Tages

_____

_____

Mein Tiefpunkt des Tages

_____

_____

Mein Arbeitstag   Mein Privatleben

☐ gut ☐ schlecht   ☐ gut ☐ schlecht

Heute fühle ich mich

☐ glücklich ☐ unglücklich

☐ motiviert ☐ traurig

☐ müde ☐ fit

Am meisten nachgedacht über

Tages-bewertung

10 (super)

5 (solala)

1 (mies)

Dienstag

Smiley des Tages

Mein Highlight des Tages

_____

_____

Mein Tiefpunkt des Tages

_____

_____

Mein Arbeitstag   Mein Privatleben

☐ gut ☐ schlecht   ☐ gut ☐ schlecht

Heute fühle ich mich

☐ glücklich ☐ unglücklich

☐ motiviert ☐ traurig

☐ müde ☐ fit

Am meisten nachgedacht über

Tages-bewertung

10 (super)

5 (solala)

1 (mies)

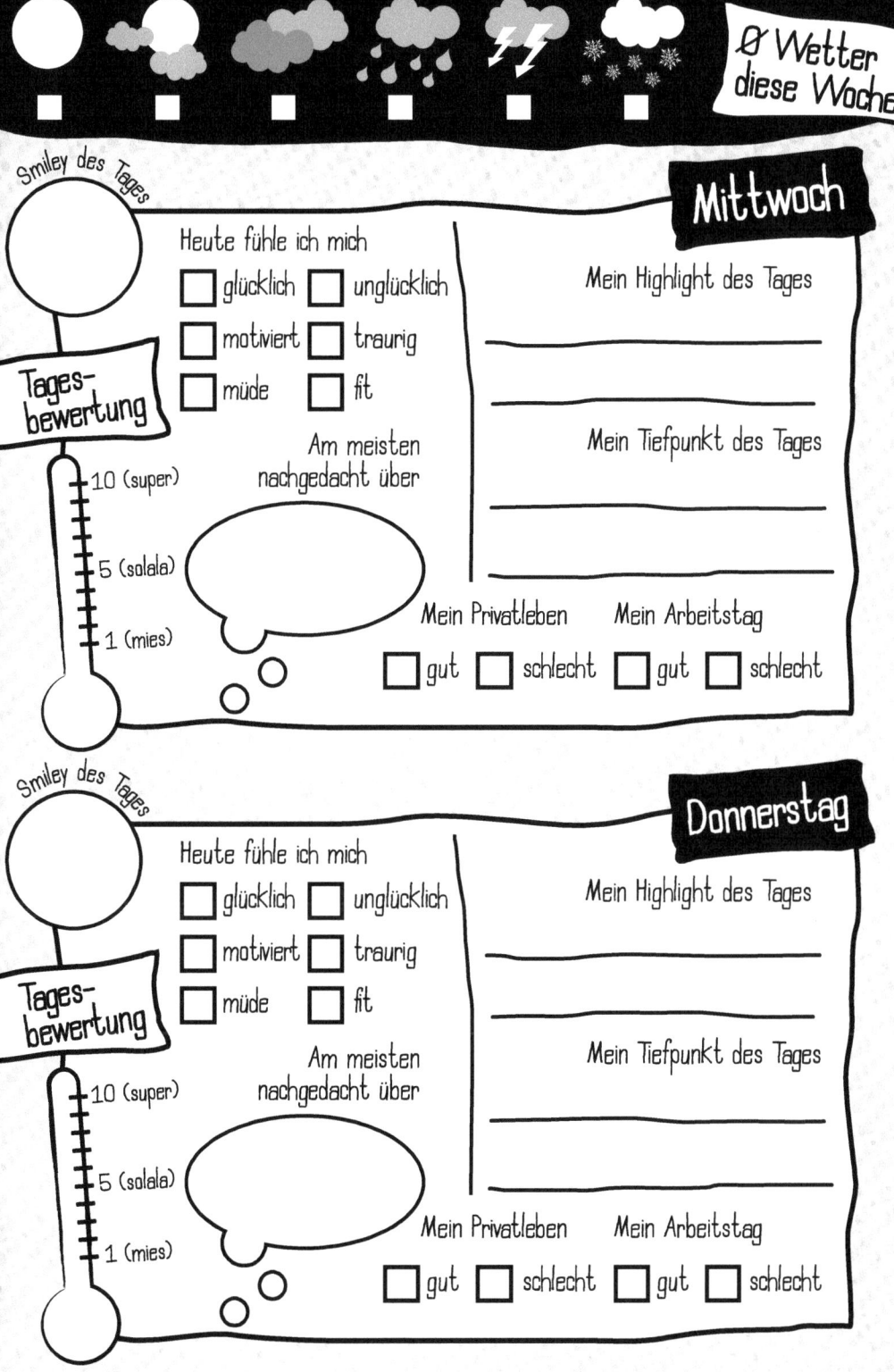

Ø Wetter diese Woche

Smiley des Tages

Mittwoch

Heute fühle ich mich

- [ ] glücklich [ ] unglücklich
- [ ] motiviert [ ] traurig
- [ ] müde [ ] fit

Tages-bewertung

Am meisten nachgedacht über

10 (super)

5 (solala)

1 (mies)

Mein Highlight des Tages

_____

_____

Mein Tiefpunkt des Tages

_____

_____

Mein Privatleben   Mein Arbeitstag

[ ] gut [ ] schlecht   [ ] gut [ ] schlecht

Smiley des Tages

Donnerstag

Heute fühle ich mich

- [ ] glücklich [ ] unglücklich
- [ ] motiviert [ ] traurig
- [ ] müde [ ] fit

Tages-bewertung

Am meisten nachgedacht über

10 (super)

5 (solala)

1 (mies)

Mein Highlight des Tages

_____

_____

Mein Tiefpunkt des Tages

_____

_____

Mein Privatleben   Mein Arbeitstag

[ ] gut [ ] schlecht   [ ] gut [ ] schlecht

Tageskurve

	10							
	5							
	1							

Montag Dienstag Mittwoch Donnerstag Freitag Samstag Sonntag

Freitag

Smiley des Tages

Mein Highlight des Tages

_____

_____

Mein Tiefpunkt des Tages

_____

_____

Mein Arbeitstag

☐ gut ☐ schlecht

Mein Privatleben

☐ gut ☐ schlecht

Heute fühle ich mich

☐ glücklich ☐ unglücklich

☐ motiviert ☐ traurig

☐ müde ☐ fit

Am meisten nachgedacht über

Tages-bewertung

10 (super)

5 (solala)

1 (mies)

Samstag

Smiley des Tages

Mein Highlight des Tages

_____

_____

Mein Tiefpunkt des Tages

_____

_____

Mein Arbeitstag

☐ gut ☐ schlecht

Mein Privatleben

☐ gut ☐ schlecht

Heute fühle ich mich

☐ glücklich ☐ unglücklich

☐ motiviert ☐ traurig

☐ müde ☐ fit

Am meisten nachgedacht über

Tages-bewertung

10 (super)

5 (solala)

1 (mies)

1

2 3

Smiley des Tages

Sonntag

Heute fühle ich mich

☐ glücklich ☐ unglücklich

☐ motiviert ☐ traurig

☐ müde ☐ fit

Tages-bewertung

Mein Highlight des Tages

_____

_____

Mein Tiefpunkt des Tages

_____

_____

10 (super)

Am meisten nachgedacht über

5 (solala)

1 (mies)

Mein Privatleben   Mein Arbeitstag

☐ gut ☐ schlecht ☐ gut ☐ schlecht

Meine Pläne für die nächste Woche

Smiley der Woche

10 (super)

5 (solala)

1 (mies)

Mein Highlight der Woche

_____

Mein Tiefpunkt der Woche

_____

Wochen-bewertung

Woche 18

vom _____ bis _____ Jahr _____

Montag

Smiley des Tages

Mein Highlight des Tages

_____

_____

Mein Tiefpunkt des Tages

_____

_____

Mein Arbeitstag   **Mein Privatleben**

☐ gut ☐ schlecht   ☐ gut ☐ schlecht

Heute fühle ich mich

☐ glücklich ☐ unglücklich

☐ motiviert ☐ traurig

☐ müde ☐ fit

Am meisten nachgedacht über

Tages-bewertung

10 (super)

5 (solala)

1 (mies)

Dienstag

Smiley des Tages

Mein Highlight des Tages

_____

_____

Mein Tiefpunkt des Tages

_____

_____

Mein Arbeitstag   **Mein Privatleben**

☐ gut ☐ schlecht   ☐ gut ☐ schlecht

Heute fühle ich mich

☐ glücklich ☐ unglücklich

☐ motiviert ☐ traurig

☐ müde ☐ fit

Am meisten nachgedacht über

Tages-bewertung

10 (super)

5 (solala)

1 (mies)

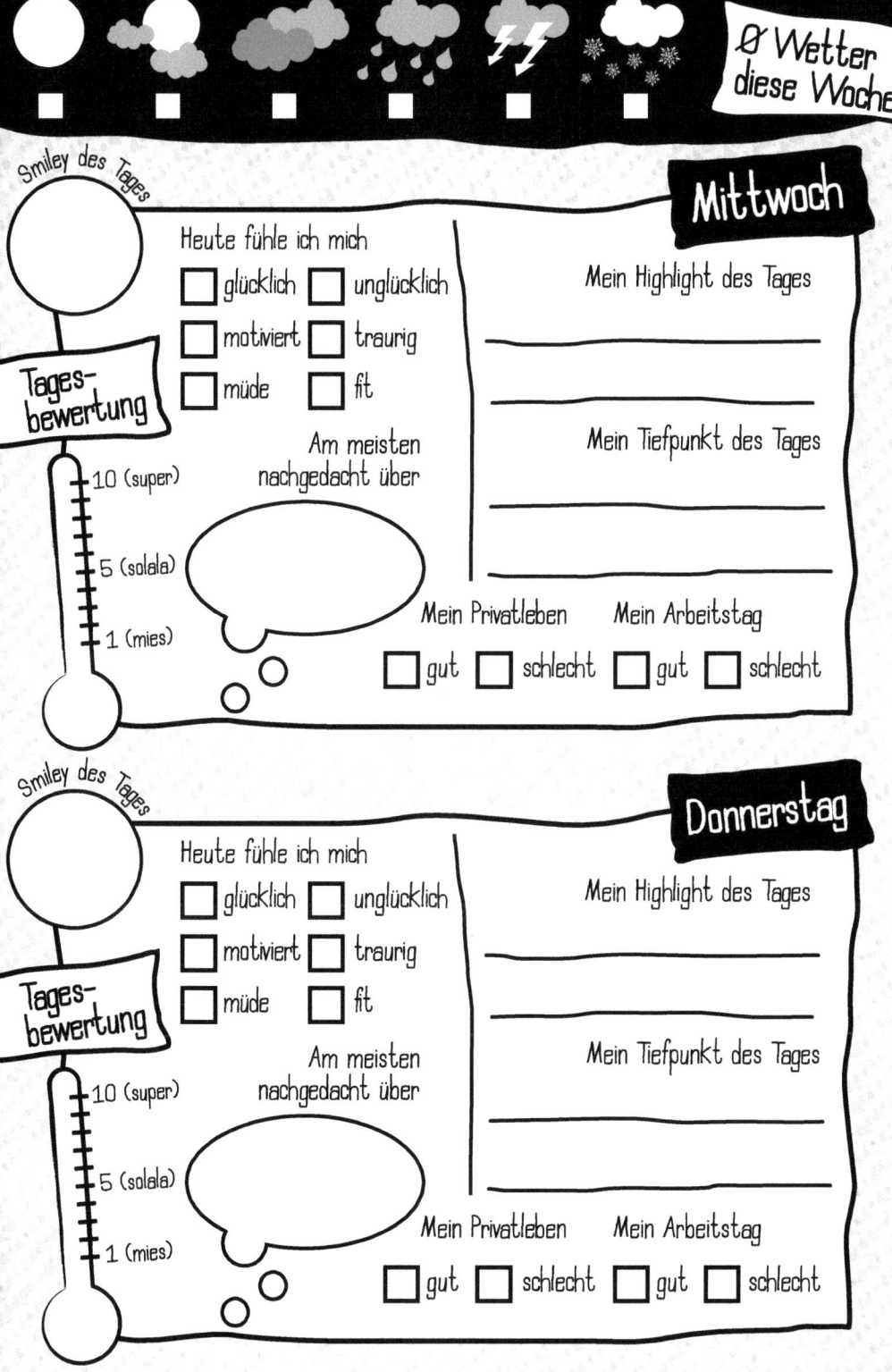

Tageskurve

10
5
1

Montag Dienstag Mittwoch Donnerstag Freitag Samstag Sonntag

Freitag

Smiley des Tages

Mein Highlight des Tages

_____

_____

Mein Tiefpunkt des Tages

_____

_____

Mein Arbeitstag

☐ gut ☐ schlecht

Mein Privatleben

☐ gut ☐ schlecht

Heute fühle ich mich

☐ glücklich ☐ unglücklich

☐ motiviert ☐ traurig

☐ müde ☐ fit

Am meisten
nachgedacht über

Tages-
bewertung

10 (super)

5 (solala)

1 (mies)

Samstag

Smiley des Tages

Mein Highlight des Tages

_____

_____

Mein Tiefpunkt des Tages

_____

_____

Mein Arbeitstag

☐ gut ☐ schlecht

Mein Privatleben

☐ gut ☐ schlecht

Heute fühle ich mich

☐ glücklich ☐ unglücklich

☐ motiviert ☐ traurig

☐ müde ☐ fit

Am meisten
nachgedacht über

Tages-
bewertung

10 (super)

5 (solala)

1 (mies)

① _____

② _____   ③ _____

Smiley des Tages

Sonntag

Heute fühle ich mich

☐ glücklich ☐ unglücklich

☐ motiviert ☐ traurig

☐ müde ☐ fit

Mein Highlight des Tages

_____

_____

Mein Tiefpunkt des Tages

Tages-
bewertung

Am meisten
nachgedacht über

_____

_____

10 (super)

5 (solala)

1 (mies)

Mein Privatleben   Mein Arbeitstag

☐ gut ☐ schlecht   ☐ gut ☐ schlecht

Meine Pläne für die
nächste Woche

10 (super)

Smiley der Woche

5 (solala)

Mein Highlight der Woche

_____

1 (mies)

Mein Tiefpunkt der Woche

_____

Wochen-
bewertung

Montag

Smiley des Tages

Mein Highlight des Tages

_____

_____

Mein Tiefpunkt des Tages

_____

_____

Mein Arbeitstag

☐ gut ☐ schlecht

Mein Privatleben

☐ gut ☐ schlecht

Heute fühle ich mich

☐ glücklich ☐ unglücklich

☐ motiviert ☐ traurig

☐ müde ☐ fit

Am meisten nachgedacht über

Tages-bewertung

10 (super)

5 (solala)

1 (mies)

Dienstag

Smiley des Tages

Mein Highlight des Tages

_____

_____

Mein Tiefpunkt des Tages

_____

_____

Mein Arbeitstag

☐ gut ☐ schlecht

Mein Privatleben

☐ gut ☐ schlecht

Heute fühle ich mich

☐ glücklich ☐ unglücklich

☐ motiviert ☐ traurig

☐ müde ☐ fit

Am meisten nachgedacht über

Tages-bewertung

10 (super)

5 (solala)

1 (mies)

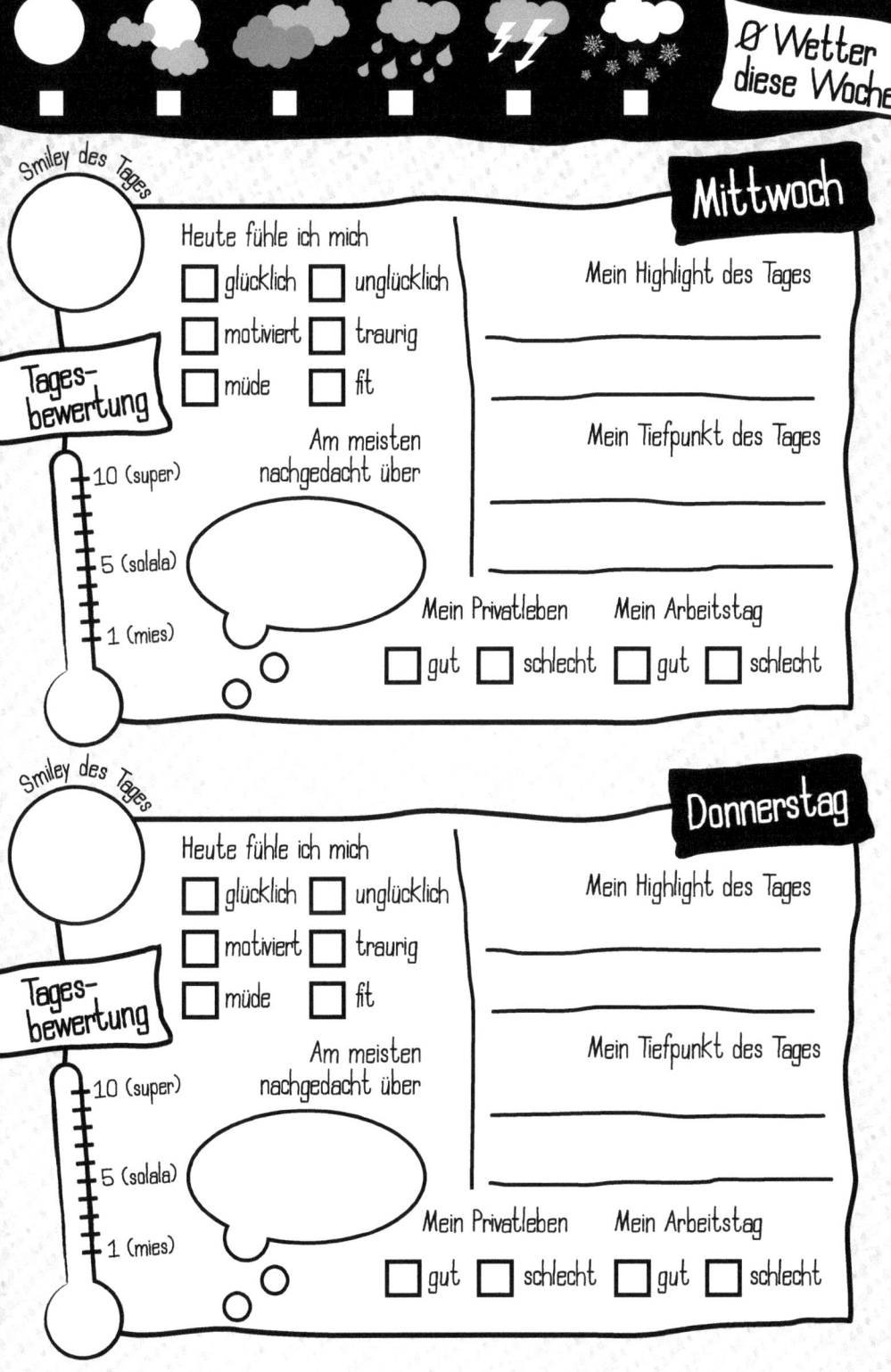

Tageskurve

	Montag	Dienstag	Mittwoch	Donnerstag	Freitag	Samstag	Sonntag

10
5
1

Freitag

Smiley des Tages

Mein Highlight des Tages

_____

_____

Mein Tiefpunkt des Tages

_____

_____

Mein Arbeitstag   Mein Privatleben

☐ gut ☐ schlecht   ☐ gut ☐ schlecht

Heute fühle ich mich

☐ glücklich ☐ unglücklich

☐ motiviert ☐ traurig

☐ müde   ☐ fit

Am meisten
nachgedacht über

Tages-
bewertung

10 (super)

5 (solala)

1 (mies)

Samstag

Smiley des Tages

Mein Highlight des Tages

_____

_____

Mein Tiefpunkt des Tages

_____

_____

Mein Arbeitstag   Mein Privatleben

☐ gut ☐ schlecht   ☐ gut ☐ schlecht

Heute fühle ich mich

☐ glücklich ☐ unglücklich

☐ motiviert ☐ traurig

☐ müde   ☐ fit

Am meisten
nachgedacht über

Tages-
bewertung

10 (super)

5 (solala)

1 (mies)

Smiley des Tages

Sonntag

Heute fühle ich mich

☐ glücklich ☐ unglücklich

☐ motiviert ☐ traurig

☐ müde ☐ fit

Mein Highlight des Tages

_____

_____

Am meisten nachgedacht über

Mein Tiefpunkt des Tages

_____

_____

Tages-bewertung

10 (super)

5 (solala)

1 (mies)

Mein Privatleben   Mein Arbeitstag

☐ gut ☐ schlecht   ☐ gut ☐ schlecht

Smiley der Woche

Meine Pläne für die nächste Woche

10 (super)

5 (solala)

1 (mies)

Mein Highlight der Woche

_____

Mein Tiefpunkt der Woche

_____

Wochen-bewertung

Woche 20   vom _____ bis _____ Jahr _____

Montag

Smiley des Tages

Mein Highlight des Tages

_____

_____

Mein Tiefpunkt des Tages

_____

_____

Mein Arbeitstag   Mein Privatleben

☐ gut ☐ schlecht   ☐ gut ☐ schlecht

Heute fühle ich mich

☐ glücklich ☐ unglücklich

☐ motiviert ☐ traurig

☐ müde ☐ fit

Am meisten nachgedacht über

Tages-bewertung

10 (super)

5 (solala)

1 (mies)

Dienstag

Smiley des Tages

Mein Highlight des Tages

_____

_____

Mein Tiefpunkt des Tages

_____

_____

Mein Arbeitstag   Mein Privatleben

☐ gut ☐ schlecht   ☐ gut ☐ schlecht

Heute fühle ich mich

☐ glücklich ☐ unglücklich

☐ motiviert ☐ traurig

☐ müde ☐ fit

Am meisten nachgedacht über

Tages-bewertung

10 (super)

5 (solala)

1 (mies)

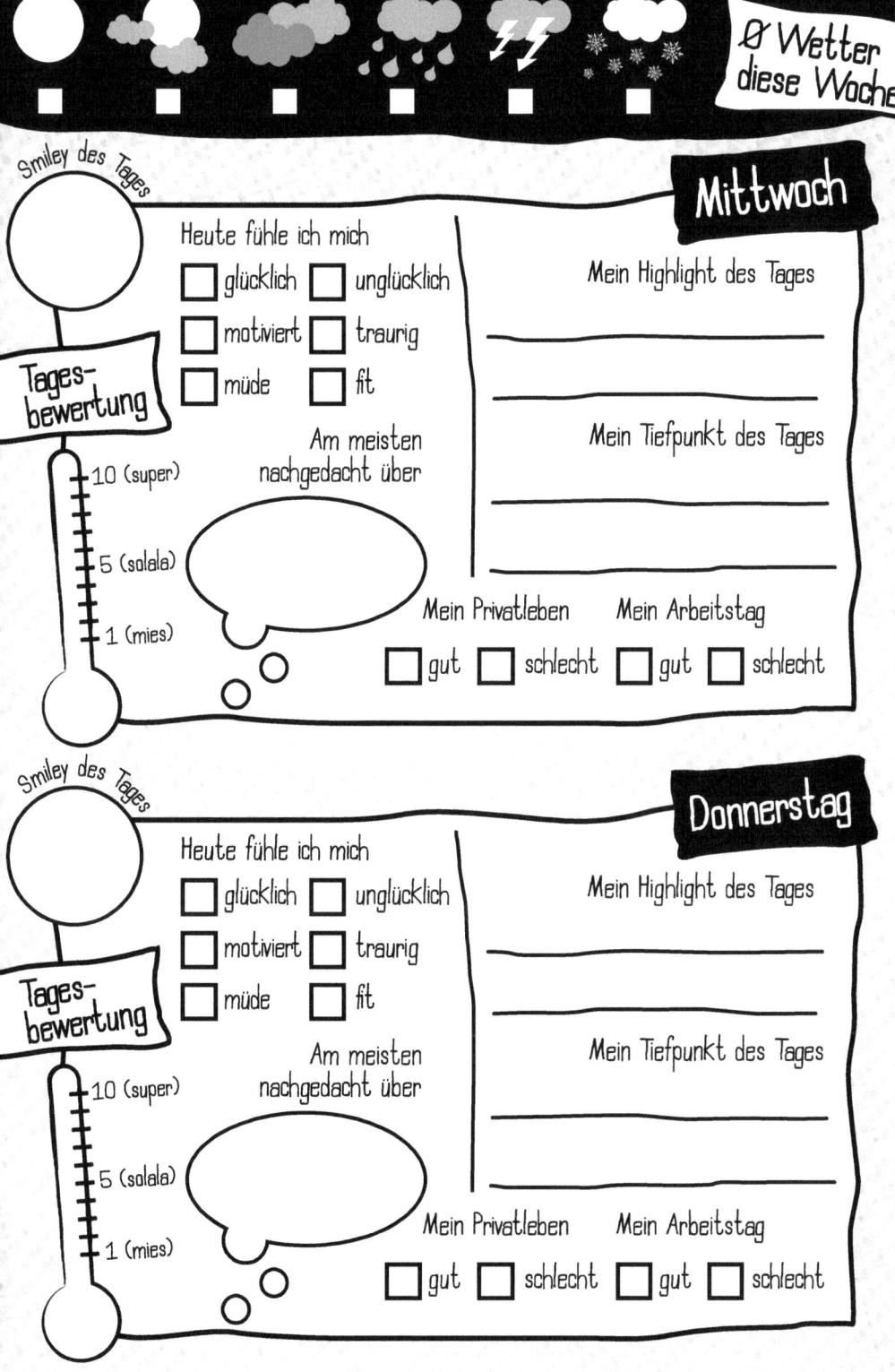

Ø Wetter diese Woche

Mittwoch

Smiley des Tages

Tages-bewertung

Heute fühle ich mich

☐ glücklich ☐ unglücklich
☐ motiviert ☐ traurig
☐ müde ☐ fit

10 (super)

5 (solala)

1 (mies)

Am meisten nachgedacht über

Mein Highlight des Tages
_____
_____

Mein Tiefpunkt des Tages
_____
_____

Mein Privatleben   Mein Arbeitstag
☐ gut ☐ schlecht   ☐ gut ☐ schlecht

Donnerstag

Smiley des Tages

Tages-bewertung

Heute fühle ich mich

☐ glücklich ☐ unglücklich
☐ motiviert ☐ traurig
☐ müde ☐ fit

10 (super)

5 (solala)

1 (mies)

Am meisten nachgedacht über

Mein Highlight des Tages
_____
_____

Mein Tiefpunkt des Tages
_____
_____

Mein Privatleben   Mein Arbeitstag
☐ gut ☐ schlecht   ☐ gut ☐ schlecht

Tageskurve

```
10
 5
 1
```
Montag   Dienstag   Mittwoch   Donnerstag   Freitag   Samstag   Sonntag

Freitag

Smiley des Tages

Mein Highlight des Tages

_____

_____

Mein Tiefpunkt des Tages

_____

_____

Mein Arbeitstag   Mein Privatleben

☐ gut ☐ schlecht   ☐ gut ☐ schlecht

Heute fühle ich mich

☐ glücklich ☐ unglücklich

☐ motiviert ☐ traurig

☐ müde   ☐ fit

Am meisten
nachgedacht über

Tages-
bewertung

10 (super)

5 (solala)

1 (mies)

Samstag

Smiley des Tages

Mein Highlight des Tages

_____

_____

Mein Tiefpunkt des Tages

_____

_____

Mein Arbeitstag   Mein Privatleben

☐ gut ☐ schlecht   ☐ gut ☐ schlecht

Heute fühle ich mich

☐ glücklich ☐ unglücklich

☐ motiviert ☐ traurig

☐ müde   ☐ fit

Am meisten
nachgedacht über

Tages-
bewertung

10 (super)

5 (solala)

1 (mies)

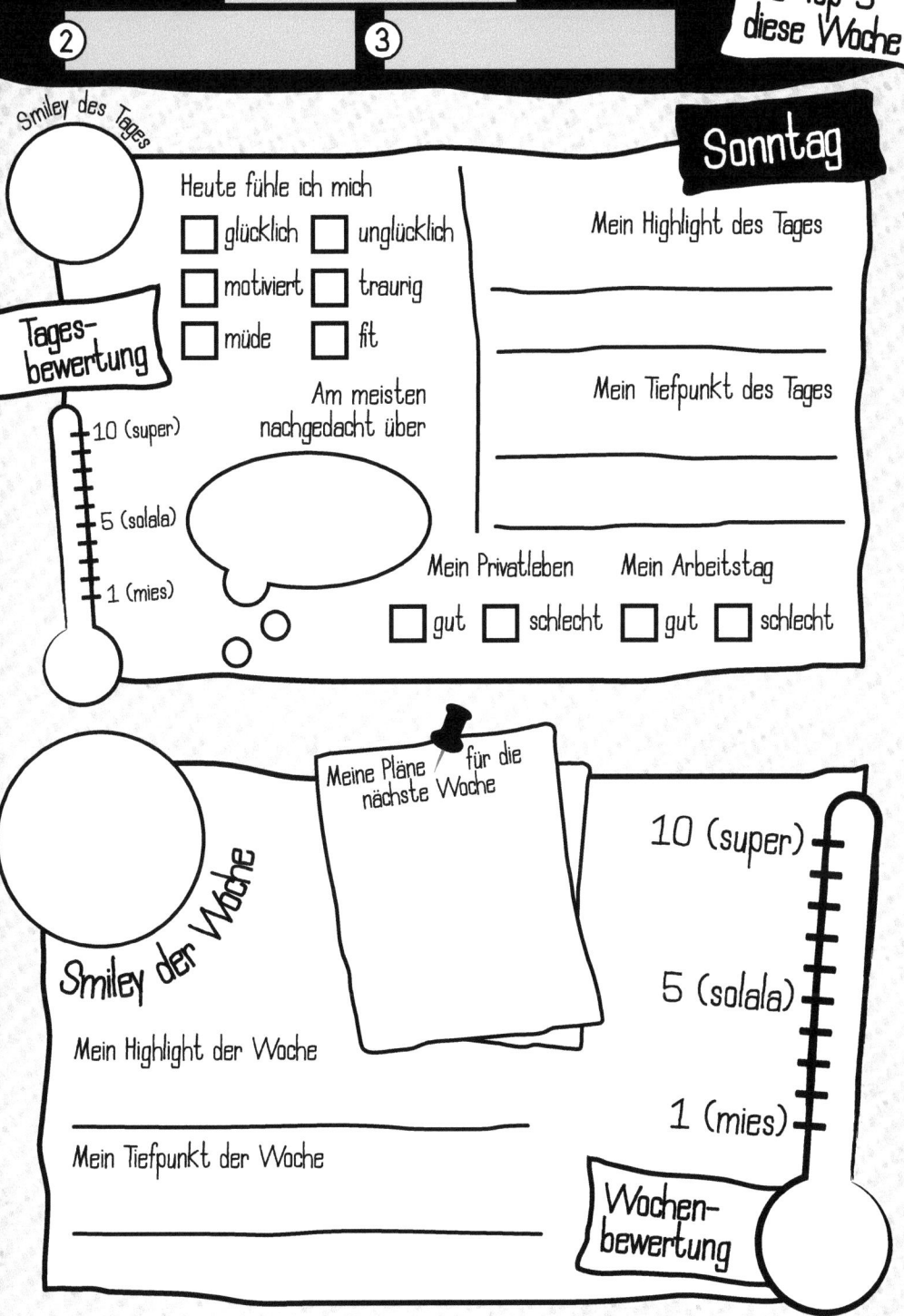

Montag

Smiley des Tages

Mein Highlight des Tages

_____

_____

Mein Tiefpunkt des Tages

_____

_____

Mein Arbeitstag   Mein Privatleben

☐ gut ☐ schlecht   ☐ gut ☐ schlecht

Heute fühle ich mich

☐ glücklich   ☐ unglücklich

☐ motiviert   ☐ traurig

☐ müde   ☐ fit

Am meisten
nachgedacht über

Tages-
bewertung

10 (super)

5 (solala)

1 (mies)

Dienstag

Smiley des Tages

Mein Highlight des Tages

_____

_____

Mein Tiefpunkt des Tages

_____

_____

Mein Arbeitstag   Mein Privatleben

☐ gut ☐ schlecht   ☐ gut ☐ schlecht

Heute fühle ich mich

☐ glücklich   ☐ unglücklich

☐ motiviert   ☐ traurig

☐ müde   ☐ fit

Am meisten
nachgedacht über

Tages-
bewertung

10 (super)

5 (solala)

1 (mies)

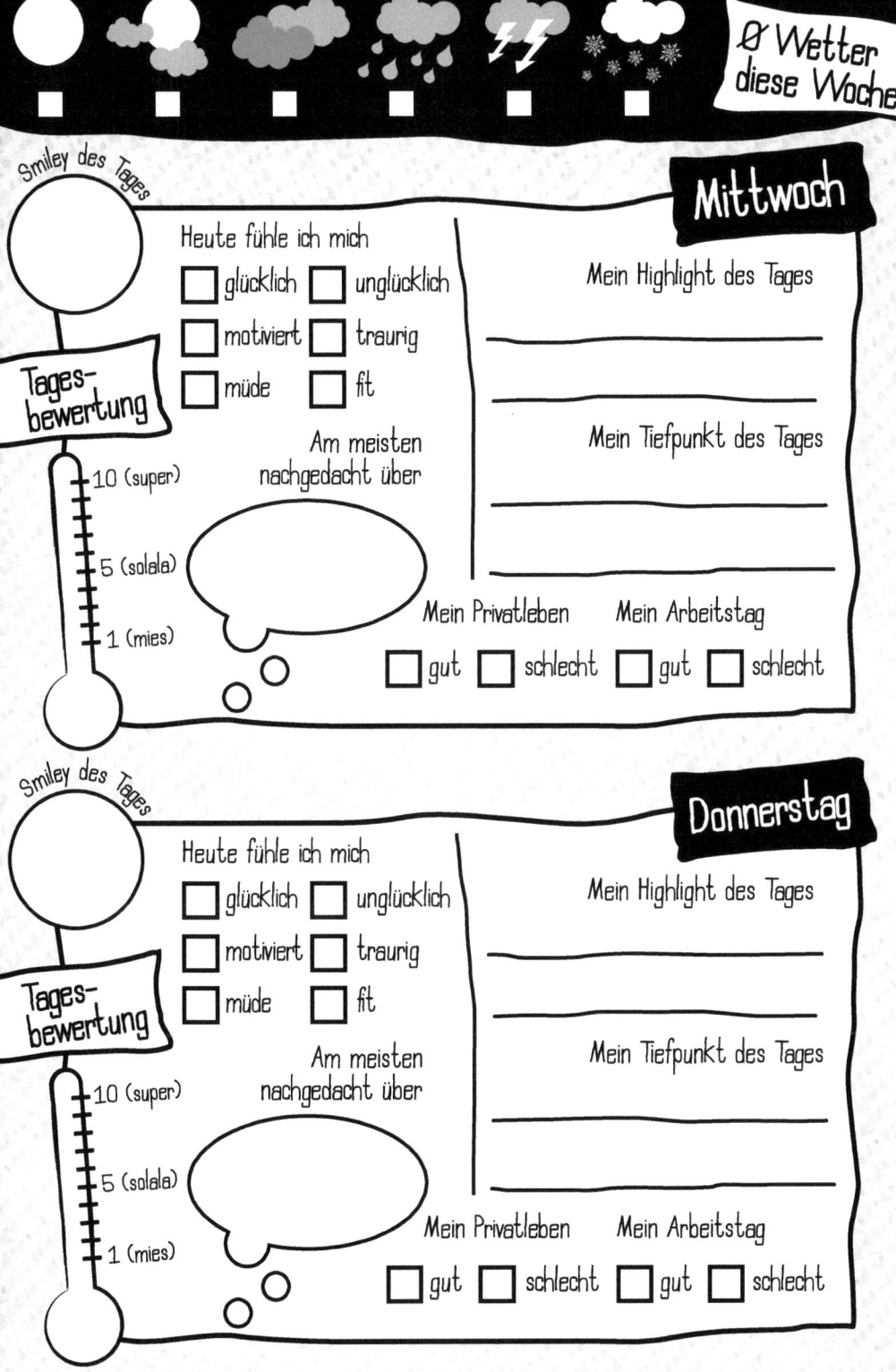

Ø Wetter diese Woche

Mittwoch

Smiley des Tages

Heute fühle ich mich

☐ glücklich ☐ unglücklich

☐ motiviert ☐ traurig

☐ müde ☐ fit

Tages-bewertung

10 (super)

5 (solala)

1 (mies)

Am meisten nachgedacht über

Mein Highlight des Tages

_____

_____

Mein Tiefpunkt des Tages

_____

_____

Mein Privatleben   Mein Arbeitstag

☐ gut ☐ schlecht   ☐ gut ☐ schlecht

Donnerstag

Smiley des Tages

Heute fühle ich mich

☐ glücklich ☐ unglücklich

☐ motiviert ☐ traurig

☐ müde ☐ fit

Tages-bewertung

10 (super)

5 (solala)

1 (mies)

Am meisten nachgedacht über

Mein Highlight des Tages

_____

_____

Mein Tiefpunkt des Tages

_____

_____

Mein Privatleben   Mein Arbeitstag

☐ gut ☐ schlecht   ☐ gut ☐ schlecht

Tageskurve

10
5
1

Montag   Dienstag   Mittwoch   Donnerstag   Freitag   Samstag   Sonntag

Freitag

Smiley des Tages

Mein Highlight des Tages

_____

_____

Mein Tiefpunkt des Tages

_____

_____

Mein Arbeitstag   Mein Privatleben

☐ gut ☐ schlecht   ☐ gut ☐ schlecht

Heute fühle ich mich

☐ glücklich ☐ unglücklich

☐ motiviert ☐ traurig

☐ müde ☐ fit

Am meisten
nachgedacht über

Tages-
bewertung

10 (super)

5 (solala)

1 (mies)

Samstag

Smiley des Tages

Mein Highlight des Tages

_____

_____

Mein Tiefpunkt des Tages

_____

_____

Mein Arbeitstag   Mein Privatleben

☐ gut ☐ schlecht   ☐ gut ☐ schlecht

Heute fühle ich mich

☐ glücklich ☐ unglücklich

☐ motiviert ☐ traurig

☐ müde ☐ fit

Am meisten
nachgedacht über

Tages-
bewertung

10 (super)

5 (solala)

1 (mies)

Smiley des Tages

Sonntag

Heute fühle ich mich

- [ ] glücklich
- [ ] unglücklich
- [ ] motiviert
- [ ] traurig
- [ ] müde
- [ ] fit

Mein Highlight des Tages

_____

_____

Mein Tiefpunkt des Tages

_____

_____

Tages-bewertung

10 (super)

5 (solala)

1 (mies)

Am meisten nachgedacht über

Mein Privatleben

- [ ] gut
- [ ] schlecht

Mein Arbeitstag

- [ ] gut
- [ ] schlecht

Smiley der Woche

Meine Pläne für die nächste Woche

10 (super)

5 (solala)

1 (mies)

Mein Highlight der Woche

_____

Mein Tiefpunkt der Woche

_____

Wochen-bewertung

Montag

Smiley des Tages

Mein Highlight des Tages

_____

_____

Mein Tiefpunkt des Tages

_____

_____

Mein Arbeitstag

☐ gut ☐ schlecht

Mein Privatleben

☐ gut ☐ schlecht

Heute fühle ich mich

☐ glücklich ☐ unglücklich

☐ motiviert ☐ traurig

☐ müde ☐ fit

Am meisten nachgedacht über

Tages-bewertung

10 (super)

5 (solala)

1 (mies)

Dienstag

Smiley des Tages

Mein Highlight des Tages

_____

_____

Mein Tiefpunkt des Tages

_____

_____

Mein Arbeitstag

☐ gut ☐ schlecht

Mein Privatleben

☐ gut ☐ schlecht

Heute fühle ich mich

☐ glücklich ☐ unglücklich

☐ motiviert ☐ traurig

☐ müde ☐ fit

Am meisten nachgedacht über

Tages-bewertung

10 (super)

5 (solala)

1 (mies)

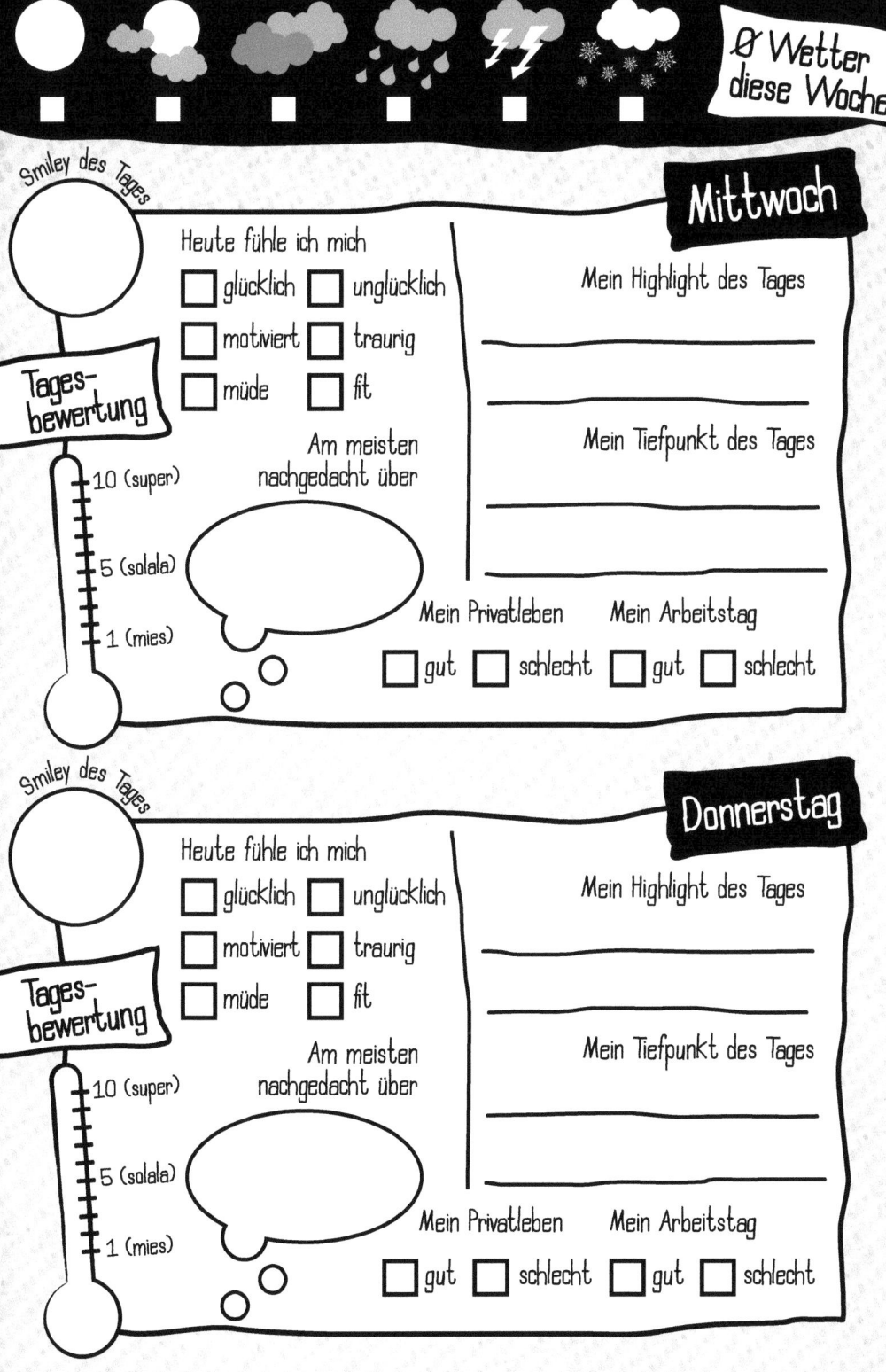

Tageskurve

10
5
1

Montag　Dienstag　Mittwoch　Donnerstag　Freitag　Samstag　Sonntag

Freitag

Mein Highlight des Tages

_____

_____

Mein Tiefpunkt des Tages

_____

_____

Mein Arbeitstag　　Mein Privatleben

☐ gut ☐ schlecht　☐ gut ☐ schlecht

Heute fühle ich mich

☐ glücklich ☐ unglücklich

☐ motiviert ☐ traurig

☐ müde ☐ fit

Am meisten
nachgedacht über

Smiley des Tages

Tages-bewertung

10 (super)

5 (solala)

1 (mies)

Samstag

Mein Highlight des Tages

_____

_____

Mein Tiefpunkt des Tages

_____

_____

Mein Arbeitstag　　Mein Privatleben

☐ gut ☐ schlecht　☐ gut ☐ schlecht

Heute fühle ich mich

☐ glücklich ☐ unglücklich

☐ motiviert ☐ traurig

☐ müde ☐ fit

Am meisten
nachgedacht über

Smiley des Tages

Tages-bewertung

10 (super)

5 (solala)

1 (mies)

Smiley des Tages

Sonntag

Heute fühle ich mich

☐ glücklich ☐ unglücklich

☐ motiviert ☐ traurig

☐ müde ☐ fit

Tages-bewertung

10 (super)

5 (solala)

1 (mies)

Am meisten nachgedacht über

Mein Highlight des Tages

_____

_____

Mein Tiefpunkt des Tages

_____

_____

Mein Privatleben   Mein Arbeitstag

☐ gut ☐ schlecht   ☐ gut ☐ schlecht

Smiley der Woche

Meine Pläne für die nächste Woche

10 (super)

5 (solala)

1 (mies)

Mein Highlight der Woche

_____

Mein Tiefpunkt der Woche

_____

Wochen-bewertung

Woche 23

vom _____ bis _____ Jahr _____

Montag

Mein Highlight des Tages

_____

_____

Mein Tiefpunkt des Tages

_____

_____

Mein Arbeitstag

☐ gut ☐ schlecht

Mein Privatleben

☐ gut ☐ schlecht

Heute fühle ich mich

☐ glücklich ☐ unglücklich

☐ motiviert ☐ traurig

☐ müde ☐ fit

Am meisten nachgedacht über

Smiley des Tages

Tages-bewertung

10 (super)

5 (solala)

1 (mies)

Dienstag

Mein Highlight des Tages

_____

_____

Mein Tiefpunkt des Tages

_____

_____

Mein Arbeitstag

☐ gut ☐ schlecht

Mein Privatleben

☐ gut ☐ schlecht

Heute fühle ich mich

☐ glücklich ☐ unglücklich

☐ motiviert ☐ traurig

☐ müde ☐ fit

Am meisten nachgedacht über

Smiley des Tages

Tages-bewertung

10 (super)

5 (solala)

1 (mies)

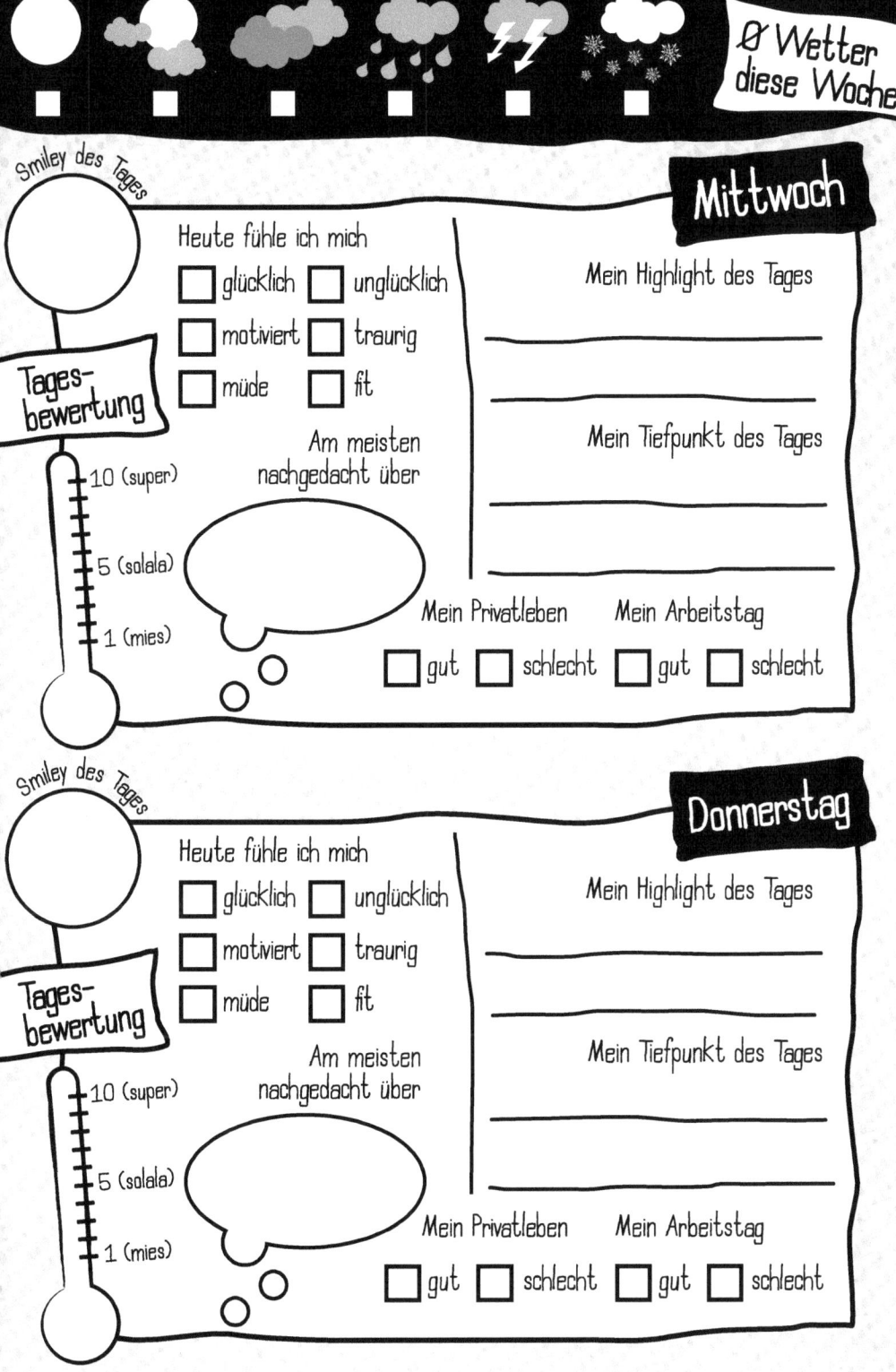

Ø Wetter diese Woche

Smiley des Tages

Mittwoch

Heute fühle ich mich

☐ glücklich ☐ unglücklich

☐ motiviert ☐ traurig

☐ müde ☐ fit

Tages-bewertung

Am meisten nachgedacht über

10 (super)

5 (solala)

1 (mies)

Mein Highlight des Tages

Mein Tiefpunkt des Tages

Mein Privatleben   Mein Arbeitstag

☐ gut ☐ schlecht   ☐ gut ☐ schlecht

Smiley des Tages

Donnerstag

Heute fühle ich mich

☐ glücklich ☐ unglücklich

☐ motiviert ☐ traurig

☐ müde ☐ fit

Tages-bewertung

Am meisten nachgedacht über

10 (super)

5 (solala)

1 (mies)

Mein Highlight des Tages

Mein Tiefpunkt des Tages

Mein Privatleben   Mein Arbeitstag

☐ gut ☐ schlecht   ☐ gut ☐ schlecht

Tageskurve

```
10
 5
 1
        Montag   Dienstag   Mittwoch   Donnerstag   Freitag   Samstag   Sonntag
```

Freitag

Smiley des Tages

Mein Highlight des Tages

_____

_____

Mein Tiefpunkt des Tages

_____

_____

Mein Arbeitstag   Mein Privatleben

☐ gut ☐ schlecht   ☐ gut ☐ schlecht

Heute fühle ich mich

☐ glücklich ☐ unglücklich

☐ motiviert ☐ traurig

☐ müde   ☐ fit

Am meisten
nachgedacht über

Tages-
bewertung

10 (super)

5 (solala)

1 (mies)

Samstag

Smiley des Tages

Mein Highlight des Tages

_____

_____

Mein Tiefpunkt des Tages

_____

_____

Mein Arbeitstag   Mein Privatleben

☐ gut ☐ schlecht   ☐ gut ☐ schlecht

Heute fühle ich mich

☐ glücklich ☐ unglücklich

☐ motiviert ☐ traurig

☐ müde   ☐ fit

Am meisten
nachgedacht über

Tages-
bewertung

10 (super)

5 (solala)

1 (mies)

1

2

3

Smiley des Tages

Sonntag

Heute fühle ich mich

☐ glücklich ☐ unglücklich

☐ motiviert ☐ traurig

☐ müde ☐ fit

Tages-bewertung

Am meisten nachgedacht über

10 (super)

5 (solala)

1 (mies)

Mein Highlight des Tages

_____

_____

Mein Tiefpunkt des Tages

_____

_____

Mein Privatleben   Mein Arbeitstag

☐ gut ☐ schlecht   ☐ gut ☐ schlecht

Meine Pläne für die nächste Woche

Smiley der Woche

Mein Highlight der Woche

_____

Mein Tiefpunkt der Woche

_____

10 (super)

5 (solala)

1 (mies)

Wochen-bewertung

Woche 24

vom _____ bis _____ Jahr _____

Montag

Smiley des Tages

Mein Highlight des Tages

_____

_____

Mein Tiefpunkt des Tages

_____

_____

Mein Arbeitstag

☐ gut ☐ schlecht

Mein Privatleben

☐ gut ☐ schlecht

Heute fühle ich mich

☐ glücklich ☐ unglücklich

☐ motiviert ☐ traurig

☐ müde ☐ fit

Am meisten nachgedacht über

Tages-bewertung

10 (super)

5 (solala)

1 (mies)

Dienstag

Smiley des Tages

Mein Highlight des Tages

_____

_____

Mein Tiefpunkt des Tages

_____

_____

Mein Arbeitstag

☐ gut ☐ schlecht

Mein Privatleben

☐ gut ☐ schlecht

Heute fühle ich mich

☐ glücklich ☐ unglücklich

☐ motiviert ☐ traurig

☐ müde ☐ fit

Am meisten nachgedacht über

Tages-bewertung

10 (super)

5 (solala)

1 (mies)

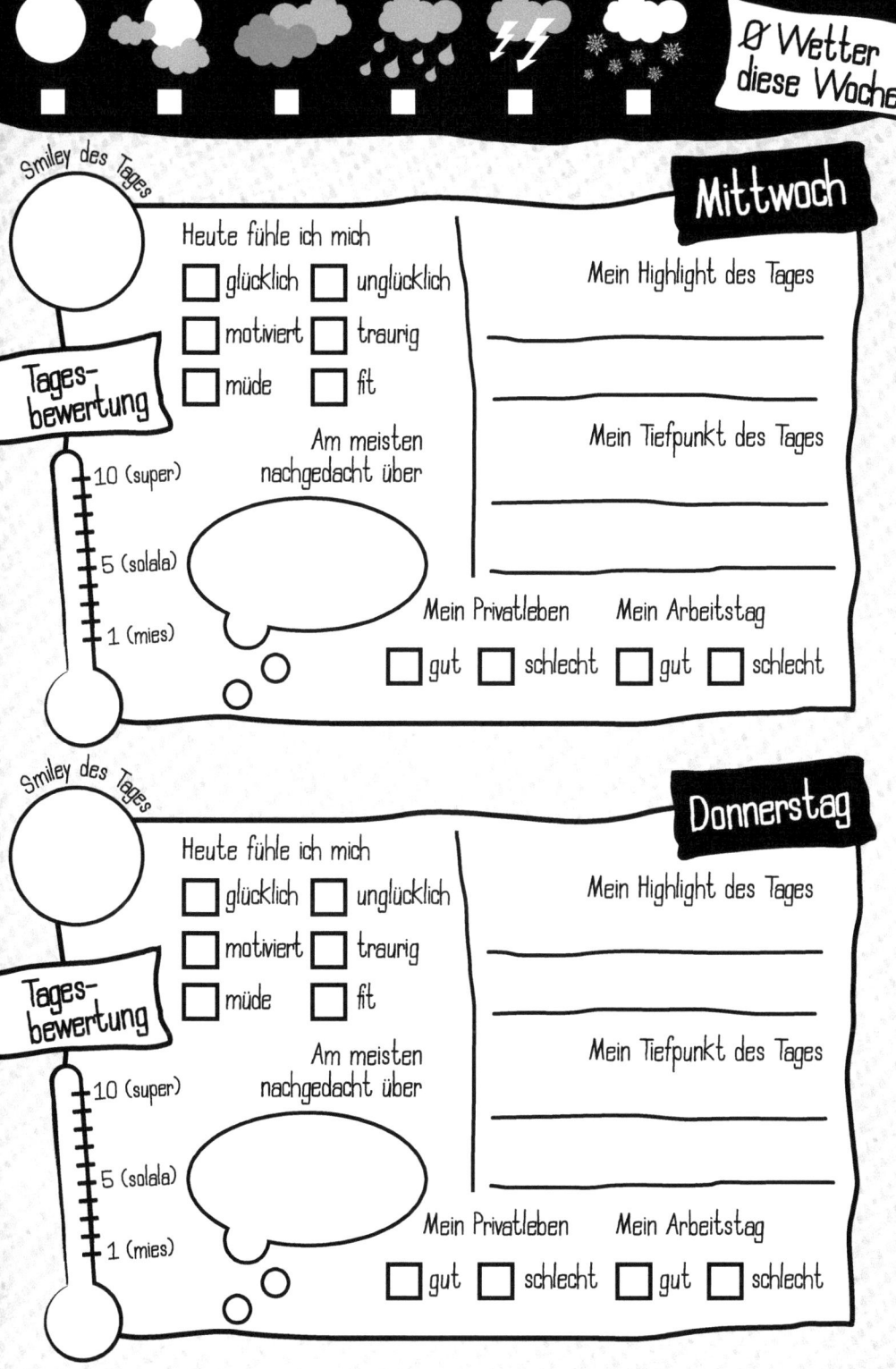

Ø Wetter diese Woche

Mittwoch

Smiley des Tages

Tagesbewertung

Heute fühle ich mich

☐ glücklich ☐ unglücklich

☐ motiviert ☐ traurig

☐ müde ☐ fit

Am meisten nachgedacht über

10 (super)

5 (solala)

1 (mies)

Mein Highlight des Tages

_____

_____

Mein Tiefpunkt des Tages

_____

_____

Mein Privatleben   Mein Arbeitstag

☐ gut ☐ schlecht   ☐ gut ☐ schlecht

Donnerstag

Smiley des Tages

Tagesbewertung

Heute fühle ich mich

☐ glücklich ☐ unglücklich

☐ motiviert ☐ traurig

☐ müde ☐ fit

Am meisten nachgedacht über

10 (super)

5 (solala)

1 (mies)

Mein Highlight des Tages

_____

_____

Mein Tiefpunkt des Tages

_____

_____

Mein Privatleben   Mein Arbeitstag

☐ gut ☐ schlecht   ☐ gut ☐ schlecht

Tageskurve

10
5
1

| Montag | Dienstag | Mittwoch | Donnerstag | Freitag | Samstag | Sonntag |

Freitag

Mein Highlight des Tages

_____

_____

Mein Tiefpunkt des Tages

_____

_____

Mein Arbeitstag

☐ gut ☐ schlecht

Mein Privatleben

☐ gut ☐ schlecht

Heute fühle ich mich

☐ glücklich ☐ unglücklich

☐ motiviert ☐ traurig

☐ müde ☐ fit

Am meisten nachgedacht über

Smiley des Tages

Tages-bewertung

10 (super)

5 (solala)

1 (mies)

Samstag

Mein Highlight des Tages

_____

_____

Mein Tiefpunkt des Tages

_____

_____

Mein Arbeitstag

☐ gut ☐ schlecht

Mein Privatleben

☐ gut ☐ schlecht

Heute fühle ich mich

☐ glücklich ☐ unglücklich

☐ motiviert ☐ traurig

☐ müde ☐ fit

Am meisten nachgedacht über

Smiley des Tages

Tages-bewertung

10 (super)

5 (solala)

1 (mies)

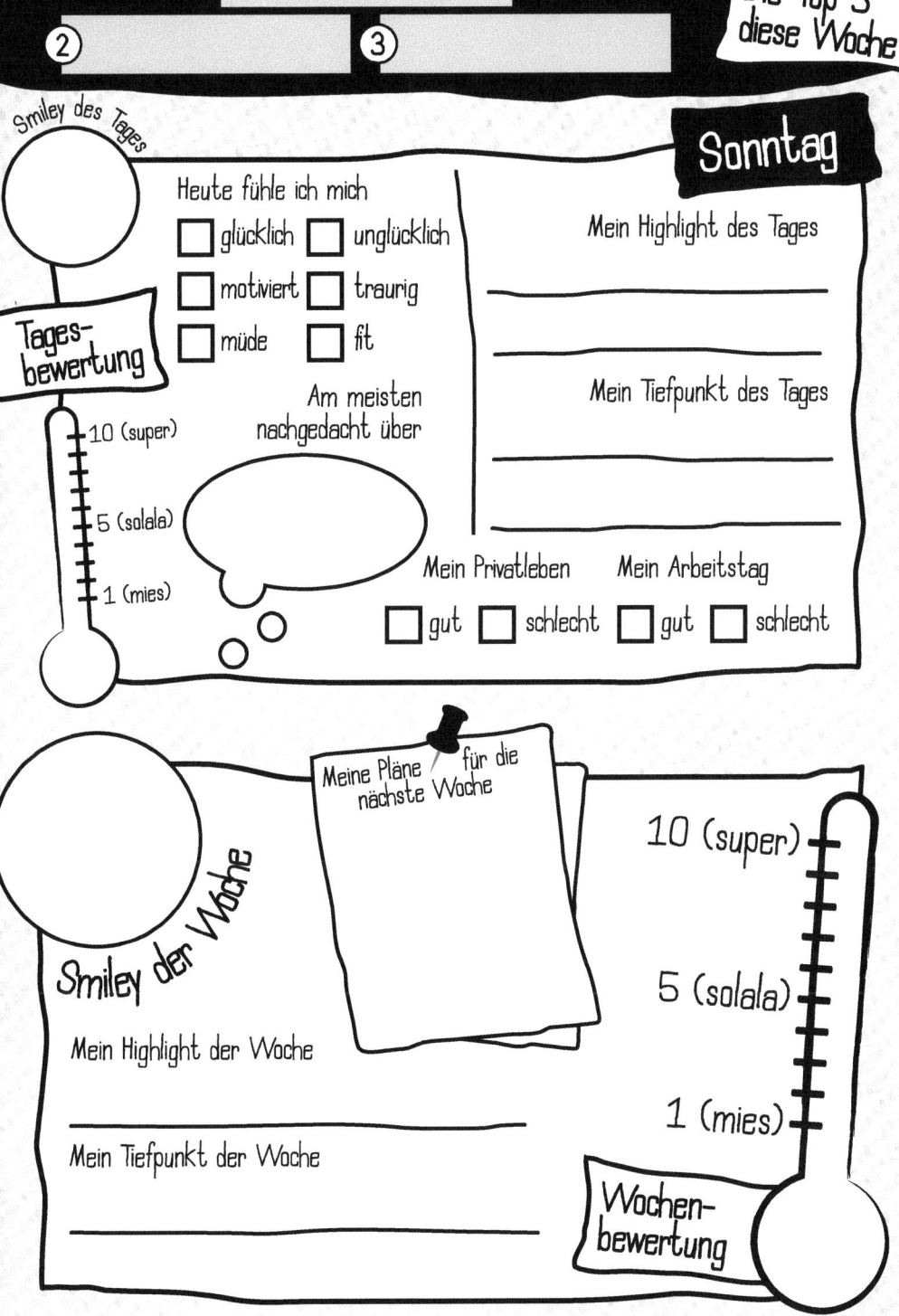

Woche 25

vom _____ bis _____ Jahr _____

Montag

Smiley des Tages

Mein Highlight des Tages

_____

_____

Mein Tiefpunkt des Tages

_____

_____

Mein Arbeitstag

☐ gut ☐ schlecht

Mein Privatleben

☐ gut ☐ schlecht

Heute fühle ich mich

☐ glücklich ☐ unglücklich

☐ motiviert ☐ traurig

☐ müde ☐ fit

Am meisten nachgedacht über

Tages-bewertung

10 (super)

5 (solala)

1 (mies)

Dienstag

Smiley des Tages

Mein Highlight des Tages

_____

_____

Mein Tiefpunkt des Tages

_____

_____

Mein Arbeitstag

☐ gut ☐ schlecht

Mein Privatleben

☐ gut ☐ schlecht

Heute fühle ich mich

☐ glücklich ☐ unglücklich

☐ motiviert ☐ traurig

☐ müde ☐ fit

Am meisten nachgedacht über

Tages-bewertung

10 (super)

5 (solala)

1 (mies)

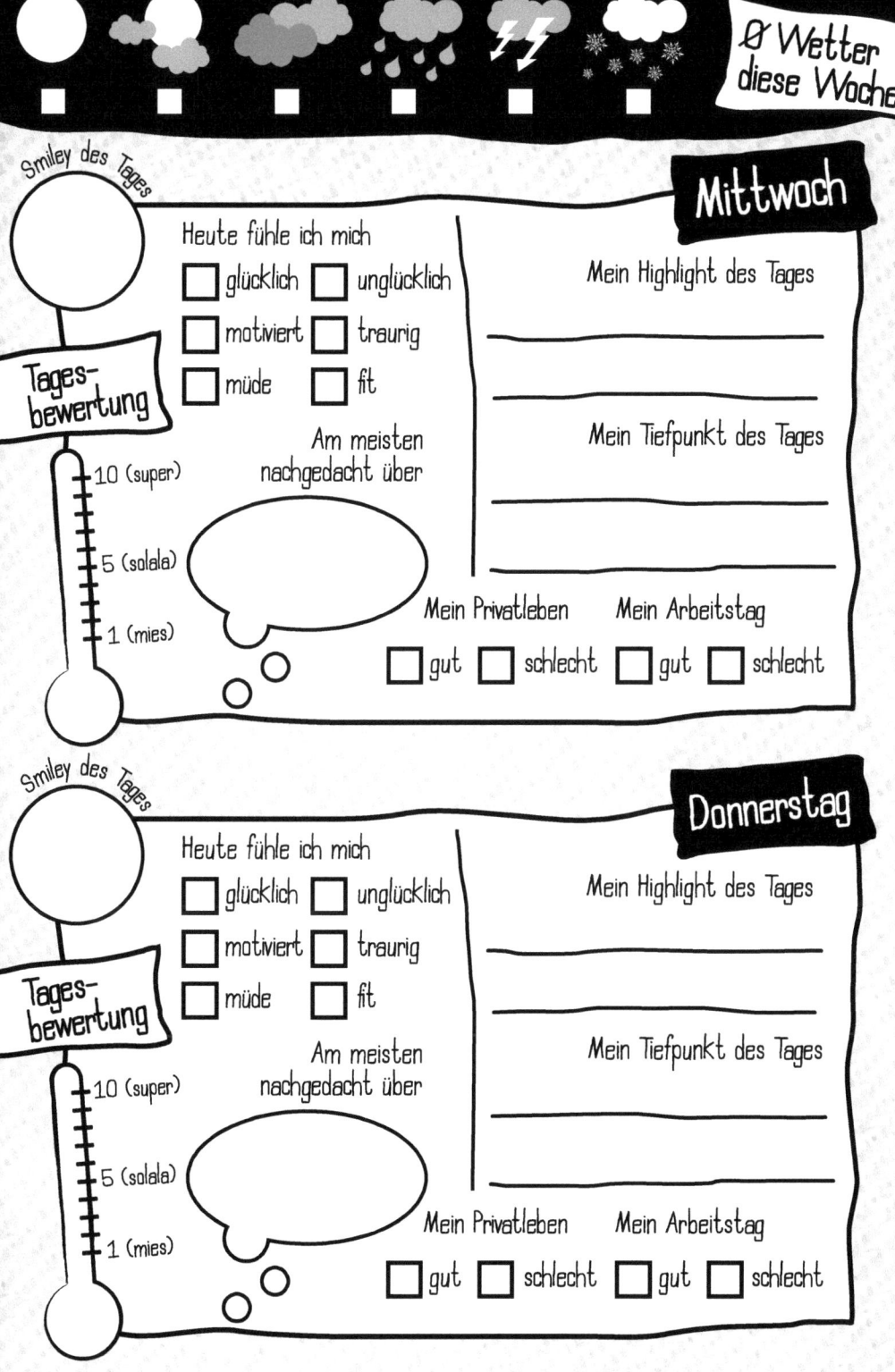

Tageskurve

10
5
1

Montag   Dienstag   Mittwoch   Donnerstag   Freitag   Samstag   Sonntag

Freitag

Smiley des Tages

Mein Highlight des Tages

_____

_____

Mein Tiefpunkt des Tages

_____

_____

Mein Arbeitstag   Mein Privatleben

☐ gut ☐ schlecht   ☐ gut ☐ schlecht

Heute fühle ich mich

☐ glücklich ☐ unglücklich

☐ motiviert ☐ traurig

☐ müde   ☐ fit

Am meisten
nachgedacht über

Tages-
bewertung

10 (super)

5 (solala)

1 (mies)

Samstag

Smiley des Tages

Mein Highlight des Tages

_____

_____

Mein Tiefpunkt des Tages

_____

_____

Mein Arbeitstag   Mein Privatleben

☐ gut ☐ schlecht   ☐ gut ☐ schlecht

Heute fühle ich mich

☐ glücklich ☐ unglücklich

☐ motiviert ☐ traurig

☐ müde   ☐ fit

Am meisten
nachgedacht über

Tages-
bewertung

10 (super)

5 (solala)

1 (mies)

Smiley des Tages

Sonntag

Heute fühle ich mich

☐ glücklich ☐ unglücklich

☐ motiviert ☐ traurig

☐ müde ☐ fit

Mein Highlight des Tages

_____

_____

Am meisten
nachgedacht über

Mein Tiefpunkt des Tages

_____

_____

Tages-
bewertung

10 (super)

5 (solala)

1 (mies)

Mein Privatleben   Mein Arbeitstag

☐ gut ☐ schlecht ☐ gut ☐ schlecht

Meine Pläne für die
nächste Woche

10 (super)

5 (solala)

1 (mies)

Smiley der Woche

Mein Highlight der Woche

_____

Mein Tiefpunkt der Woche

_____

Wochen-
bewertung

Woche 26

vom _____ bis _____ Jahr _____

Montag

Mein Highlight des Tages

_____

_____

Mein Tiefpunkt des Tages

_____

_____

Mein Arbeitstag

☐ gut ☐ schlecht

Mein Privatleben

☐ gut ☐ schlecht

Heute fühle ich mich

☐ glücklich ☐ unglücklich

☐ motiviert ☐ traurig

☐ müde ☐ fit

Am meisten nachgedacht über

Smiley des Tages

Tages-bewertung

10 (super)

5 (solala)

1 (mies)

Dienstag

Mein Highlight des Tages

_____

_____

Mein Tiefpunkt des Tages

_____

_____

Mein Arbeitstag

☐ gut ☐ schlecht

Mein Privatleben

☐ gut ☐ schlecht

Heute fühle ich mich

☐ glücklich ☐ unglücklich

☐ motiviert ☐ traurig

☐ müde ☐ fit

Am meisten nachgedacht über

Smiley des Tages

Tages-bewertung

10 (super)

5 (solala)

1 (mies)

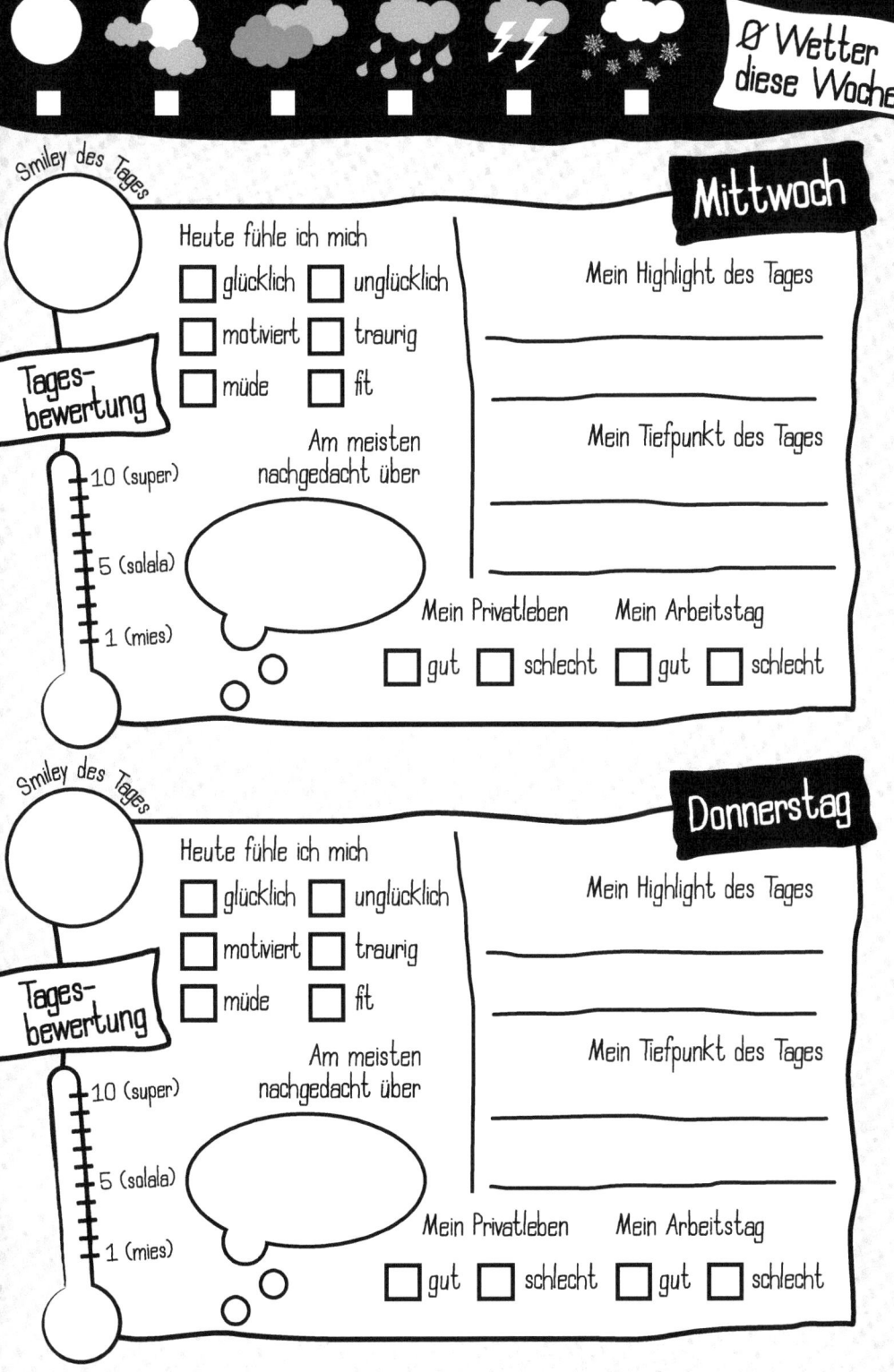

Ø Wetter diese Woche

Mittwoch

Smiley des Tages

Heute fühle ich mich

☐ glücklich ☐ unglücklich
☐ motiviert ☐ traurig
☐ müde ☐ fit

Tages-bewertung

10 (super)

5 (solala)

1 (mies)

Am meisten nachgedacht über

Mein Highlight des Tages
_____
_____

Mein Tiefpunkt des Tages
_____
_____

Mein Privatleben   Mein Arbeitstag
☐ gut ☐ schlecht   ☐ gut ☐ schlecht

Donnerstag

Smiley des Tages

Heute fühle ich mich

☐ glücklich ☐ unglücklich
☐ motiviert ☐ traurig
☐ müde ☐ fit

Tages-bewertung

10 (super)

5 (solala)

1 (mies)

Am meisten nachgedacht über

Mein Highlight des Tages
_____
_____

Mein Tiefpunkt des Tages
_____
_____

Mein Privatleben   Mein Arbeitstag
☐ gut ☐ schlecht   ☐ gut ☐ schlecht

Tageskurve

10
5
1

Montag Dienstag Mittwoch Donnerstag Freitag Samstag Sonntag

Freitag

Mein Highlight des Tages

_____

_____

Mein Tiefpunkt des Tages

_____

_____

Mein Arbeitstag   Mein Privatleben

☐ gut ☐ schlecht   ☐ gut ☐ schlecht

Heute fühle ich mich

☐ glücklich ☐ unglücklich

☐ motiviert ☐ traurig

☐ müde   ☐ fit

Am meisten
nachgedacht über

Smiley des Tages

Tages-
bewertung

10 (super)

5 (solala)

1 (mies)

Samstag

Mein Highlight des Tages

_____

_____

Mein Tiefpunkt des Tages

_____

_____

Mein Arbeitstag   Mein Privatleben

☐ gut ☐ schlecht   ☐ gut ☐ schlecht

Heute fühle ich mich

☐ glücklich ☐ unglücklich

☐ motiviert ☐ traurig

☐ müde   ☐ fit

Am meisten
nachgedacht über

Smiley des Tages

Tages-
bewertung

10 (super)

5 (solala)

1 (mies)

Smiley des Tages

Sonntag

Heute fühle ich mich

☐ glücklich ☐ unglücklich

☐ motiviert ☐ traurig

☐ müde ☐ fit

Tages-bewertung

10 (super)

5 (solala)

1 (mies)

Am meisten nachgedacht über

Mein Highlight des Tages

_____

_____

Mein Tiefpunkt des Tages

_____

_____

Mein Privatleben   Mein Arbeitstag

☐ gut ☐ schlecht   ☐ gut ☐ schlecht

Smiley der Woche

Meine Pläne für die nächste Woche

10 (super)

5 (solala)

1 (mies)

Mein Highlight der Woche

_____

Mein Tiefpunkt der Woche

_____

Wochen-bewertung

Woche 27

vom _____ bis _____ Jahr _____

Montag

Smiley des Tages

Mein Highlight des Tages

_____

_____

Mein Tiefpunkt des Tages

_____

_____

Mein Arbeitstag   Mein Privatleben

☐ gut ☐ schlecht   ☐ gut ☐ schlecht

Heute fühle ich mich

☐ glücklich ☐ unglücklich

☐ motiviert ☐ traurig

☐ müde   ☐ fit

Am meisten nachgedacht über

Tages-bewertung

10 (super)

5 (solala)

1 (mies)

Dienstag

Smiley des Tages

Mein Highlight des Tages

_____

_____

Mein Tiefpunkt des Tages

_____

_____

Mein Arbeitstag   Mein Privatleben

☐ gut ☐ schlecht   ☐ gut ☐ schlecht

Heute fühle ich mich

☐ glücklich ☐ unglücklich

☐ motiviert ☐ traurig

☐ müde   ☐ fit

Am meisten nachgedacht über

Tages-bewertung

10 (super)

5 (solala)

1 (mies)

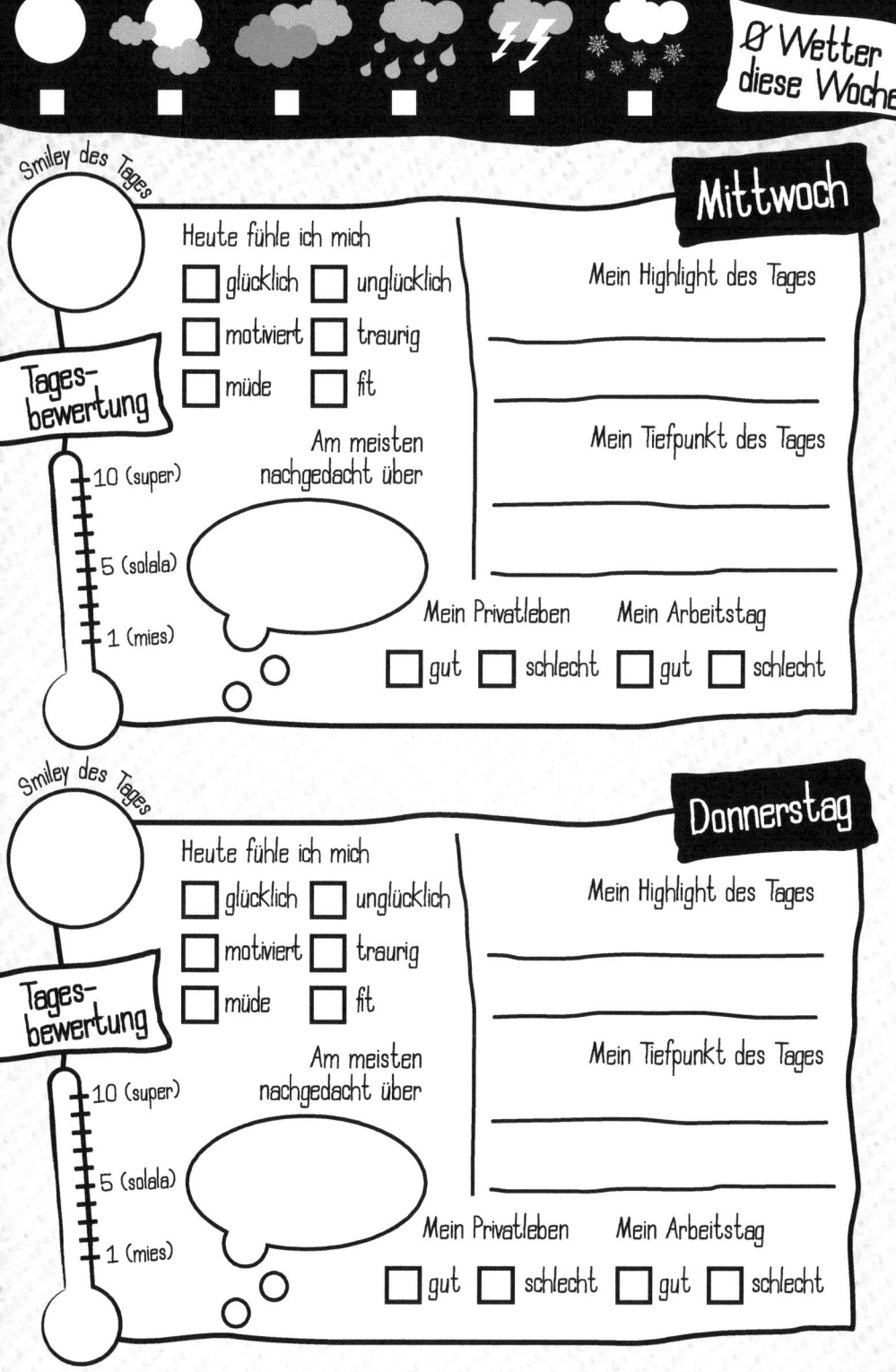

Tageskurve

10
5
1

Montag Dienstag Mittwoch Donnerstag Freitag Samstag Sonntag

Freitag

Smiley des Tages

Mein Highlight des Tages

_____

_____

Mein Tiefpunkt des Tages

_____

_____

Mein Arbeitstag

☐ gut ☐ schlecht

Mein Privatleben

☐ gut ☐ schlecht

Heute fühle ich mich

☐ glücklich ☐ unglücklich

☐ motiviert ☐ traurig

☐ müde ☐ fit

Am meisten
nachgedacht über

Tages-
bewertung

10 (super)

5 (solala)

1 (mies)

Samstag

Smiley des Tages

Mein Highlight des Tages

_____

_____

Mein Tiefpunkt des Tages

_____

_____

Mein Arbeitstag

☐ gut ☐ schlecht

Mein Privatleben

☐ gut ☐ schlecht

Heute fühle ich mich

☐ glücklich ☐ unglücklich

☐ motiviert ☐ traurig

☐ müde ☐ fit

Am meisten
nachgedacht über

Tages-
bewertung

10 (super)

5 (solala)

1 (mies)

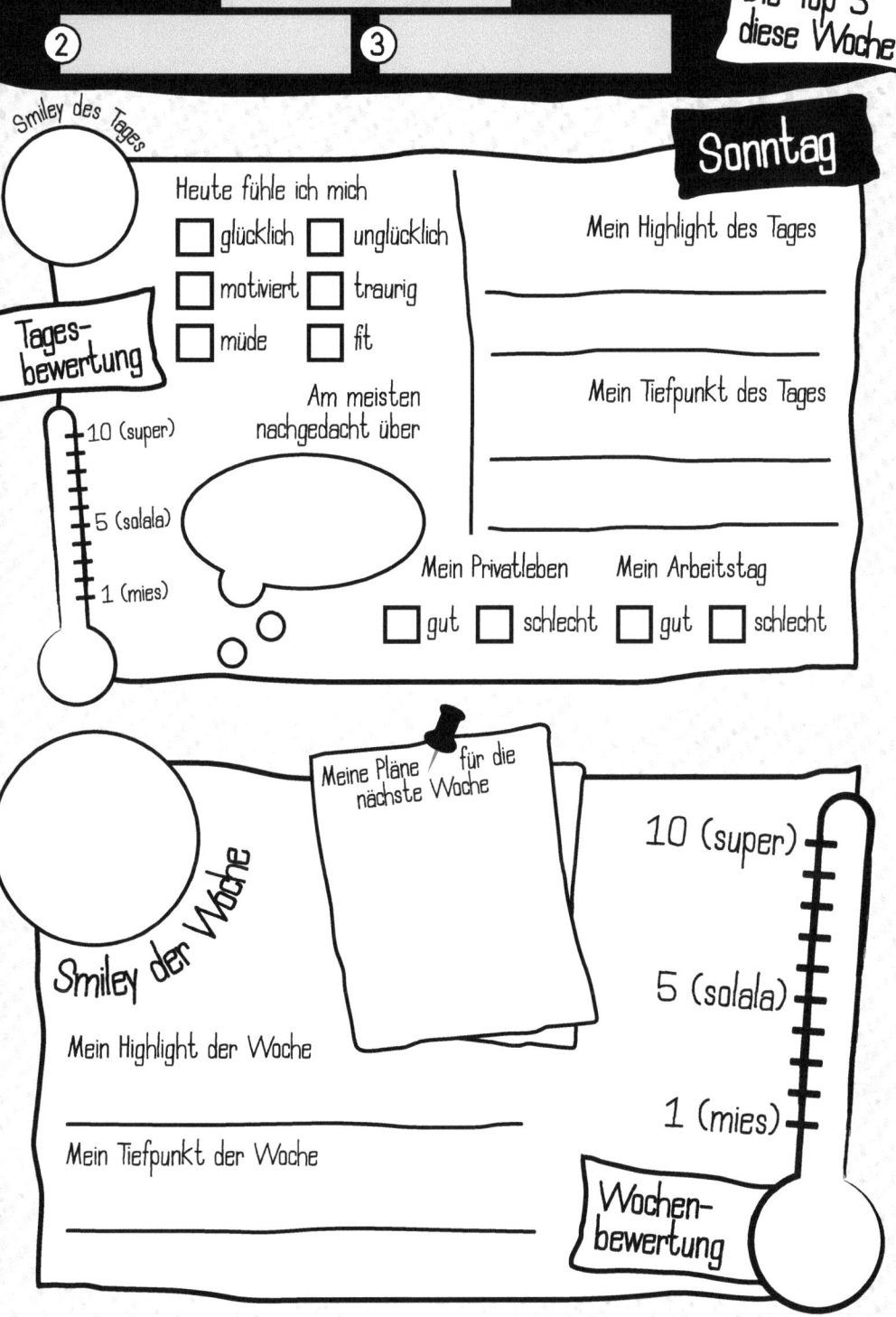

Woche 28

vom _____ bis _____ Jahr _____

Montag

Smiley des Tages

Mein Highlight des Tages

_____

_____

Mein Tiefpunkt des Tages

_____

_____

Mein Arbeitstag

☐ gut ☐ schlecht

Mein Privatleben

☐ gut ☐ schlecht

Heute fühle ich mich

☐ glücklich ☐ unglücklich

☐ motiviert ☐ traurig

☐ müde ☐ fit

Am meisten nachgedacht über

Tages-bewertung

10 (super)

5 (solala)

1 (mies)

Dienstag

Smiley des Tages

Mein Highlight des Tages

_____

_____

Mein Tiefpunkt des Tages

_____

_____

Mein Arbeitstag

☐ gut ☐ schlecht

Mein Privatleben

☐ gut ☐ schlecht

Heute fühle ich mich

☐ glücklich ☐ unglücklich

☐ motiviert ☐ traurig

☐ müde ☐ fit

Am meisten nachgedacht über

Tages-bewertung

10 (super)

5 (solala)

1 (mies)

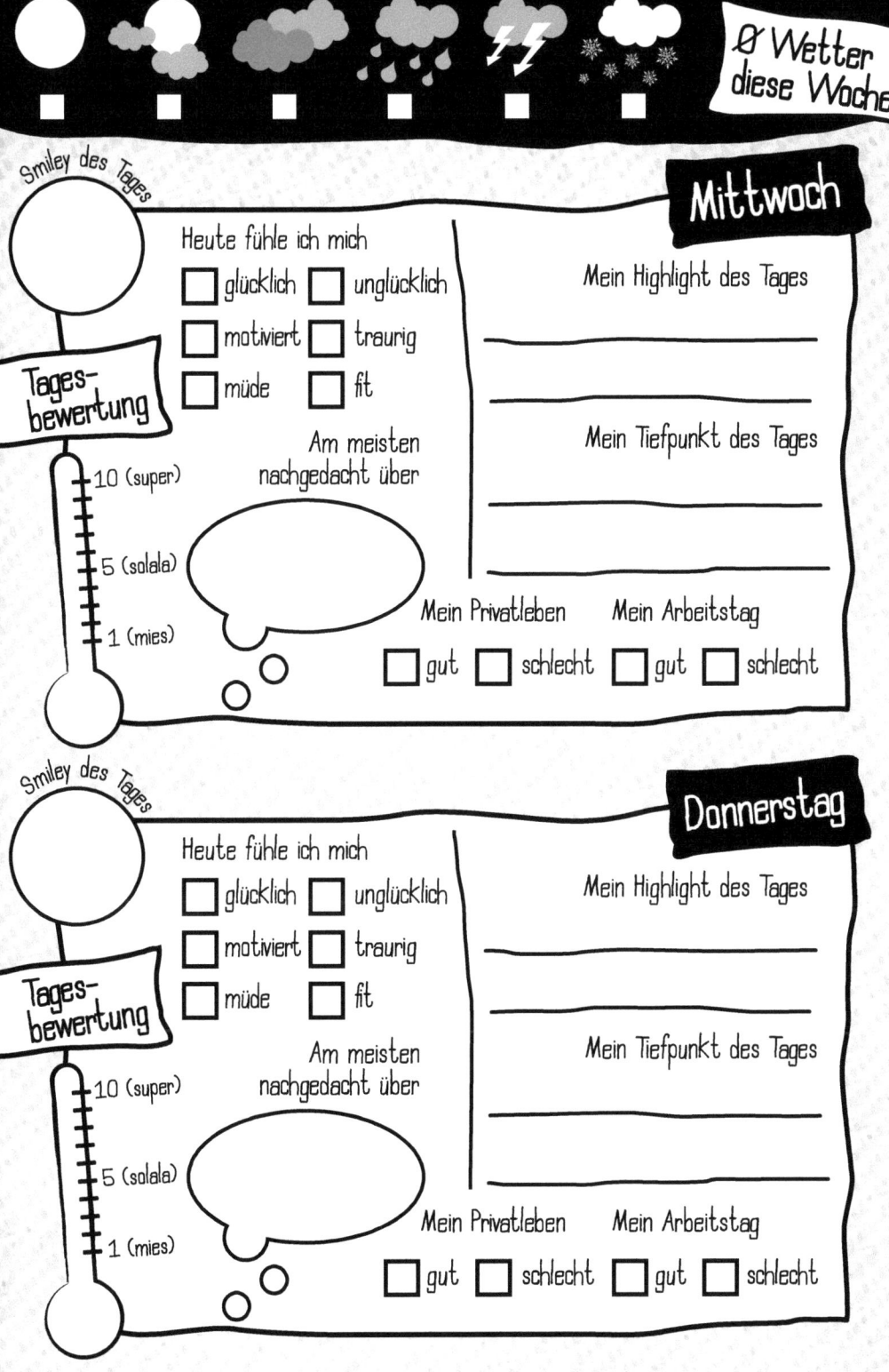

Tageskurve

10
5
1

Montag Dienstag Mittwoch Donnerstag Freitag Samstag Sonntag

Freitag

Smiley des Tages

Mein Highlight des Tages

_____

_____

Mein Tiefpunkt des Tages

_____

_____

Heute fühle ich mich

☐ glücklich ☐ unglücklich

☐ motiviert ☐ traurig

☐ müde ☐ fit

Am meisten
nachgedacht über

Tages-
bewertung

10 (super)

5 (solala)

1 (mies)

Mein Arbeitstag   Mein Privatleben

☐ gut ☐ schlecht   ☐ gut ☐ schlecht

Samstag

Smiley des Tages

Mein Highlight des Tages

_____

_____

Mein Tiefpunkt des Tages

_____

_____

Heute fühle ich mich

☐ glücklich ☐ unglücklich

☐ motiviert ☐ traurig

☐ müde ☐ fit

Am meisten
nachgedacht über

Tages-
bewertung

10 (super)

5 (solala)

1 (mies)

Mein Arbeitstag   Mein Privatleben

☐ gut ☐ schlecht   ☐ gut ☐ schlecht

Smiley des Tages

Sonntag

Heute fühle ich mich

☐ glücklich ☐ unglücklich

☐ motiviert ☐ traurig

☐ müde ☐ fit

Tages-
bewertung

Am meisten
nachgedacht über

Mein Highlight des Tages

_____

_____

Mein Tiefpunkt des Tages

_____

_____

10 (super)

5 (solala)

1 (mies)

Mein Privatleben   Mein Arbeitstag

☐ gut ☐ schlecht   ☐ gut ☐ schlecht

Meine Pläne für die
nächste Woche

10 (super)

Smiley der Woche

5 (solala)

Mein Highlight der Woche

_____

1 (mies)

Mein Tiefpunkt der Woche

_____

Wochen-
bewertung

Woche 29

vom _____ bis _____ Jahr _____

Montag

Mein Highlight des Tages

_____

_____

Mein Tiefpunkt des Tages

_____

_____

Mein Arbeitstag

☐ gut ☐ schlecht

Mein Privatleben

☐ gut ☐ schlecht

Heute fühle ich mich

☐ glücklich ☐ unglücklich

☐ motiviert ☐ traurig

☐ müde ☐ fit

Am meisten nachgedacht über

Smiley des Tages

Tagesbewertung

10 (super)

5 (solala)

1 (mies)

Dienstag

Mein Highlight des Tages

_____

_____

Mein Tiefpunkt des Tages

_____

_____

Mein Arbeitstag

☐ gut ☐ schlecht

Mein Privatleben

☐ gut ☐ schlecht

Heute fühle ich mich

☐ glücklich ☐ unglücklich

☐ motiviert ☐ traurig

☐ müde ☐ fit

Am meisten nachgedacht über

Smiley des Tages

Tagesbewertung

10 (super)

5 (solala)

1 (mies)

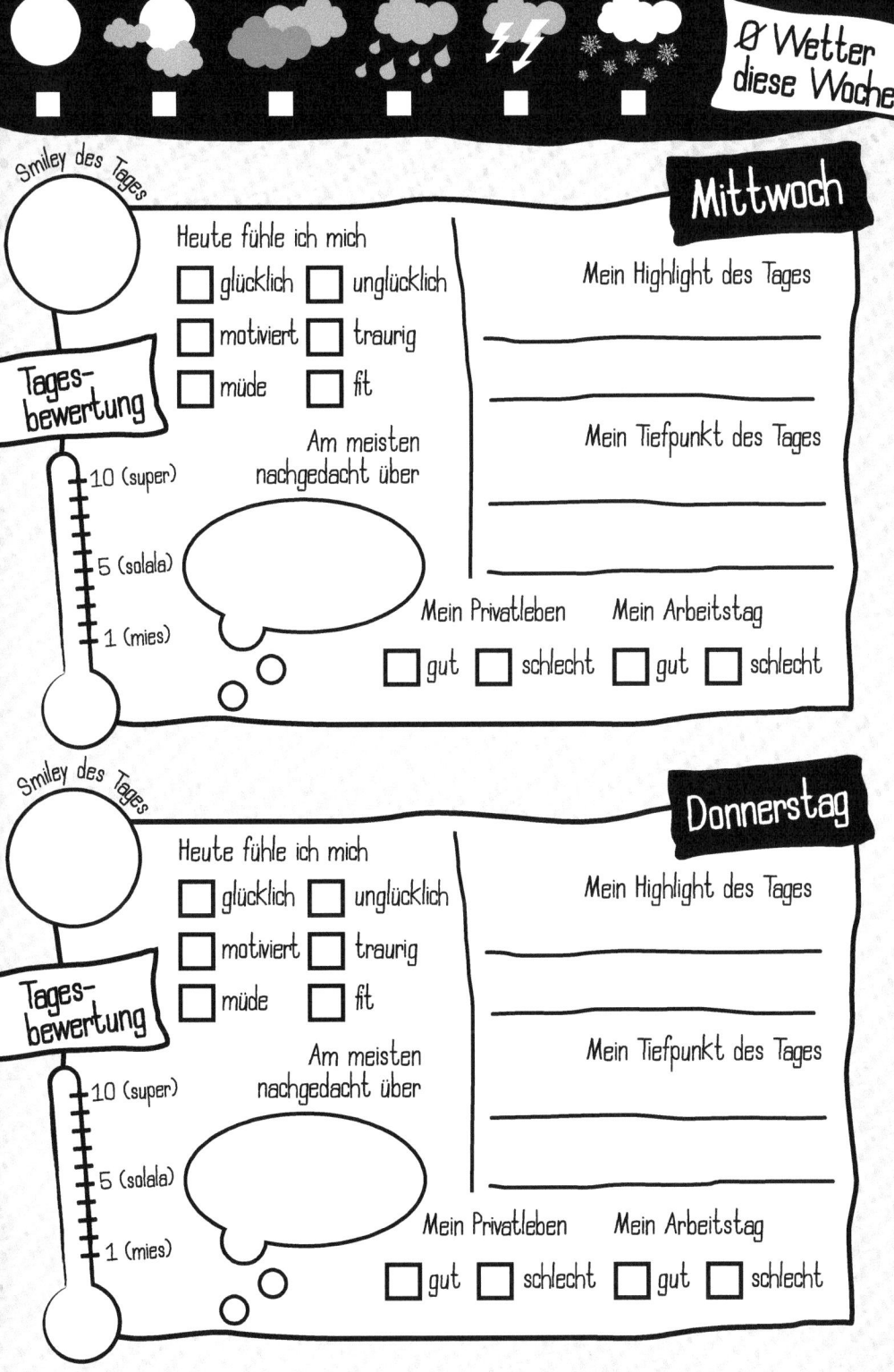

Mittwoch

Smiley des Tages

Heute fühle ich mich

☐ glücklich ☐ unglücklich

☐ motiviert ☐ traurig

☐ müde ☐ fit

Tages-bewertung

10 (super)

5 (solala)

1 (mies)

Am meisten nachgedacht über

Mein Highlight des Tages

Mein Tiefpunkt des Tages

Mein Privatleben ☐ gut ☐ schlecht

Mein Arbeitstag ☐ gut ☐ schlecht

Donnerstag

Smiley des Tages

Heute fühle ich mich

☐ glücklich ☐ unglücklich

☐ motiviert ☐ traurig

☐ müde ☐ fit

Tages-bewertung

10 (super)

5 (solala)

1 (mies)

Am meisten nachgedacht über

Mein Highlight des Tages

Mein Tiefpunkt des Tages

Mein Privatleben ☐ gut ☐ schlecht

Mein Arbeitstag ☐ gut ☐ schlecht

Tageskurve

10
5
1

Montag   Dienstag   Mittwoch   Donnerstag   Freitag   Samstag   Sonntag

Freitag

Smiley des Tages

Mein Highlight des Tages

_____

_____

Mein Tiefpunkt des Tages

_____

_____

Mein Arbeitstag

☐ gut ☐ schlecht

Mein Privatleben

☐ gut ☐ schlecht

Heute fühle ich mich

☐ glücklich ☐ unglücklich

☐ motiviert ☐ traurig

☐ müde ☐ fit

Am meisten
nachgedacht über

Tages-
bewertung

10 (super)

5 (solala)

1 (mies)

Samstag

Smiley des Tages

Mein Highlight des Tages

_____

_____

Mein Tiefpunkt des Tages

_____

_____

Mein Arbeitstag

☐ gut ☐ schlecht

Mein Privatleben

☐ gut ☐ schlecht

Heute fühle ich mich

☐ glücklich ☐ unglücklich

☐ motiviert ☐ traurig

☐ müde ☐ fit

Am meisten
nachgedacht über

Tages-
bewertung

10 (super)

5 (solala)

1 (mies)

Smiley des Tages

Sonntag

Heute fühle ich mich

☐ glücklich ☐ unglücklich

☐ motiviert ☐ traurig

☐ müde ☐ fit

Mein Highlight des Tages

_____

_____

Tages-bewertung

Am meisten nachgedacht über

Mein Tiefpunkt des Tages

_____

_____

10 (super)

5 (solala)

1 (mies)

Mein Privatleben   Mein Arbeitstag

☐ gut ☐ schlecht   ☐ gut ☐ schlecht

Meine Pläne für die nächste Woche

Smiley der Woche

10 (super)

5 (solala)

1 (mies)

Mein Highlight der Woche

_____

Mein Tiefpunkt der Woche

_____

Wochen-bewertung

Montag

Smiley des Tages

Mein Highlight des Tages

_____

_____

Mein Tiefpunkt des Tages

_____

_____

Mein Arbeitstag

☐ gut ☐ schlecht

Mein Privatleben

☐ gut ☐ schlecht

Heute fühle ich mich

☐ glücklich ☐ unglücklich

☐ motiviert ☐ traurig

☐ müde ☐ fit

Am meisten nachgedacht über

Tages-bewertung

10 (super)

5 (solala)

1 (mies)

Dienstag

Smiley des Tages

Mein Highlight des Tages

_____

_____

Mein Tiefpunkt des Tages

_____

_____

Mein Arbeitstag

☐ gut ☐ schlecht

Mein Privatleben

☐ gut ☐ schlecht

Heute fühle ich mich

☐ glücklich ☐ unglücklich

☐ motiviert ☐ traurig

☐ müde ☐ fit

Am meisten nachgedacht über

Tages-bewertung

10 (super)

5 (solala)

1 (mies)

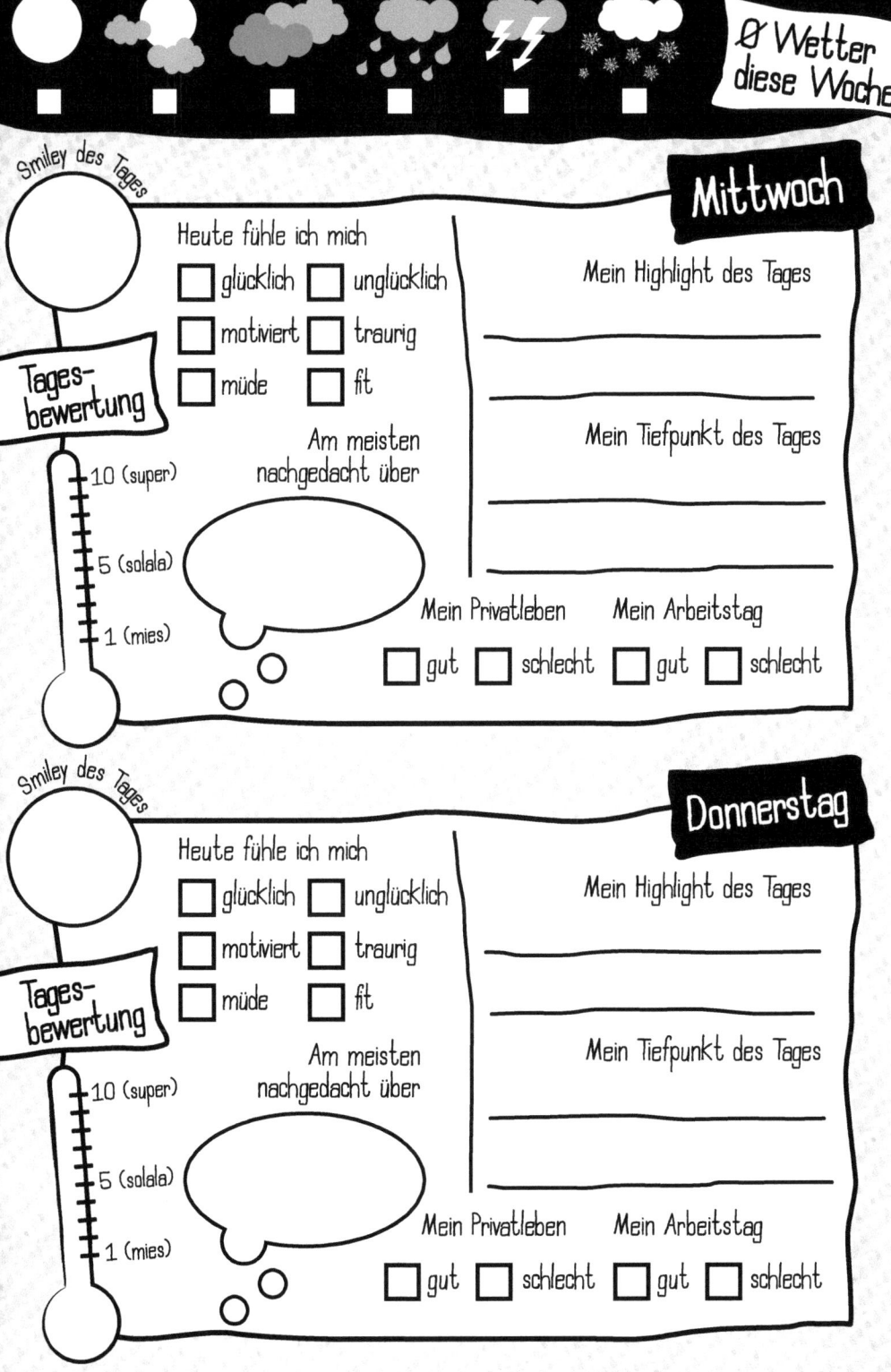

Ø Wetter diese Woche

Mittwoch

Smiley des Tages

Heute fühle ich mich

☐ glücklich ☐ unglücklich

☐ motiviert ☐ traurig

☐ müde   ☐ fit

Tages-bewertung

10 (super)

5 (solala)

1 (mies)

Am meisten nachgedacht über

Mein Highlight des Tages

_____

_____

Mein Tiefpunkt des Tages

_____

_____

Mein Privatleben   Mein Arbeitstag

☐ gut ☐ schlecht   ☐ gut ☐ schlecht

Donnerstag

Smiley des Tages

Heute fühle ich mich

☐ glücklich ☐ unglücklich

☐ motiviert ☐ traurig

☐ müde   ☐ fit

Tages-bewertung

10 (super)

5 (solala)

1 (mies)

Am meisten nachgedacht über

Mein Highlight des Tages

_____

_____

Mein Tiefpunkt des Tages

_____

_____

Mein Privatleben   Mein Arbeitstag

☐ gut ☐ schlecht   ☐ gut ☐ schlecht

Tageskurve

10
5
1

Montag Dienstag Mittwoch Donnerstag Freitag Samstag Sonntag

Freitag

Smiley des Tages

Mein Highlight des Tages

_____

_____

Mein Tiefpunkt des Tages

_____

_____

Mein Arbeitstag   Mein Privatleben

☐ gut ☐ schlecht   ☐ gut ☐ schlecht

Heute fühle ich mich

☐ glücklich ☐ unglücklich

☐ motiviert ☐ traurig

☐ müde   ☐ fit

Am meisten
nachgedacht über

Tages-
bewertung

10 (super)

5 (solala)

1 (mies)

Samstag

Smiley des Tages

Mein Highlight des Tages

_____

_____

Mein Tiefpunkt des Tages

_____

_____

Mein Arbeitstag   Mein Privatleben

☐ gut ☐ schlecht   ☐ gut ☐ schlecht

Heute fühle ich mich

☐ glücklich ☐ unglücklich

☐ motiviert ☐ traurig

☐ müde   ☐ fit

Am meisten
nachgedacht über

Tages-
bewertung

10 (super)

5 (solala)

1 (mies)

① ② ③

Smiley des Tages

Sonntag

Heute fühle ich mich

☐ glücklich ☐ unglücklich

☐ motiviert ☐ traurig

☐ müde ☐ fit

Tages-bewertung

Am meisten nachgedacht über

10 (super)

5 (solala)

1 (mies)

Mein Highlight des Tages

_____

_____

Mein Tiefpunkt des Tages

_____

_____

Mein Privatleben   Mein Arbeitstag

☐ gut ☐ schlecht   ☐ gut ☐ schlecht

Meine Pläne für die nächste Woche

Smiley der Woche

Mein Highlight der Woche

_____

Mein Tiefpunkt der Woche

_____

10 (super)

5 (solala)

1 (mies)

Wochen-bewertung

Woche 31   vom _____ bis _____ Jahr _____

Montag

Smiley des Tages

Mein Highlight des Tages

_____

_____

Mein Tiefpunkt des Tages

_____

_____

Mein Arbeitstag   Mein Privatleben

☐ gut ☐ schlecht   ☐ gut ☐ schlecht

Heute fühle ich mich

☐ glücklich ☐ unglücklich

☐ motiviert ☐ traurig

☐ müde ☐ fit

Am meisten nachgedacht über

Tages-bewertung

10 (super)

5 (solala)

1 (mies)

Dienstag

Smiley des Tages

Mein Highlight des Tages

_____

_____

Mein Tiefpunkt des Tages

_____

_____

Mein Arbeitstag   Mein Privatleben

☐ gut ☐ schlecht   ☐ gut ☐ schlecht

Heute fühle ich mich

☐ glücklich ☐ unglücklich

☐ motiviert ☐ traurig

☐ müde ☐ fit

Am meisten nachgedacht über

Tages-bewertung

10 (super)

5 (solala)

1 (mies)

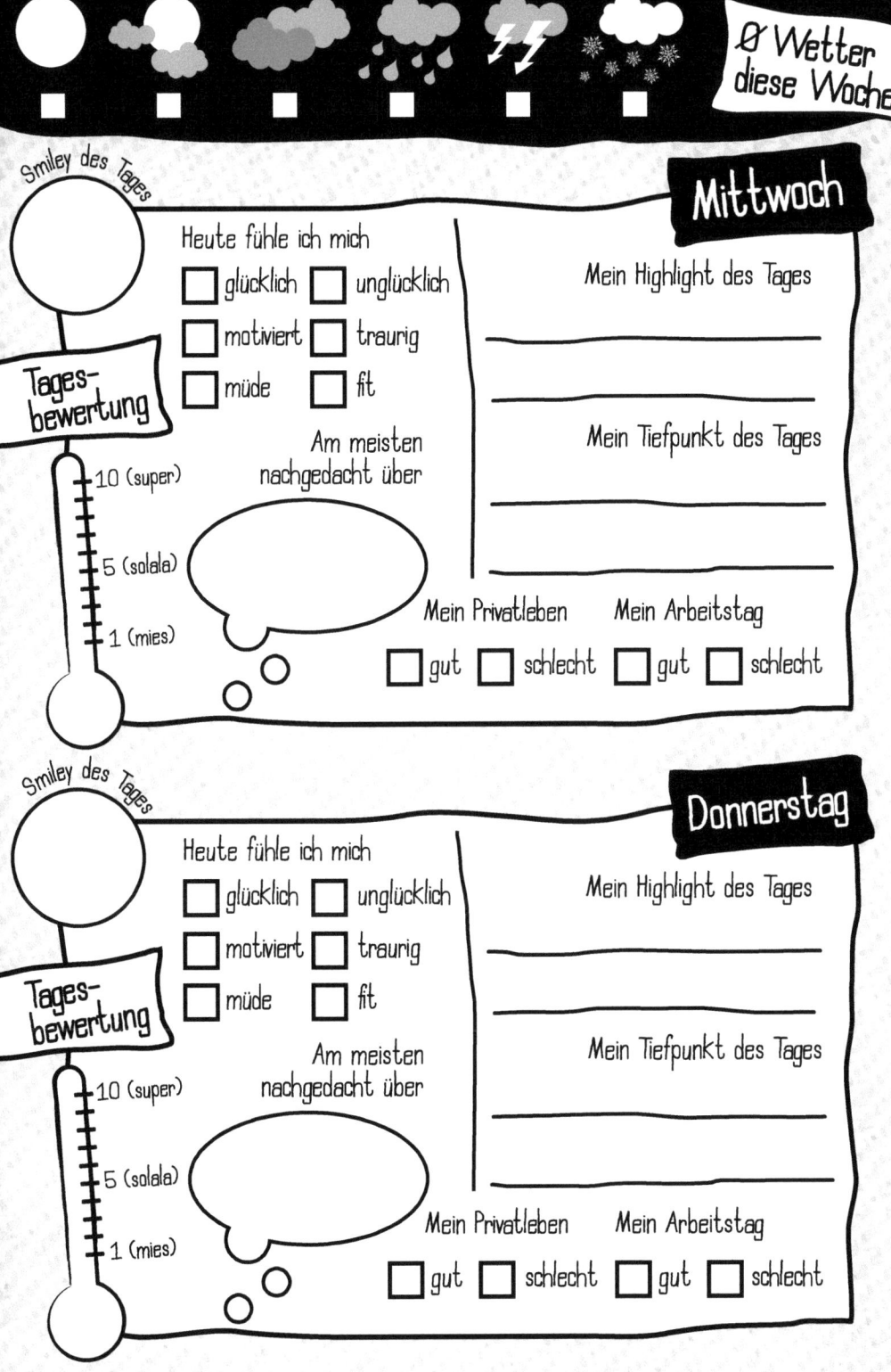

Tageskurve

10
5
1

Montag   Dienstag   Mittwoch   Donnerstag   Freitag   Samstag   Sonntag

Freitag

Mein Highlight des Tages

_____

_____

Mein Tiefpunkt des Tages

_____

_____

Mein Arbeitstag   Mein Privatleben

☐ gut ☐ schlecht   ☐ gut ☐ schlecht

Heute fühle ich mich

☐ glücklich   ☐ unglücklich

☐ motiviert   ☐ traurig

☐ müde   ☐ fit

Am meisten
nachgedacht über

Smiley des Tages

Tages-
bewertung

10 (super)

5 (solala)

1 (mies)

Samstag

Mein Highlight des Tages

_____

_____

Mein Tiefpunkt des Tages

_____

_____

Mein Arbeitstag   Mein Privatleben

☐ gut ☐ schlecht   ☐ gut ☐ schlecht

Heute fühle ich mich

☐ glücklich   ☐ unglücklich

☐ motiviert   ☐ traurig

☐ müde   ☐ fit

Am meisten
nachgedacht über

Smiley des Tages

Tages-
bewertung

10 (super)

5 (solala)

1 (mies)

①

②

③

Sonntag

Smiley des Tages

Heute fühle ich mich

☐ glücklich ☐ unglücklich

☐ motiviert ☐ traurig

☐ müde ☐ fit

Tages-bewertung

10 (super)

5 (solala)

1 (mies)

Am meisten nachgedacht über

Mein Highlight des Tages

_____

_____

Mein Tiefpunkt des Tages

_____

_____

Mein Privatleben

☐ gut ☐ schlecht

Mein Arbeitstag

☐ gut ☐ schlecht

Smiley der Woche

Meine Pläne für die nächste Woche

Mein Highlight der Woche

_____

Mein Tiefpunkt der Woche

_____

10 (super)

5 (solala)

1 (mies)

Wochen-bewertung

Woche 32

vom _____ bis _____ Jahr _____

Montag

Mein Highlight des Tages

_____

_____

Mein Tiefpunkt des Tages

_____

_____

Mein Arbeitstag

☐ gut ☐ schlecht

Mein Privatleben

☐ gut ☐ schlecht

Heute fühle ich mich

☐ glücklich ☐ unglücklich

☐ motiviert ☐ traurig

☐ müde ☐ fit

Am meisten nachgedacht über

Smiley des Tages

Tages-bewertung

10 (super)

5 (solala)

1 (mies)

Dienstag

Mein Highlight des Tages

_____

_____

Mein Tiefpunkt des Tages

_____

_____

Mein Arbeitstag

☐ gut ☐ schlecht

Mein Privatleben

☐ gut ☐ schlecht

Heute fühle ich mich

☐ glücklich ☐ unglücklich

☐ motiviert ☐ traurig

☐ müde ☐ fit

Am meisten nachgedacht über

Smiley des Tages

Tages-bewertung

10 (super)

5 (solala)

1 (mies)

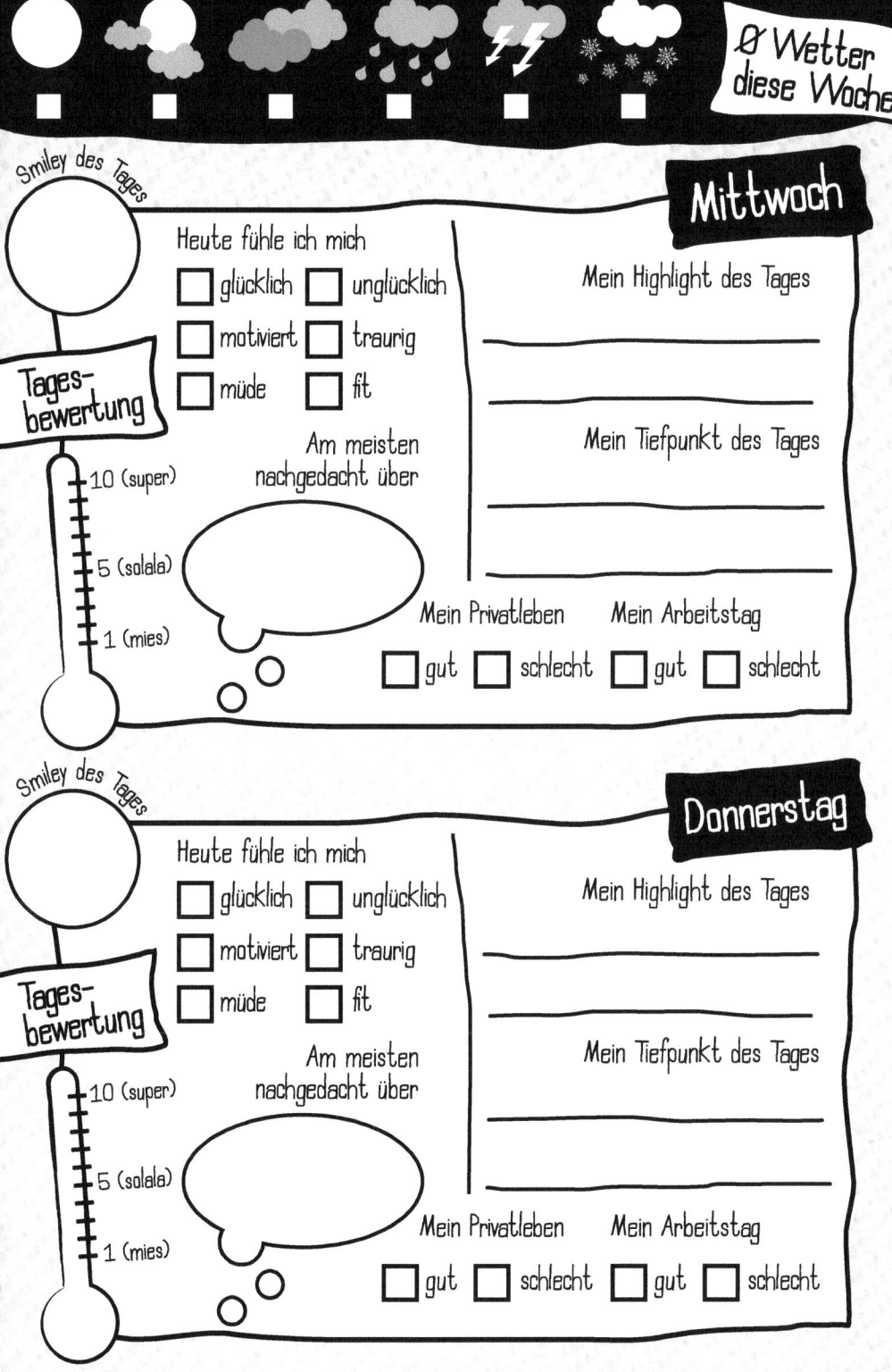

Ø Wetter diese Woche

Mittwoch

Smiley des Tages

Tages-bewertung

Heute fühle ich mich

☐ glücklich ☐ unglücklich

☐ motiviert ☐ traurig

☐ müde ☐ fit

Am meisten nachgedacht über

10 (super)

5 (solala)

1 (mies)

Mein Highlight des Tages

_____

_____

Mein Tiefpunkt des Tages

_____

_____

Mein Privatleben   Mein Arbeitstag

☐ gut ☐ schlecht   ☐ gut ☐ schlecht

Donnerstag

Smiley des Tages

Tages-bewertung

Heute fühle ich mich

☐ glücklich ☐ unglücklich

☐ motiviert ☐ traurig

☐ müde ☐ fit

Am meisten nachgedacht über

10 (super)

5 (solala)

1 (mies)

Mein Highlight des Tages

_____

_____

Mein Tiefpunkt des Tages

_____

_____

Mein Privatleben   Mein Arbeitstag

☐ gut ☐ schlecht   ☐ gut ☐ schlecht

Tageskurve

```
10
 5
 1
```
Montag   Dienstag   Mittwoch   Donnerstag   Freitag   Samstag   Sonntag

Freitag

Mein Highlight des Tages

_____

_____

Mein Tiefpunkt des Tages

_____

_____

Mein Arbeitstag

☐ gut ☐ schlecht

Mein Privatleben

☐ gut ☐ schlecht

Heute fühle ich mich

☐ glücklich ☐ unglücklich

☐ motiviert ☐ traurig

☐ müde ☐ fit

Am meisten nachgedacht über

Smiley des Tages

Tages-bewertung

10 (super)

5 (solala)

1 (mies)

Samstag

Mein Highlight des Tages

_____

_____

Mein Tiefpunkt des Tages

_____

_____

Mein Arbeitstag

☐ gut ☐ schlecht

Mein Privatleben

☐ gut ☐ schlecht

Heute fühle ich mich

☐ glücklich ☐ unglücklich

☐ motiviert ☐ traurig

☐ müde ☐ fit

Am meisten nachgedacht über

Smiley des Tages

Tages-bewertung

10 (super)

5 (solala)

1 (mies)

1

2 3

Smiley des Tages

Sonntag

Heute fühle ich mich

- [ ] glücklich [ ] unglücklich
- [ ] motiviert [ ] traurig
- [ ] müde [ ] fit

Tages-bewertung

10 (super)

5 (solala)

1 (mies)

Am meisten nachgedacht über

Mein Highlight des Tages

_____

_____

Mein Tiefpunkt des Tages

_____

_____

Mein Privatleben   Mein Arbeitstag

[ ] gut [ ] schlecht   [ ] gut [ ] schlecht

Meine Pläne für die nächste Woche

Smiley der Woche

Mein Highlight der Woche

_____

Mein Tiefpunkt der Woche

_____

10 (super)

5 (solala)

1 (mies)

Wochen-bewertung

Montag

Smiley des Tages

Mein Highlight des Tages

_____

_____

Mein Tiefpunkt des Tages

_____

_____

Mein Arbeitstag

☐ gut ☐ schlecht

Mein Privatleben

☐ gut ☐ schlecht

Heute fühle ich mich

☐ glücklich ☐ unglücklich

☐ motiviert ☐ traurig

☐ müde ☐ fit

Am meisten nachgedacht über

Tages-bewertung

10 (super)

5 (solala)

1 (mies)

Dienstag

Smiley des Tages

Mein Highlight des Tages

_____

_____

Mein Tiefpunkt des Tages

_____

_____

Mein Arbeitstag

☐ gut ☐ schlecht

Mein Privatleben

☐ gut ☐ schlecht

Heute fühle ich mich

☐ glücklich ☐ unglücklich

☐ motiviert ☐ traurig

☐ müde ☐ fit

Am meisten nachgedacht über

Tages-bewertung

10 (super)

5 (solala)

1 (mies)

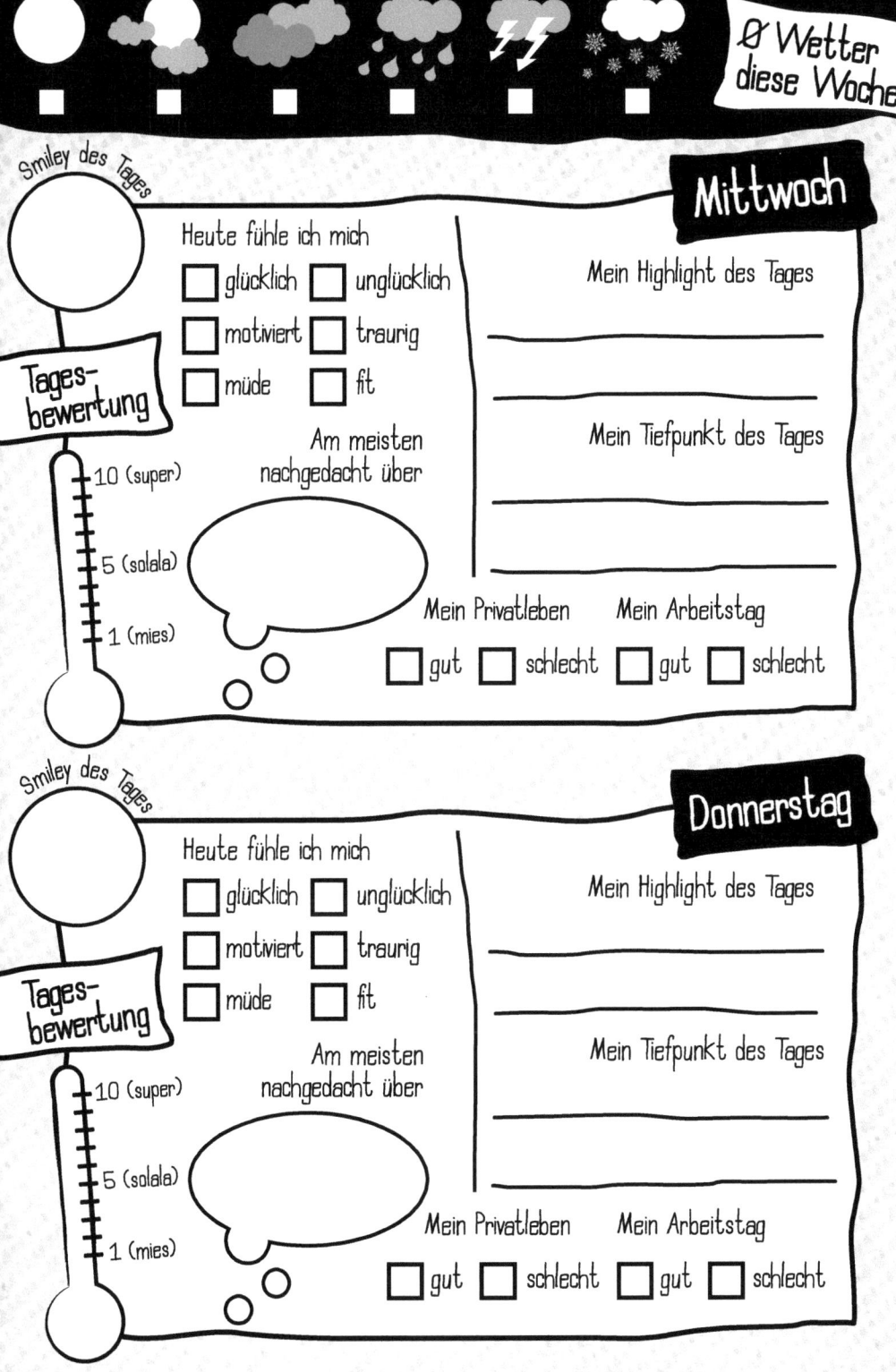

Ø Wetter diese Woche

Mittwoch

Smiley des Tages

Heute fühle ich mich
- [ ] glücklich
- [ ] unglücklich
- [ ] motiviert
- [ ] traurig
- [ ] müde
- [ ] fit

Tages-bewertung

10 (super)

5 (solala)

1 (mies)

Am meisten nachgedacht über

Mein Highlight des Tages
_____
_____

Mein Tiefpunkt des Tages
_____
_____

Mein Privatleben
- [ ] gut
- [ ] schlecht

Mein Arbeitstag
- [ ] gut
- [ ] schlecht

Donnerstag

Smiley des Tages

Heute fühle ich mich
- [ ] glücklich
- [ ] unglücklich
- [ ] motiviert
- [ ] traurig
- [ ] müde
- [ ] fit

Tages-bewertung

10 (super)

5 (solala)

1 (mies)

Am meisten nachgedacht über

Mein Highlight des Tages
_____
_____

Mein Tiefpunkt des Tages
_____
_____

Mein Privatleben
- [ ] gut
- [ ] schlecht

Mein Arbeitstag
- [ ] gut
- [ ] schlecht

Tageskurve

10
5
1

Montag Dienstag Mittwoch Donnerstag Freitag Samstag Sonntag

Freitag

Mein Highlight des Tages

_____

_____

Mein Tiefpunkt des Tages

_____

_____

Mein Arbeitstag

☐ gut ☐ schlecht

Mein Privatleben

☐ gut ☐ schlecht

Heute fühle ich mich

☐ glücklich ☐ unglücklich

☐ motiviert ☐ traurig

☐ müde ☐ fit

Am meisten nachgedacht über

Smiley des Tages

Tages-bewertung

10 (super)

5 (solala)

1 (mies)

Samstag

Mein Highlight des Tages

_____

_____

Mein Tiefpunkt des Tages

_____

_____

Mein Arbeitstag

☐ gut ☐ schlecht

Mein Privatleben

☐ gut ☐ schlecht

Heute fühle ich mich

☐ glücklich ☐ unglücklich

☐ motiviert ☐ traurig

☐ müde ☐ fit

Am meisten nachgedacht über

Smiley des Tages

Tages-bewertung

10 (super)

5 (solala)

1 (mies)

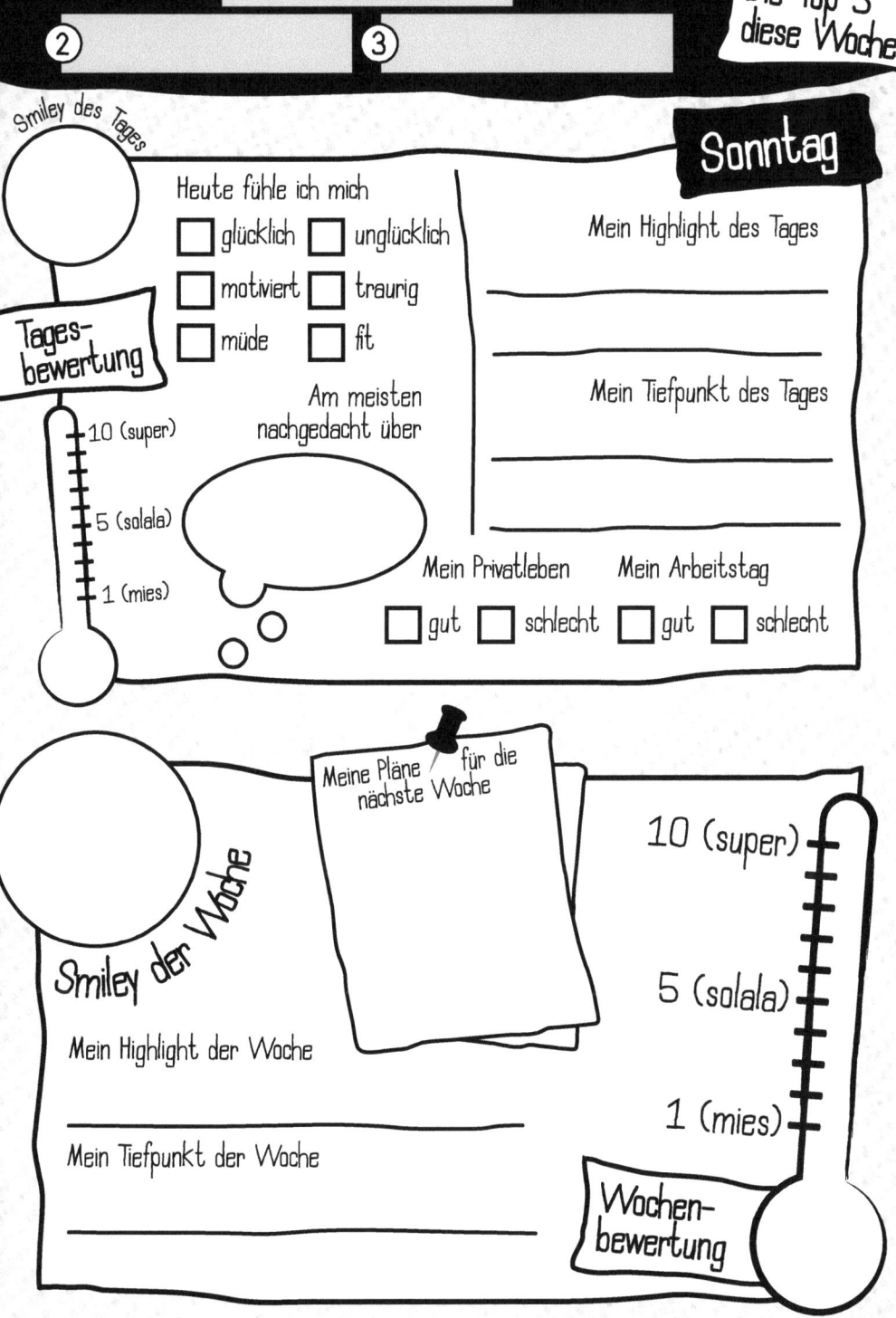

Woche 34 vom _____ bis _____ Jahr _____

Montag

Mein Highlight des Tages

_____

_____

Mein Tiefpunkt des Tages

_____

_____

Mein Arbeitstag   Mein Privatleben

☐ gut ☐ schlecht   ☐ gut ☐ schlecht

Heute fühle ich mich

☐ glücklich ☐ unglücklich

☐ motiviert ☐ traurig

☐ müde ☐ fit

Am meisten nachgedacht über

Smiley des Tages

Tages-bewertung

10 (super)

5 (salala)

1 (mies)

Dienstag

Mein Highlight des Tages

_____

_____

Mein Tiefpunkt des Tages

_____

_____

Mein Arbeitstag   Mein Privatleben

☐ gut ☐ schlecht   ☐ gut ☐ schlecht

Heute fühle ich mich

☐ glücklich ☐ unglücklich

☐ motiviert ☐ traurig

☐ müde ☐ fit

Am meisten nachgedacht über

Smiley des Tages

Tages-bewertung

10 (super)

5 (salala)

1 (mies)

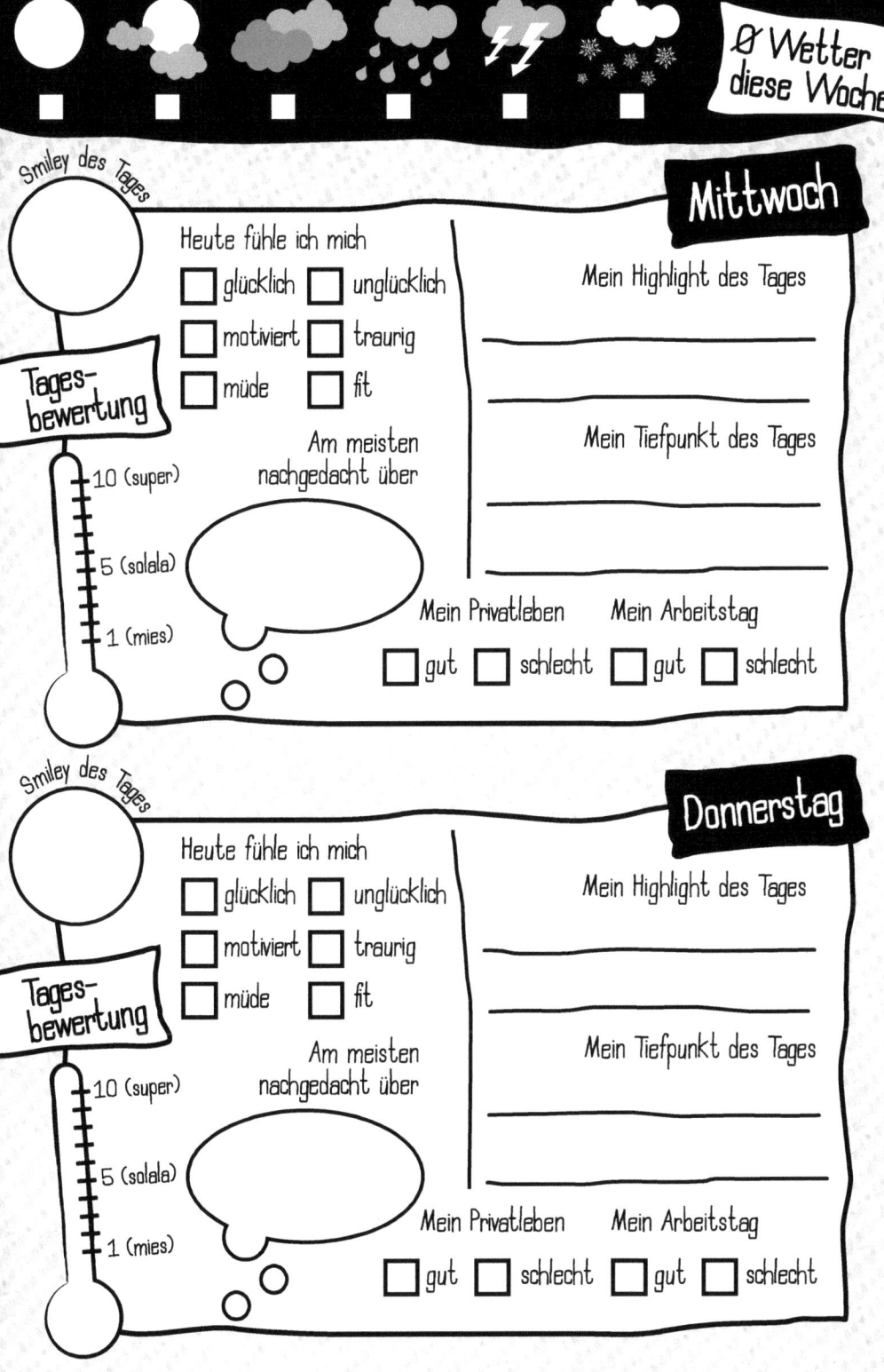

Ø Wetter diese Woche

Mittwoch

Smiley des Tages

Heute fühle ich mich

☐ glücklich ☐ unglücklich

☐ motiviert ☐ traurig

☐ müde ☐ fit

Tages-bewertung

10 (super)

5 (solala)

1 (mies)

Am meisten nachgedacht über

Mein Highlight des Tages

_____

_____

Mein Tiefpunkt des Tages

_____

_____

Mein Privatleben   Mein Arbeitstag

☐ gut ☐ schlecht   ☐ gut ☐ schlecht

Donnerstag

Smiley des Tages

Heute fühle ich mich

☐ glücklich ☐ unglücklich

☐ motiviert ☐ traurig

☐ müde ☐ fit

Tages-bewertung

10 (super)

5 (solala)

1 (mies)

Am meisten nachgedacht über

Mein Highlight des Tages

_____

_____

Mein Tiefpunkt des Tages

_____

_____

Mein Privatleben   Mein Arbeitstag

☐ gut ☐ schlecht   ☐ gut ☐ schlecht

Tageskurve

| | Montag | Dienstag | Mittwoch | Donnerstag | Freitag | Samstag | Sonntag |

10
5
1

Freitag

Mein Highlight des Tages

_____

_____

Mein Tiefpunkt des Tages

_____

_____

Mein Arbeitstag   Mein Privatleben

☐ gut ☐ schlecht   ☐ gut ☐ schlecht

Heute fühle ich mich

☐ glücklich ☐ unglücklich

☐ motiviert ☐ traurig

☐ müde ☐ fit

Am meisten
nachgedacht über

Smiley des Tages

Tages-
bewertung

10 (super)

5 (solala)

1 (mies)

Samstag

Mein Highlight des Tages

_____

_____

Mein Tiefpunkt des Tages

_____

_____

Mein Arbeitstag   Mein Privatleben

☐ gut ☐ schlecht   ☐ gut ☐ schlecht

Heute fühle ich mich

☐ glücklich ☐ unglücklich

☐ motiviert ☐ traurig

☐ müde ☐ fit

Am meisten
nachgedacht über

Smiley des Tages

Tages-
bewertung

10 (super)

5 (solala)

1 (mies)

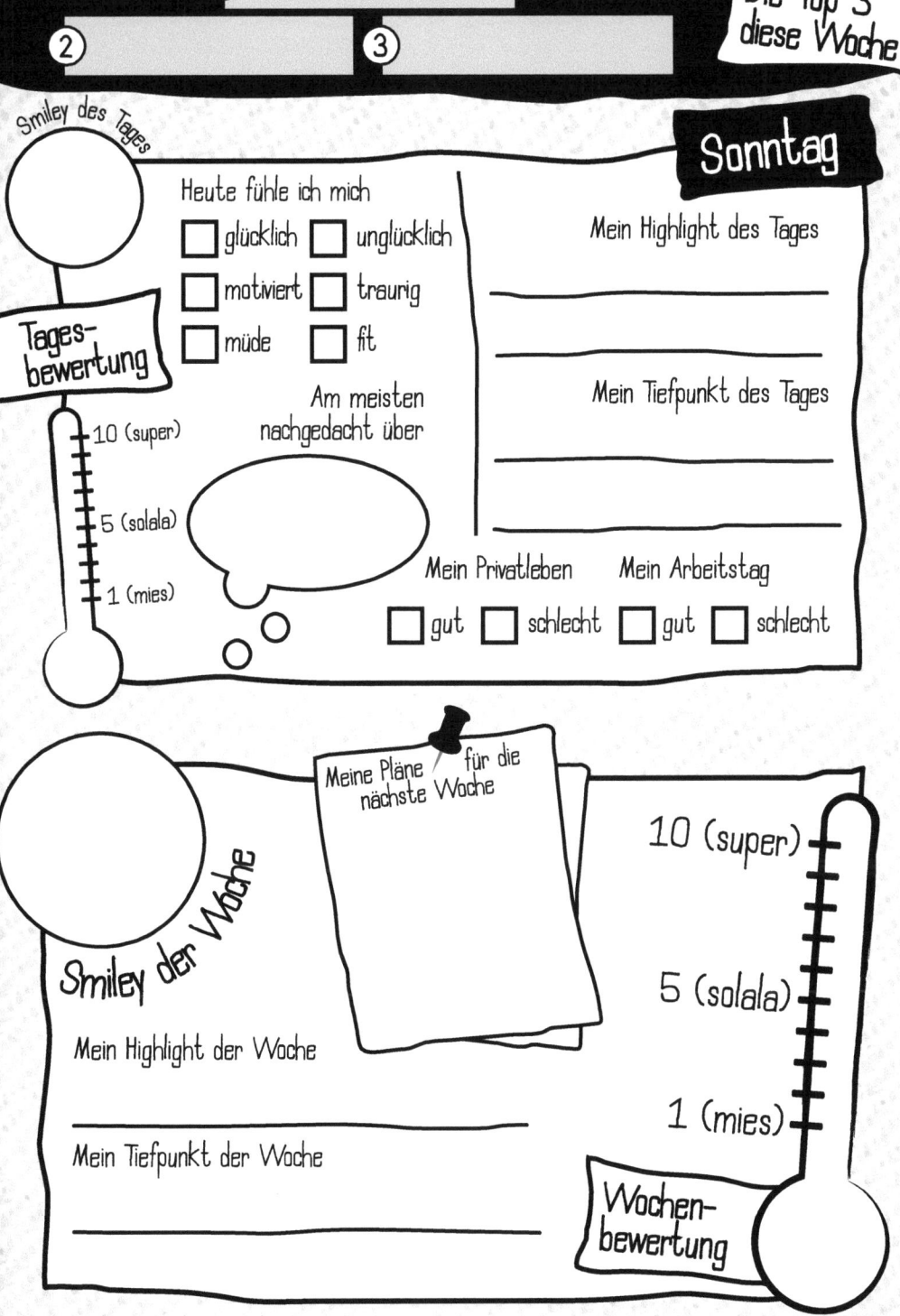

Montag

Mein Highlight des Tages

_____

_____

Mein Tiefpunkt des Tages

_____

_____

Mein Arbeitstag

☐ gut ☐ schlecht

Mein Privatleben

☐ gut ☐ schlecht

Heute fühle ich mich

☐ glücklich ☐ unglücklich

☐ motiviert ☐ traurig

☐ müde ☐ fit

Am meisten
nachgedacht über

Smiley des Tages

Tages-
bewertung

10 (super)

5 (solala)

1 (mies)

Dienstag

Mein Highlight des Tages

_____

_____

Mein Tiefpunkt des Tages

_____

_____

Mein Arbeitstag

☐ gut ☐ schlecht

Mein Privatleben

☐ gut ☐ schlecht

Heute fühle ich mich

☐ glücklich ☐ unglücklich

☐ motiviert ☐ traurig

☐ müde ☐ fit

Am meisten
nachgedacht über

Smiley des Tages

Tages-
bewertung

10 (super)

5 (solala)

1 (mies)

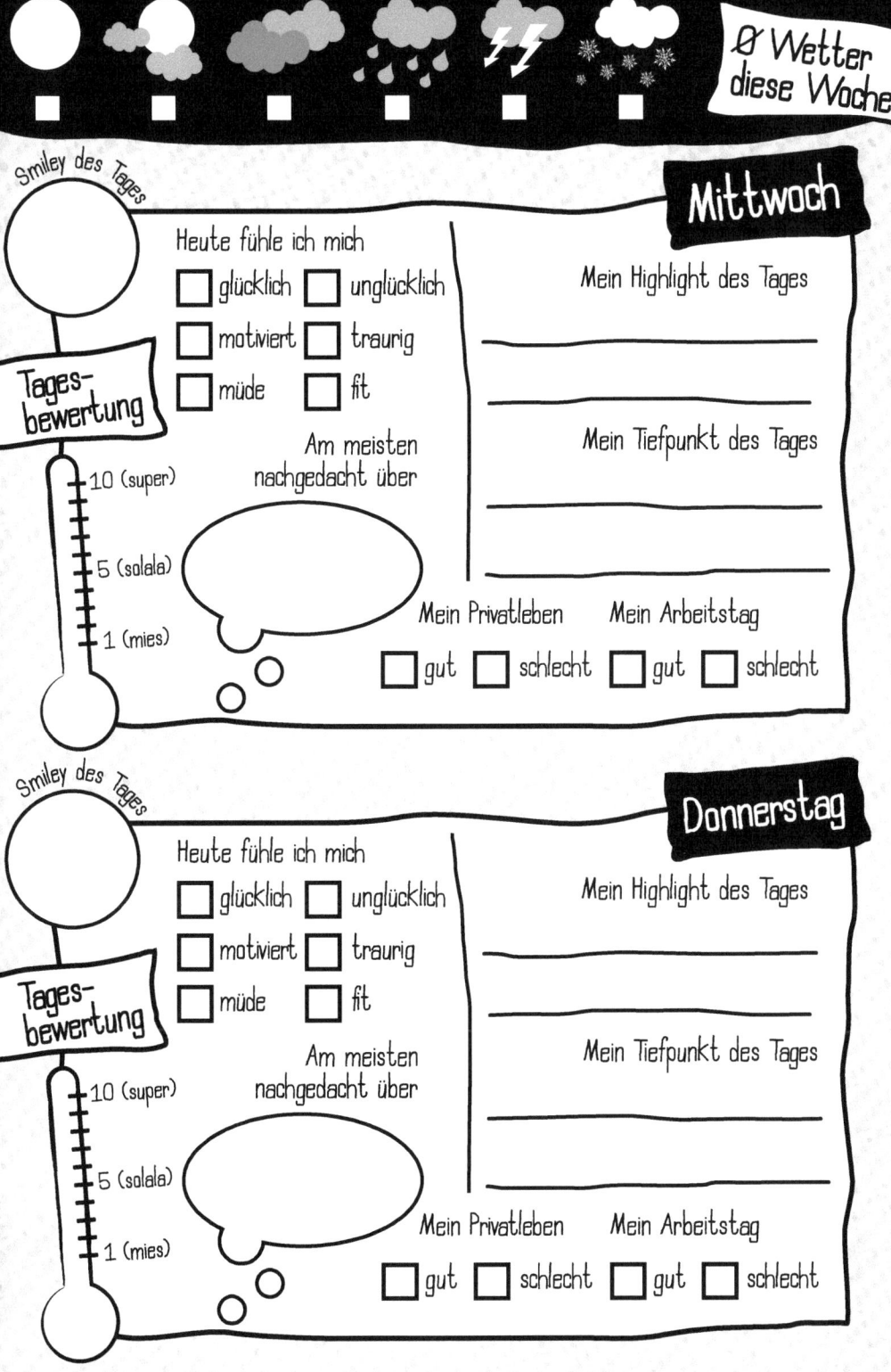

Ø Wetter diese Woche

Smiley des Tages

Mittwoch

Heute fühle ich mich

☐ glücklich ☐ unglücklich
☐ motiviert ☐ traurig
☐ müde ☐ fit

Tages-
bewertung

10 (super)

5 (solala)

1 (mies)

Am meisten
nachgedacht über

Mein Highlight des Tages

_____

_____

Mein Tiefpunkt des Tages

_____

_____

Mein Privatleben   Mein Arbeitstag

☐ gut ☐ schlecht   ☐ gut ☐ schlecht

Smiley des Tages

Donnerstag

Heute fühle ich mich

☐ glücklich ☐ unglücklich
☐ motiviert ☐ traurig
☐ müde ☐ fit

Tages-
bewertung

10 (super)

5 (solala)

1 (mies)

Am meisten
nachgedacht über

Mein Highlight des Tages

_____

_____

Mein Tiefpunkt des Tages

_____

_____

Mein Privatleben   Mein Arbeitstag

☐ gut ☐ schlecht   ☐ gut ☐ schlecht

Tageskurve

10
5
1

Montag Dienstag Mittwoch Donnerstag Freitag Samstag Sonntag

Freitag

Smiley des Tages

Mein Highlight des Tages

_____

_____

Mein Tiefpunkt des Tages

_____

_____

Mein Arbeitstag

☐ gut ☐ schlecht

Mein Privatleben

☐ gut ☐ schlecht

Heute fühle ich mich

☐ glücklich ☐ unglücklich

☐ motiviert ☐ traurig

☐ müde ☐ fit

Am meisten
nachgedacht über

Tages-
bewertung

10 (super)

5 (solala)

1 (mies)

Samstag

Smiley des Tages

Mein Highlight des Tages

_____

_____

Mein Tiefpunkt des Tages

_____

_____

Mein Arbeitstag

☐ gut ☐ schlecht

Mein Privatleben

☐ gut ☐ schlecht

Heute fühle ich mich

☐ glücklich ☐ unglücklich

☐ motiviert ☐ traurig

☐ müde ☐ fit

Am meisten
nachgedacht über

Tages-
bewertung

10 (super)

5 (solala)

1 (mies)

①

②

③

Smiley des Tages

Sonntag

Heute fühle ich mich

☐ glücklich ☐ unglücklich

☐ motiviert ☐ traurig

☐ müde ☐ fit

Tages-bewertung

10 (super)

5 (solala)

1 (mies)

Am meisten nachgedacht über

Mein Highlight des Tages

_____

_____

Mein Tiefpunkt des Tages

_____

_____

Mein Privatleben   Mein Arbeitstag

☐ gut ☐ schlecht   ☐ gut ☐ schlecht

Meine Pläne für die nächste Woche

Smiley der Woche

Mein Highlight der Woche

_____

Mein Tiefpunkt der Woche

_____

10 (super)

5 (solala)

1 (mies)

Wochen-bewertung

Woche 36

vom _____ bis _____ Jahr _____

Montag

Smiley des Tages

Mein Highlight des Tages

_____

_____

Mein Tiefpunkt des Tages

_____

_____

Heute fühle ich mich

☐ glücklich ☐ unglücklich

☐ motiviert ☐ traurig

☐ müde ☐ fit

Am meisten nachgedacht über

Tages-bewertung

10 (super)

5 (solala)

1 (mies)

Mein Arbeitstag

☐ gut ☐ schlecht

Mein Privatleben

☐ gut ☐ schlecht

Dienstag

Smiley des Tages

Mein Highlight des Tages

_____

_____

Mein Tiefpunkt des Tages

_____

_____

Heute fühle ich mich

☐ glücklich ☐ unglücklich

☐ motiviert ☐ traurig

☐ müde ☐ fit

Am meisten nachgedacht über

Tages-bewertung

10 (super)

5 (solala)

1 (mies)

Mein Arbeitstag

☐ gut ☐ schlecht

Mein Privatleben

☐ gut ☐ schlecht

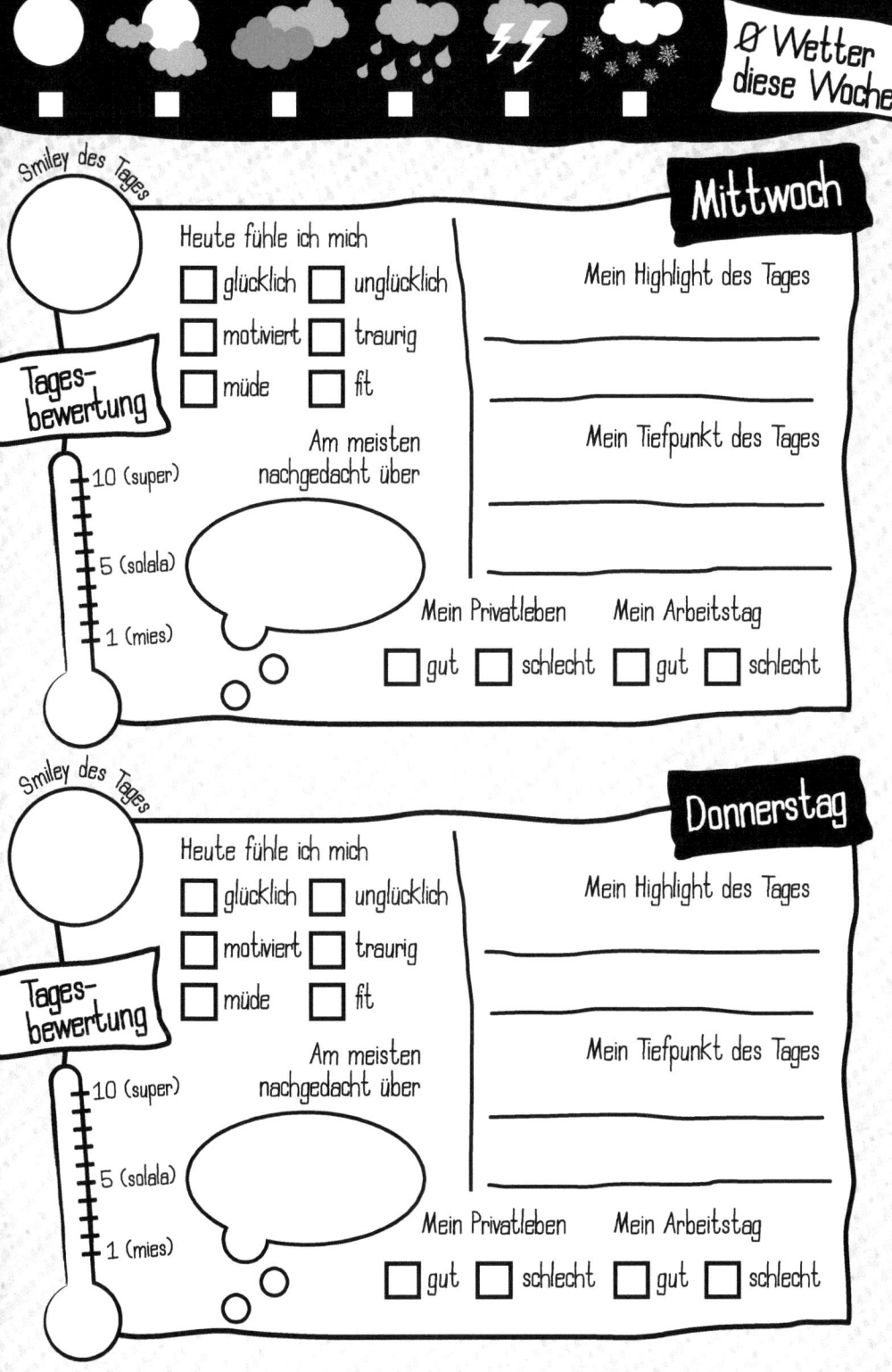

Ø Wetter diese Woche

Mittwoch

Smiley des Tages

Heute fühle ich mich

☐ glücklich ☐ unglücklich

☐ motiviert ☐ traurig

☐ müde ☐ fit

Tages-
bewertung

10 (super)

5 (solala)

1 (mies)

Am meisten
nachgedacht über

Mein Highlight des Tages

_____

_____

Mein Tiefpunkt des Tages

_____

_____

Mein Privatleben

☐ gut ☐ schlecht

Mein Arbeitstag

☐ gut ☐ schlecht

Donnerstag

Smiley des Tages

Heute fühle ich mich

☐ glücklich ☐ unglücklich

☐ motiviert ☐ traurig

☐ müde ☐ fit

Tages-
bewertung

10 (super)

5 (solala)

1 (mies)

Am meisten
nachgedacht über

Mein Highlight des Tages

_____

_____

Mein Tiefpunkt des Tages

_____

_____

Mein Privatleben

☐ gut ☐ schlecht

Mein Arbeitstag

☐ gut ☐ schlecht

Tageskurve

```
10
5
1
```
Montag　Dienstag　Mittwoch　Donnerstag　Freitag　Samstag　Sonntag

Freitag

Smiley des Tages

Mein Highlight des Tages

_____

_____

Mein Tiefpunkt des Tages

_____

_____

Mein Arbeitstag

☐ gut ☐ schlecht

Mein Privatleben

☐ gut ☐ schlecht

Heute fühle ich mich

☐ glücklich ☐ unglücklich

☐ motiviert ☐ traurig

☐ müde ☐ fit

Am meisten nachgedacht über

Tages-bewertung

10 (super)

5 (solala)

1 (mies)

Samstag

Smiley des Tages

Mein Highlight des Tages

_____

_____

Mein Tiefpunkt des Tages

_____

_____

Mein Arbeitstag

☐ gut ☐ schlecht

Mein Privatleben

☐ gut ☐ schlecht

Heute fühle ich mich

☐ glücklich ☐ unglücklich

☐ motiviert ☐ traurig

☐ müde ☐ fit

Am meisten nachgedacht über

Tages-bewertung

10 (super)

5 (solala)

1 (mies)

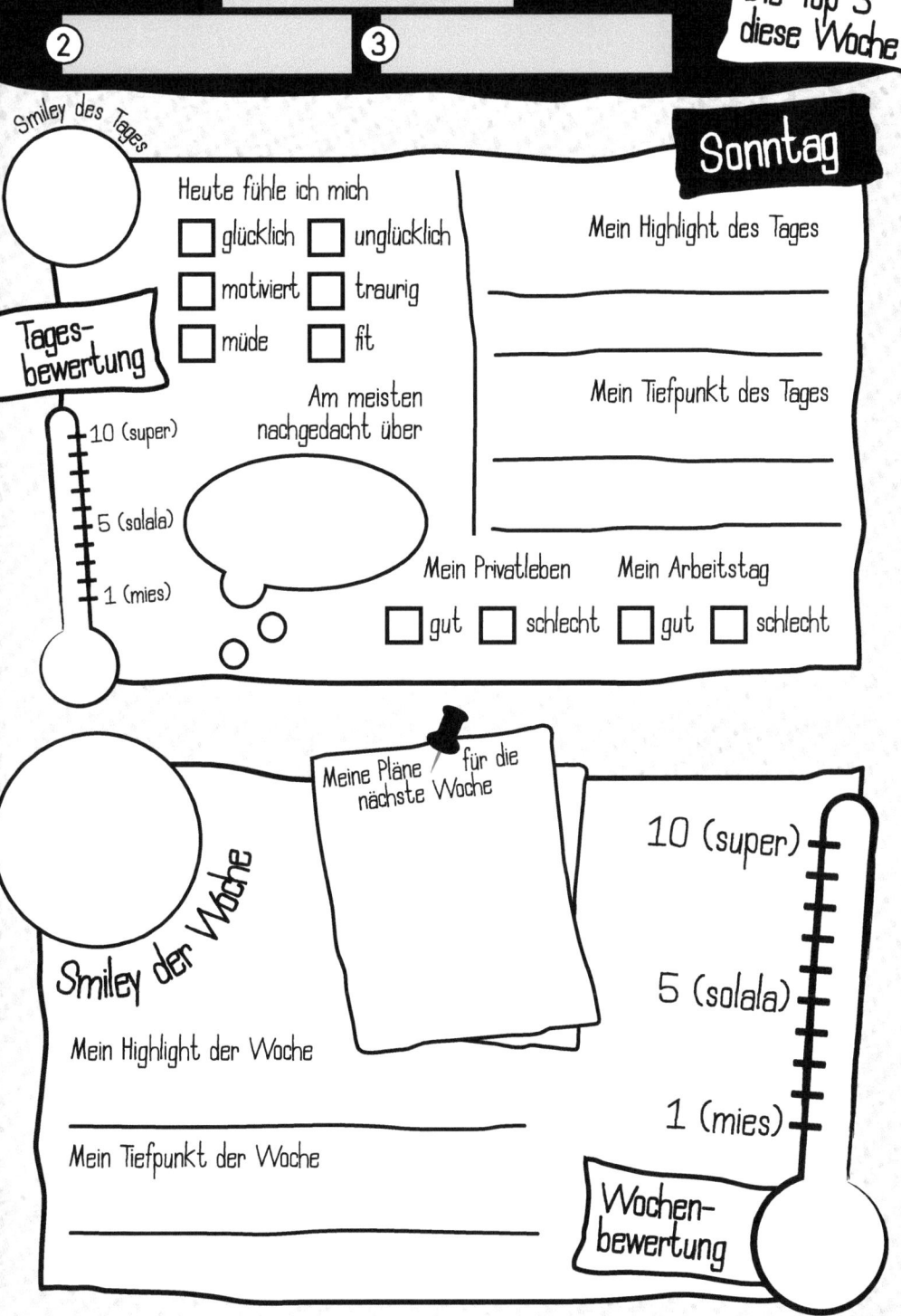

Montag

Mein Highlight des Tages

_____

_____

Mein Tiefpunkt des Tages

_____

_____

Mein Arbeitstag

☐ gut ☐ schlecht

Mein Privatleben

☐ gut ☐ schlecht

Heute fühle ich mich

☐ glücklich ☐ unglücklich

☐ motiviert ☐ traurig

☐ müde ☐ fit

Am meisten nachgedacht über

Smiley des Tages

Tages-bewertung

10 (super)

5 (solala)

1 (mies)

Dienstag

Mein Highlight des Tages

_____

_____

Mein Tiefpunkt des Tages

_____

_____

Mein Arbeitstag

☐ gut ☐ schlecht

Mein Privatleben

☐ gut ☐ schlecht

Heute fühle ich mich

☐ glücklich ☐ unglücklich

☐ motiviert ☐ traurig

☐ müde ☐ fit

Am meisten nachgedacht über

Smiley des Tages

Tages-bewertung

10 (super)

5 (solala)

1 (mies)

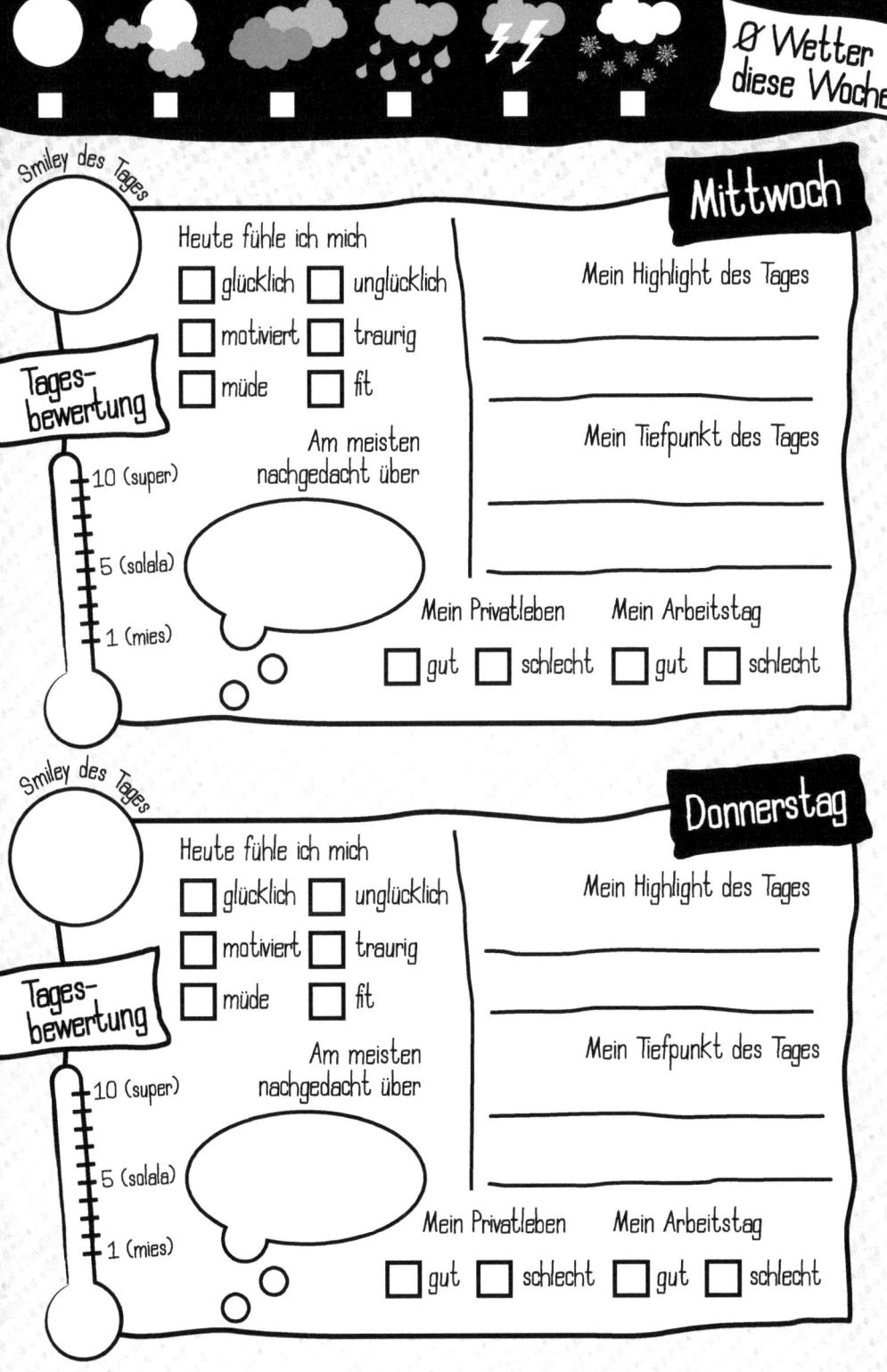

Ø Wetter diese Woche

Mittwoch

Smiley des Tages

Heute fühle ich mich

☐ glücklich ☐ unglücklich

☐ motiviert ☐ traurig

☐ müde ☐ fit

Tagesbewertung

10 (super)

5 (solala)

1 (mies)

Am meisten nachgedacht über

Mein Highlight des Tages

_____

_____

Mein Tiefpunkt des Tages

_____

_____

Mein Privatleben

☐ gut ☐ schlecht

Mein Arbeitstag

☐ gut ☐ schlecht

Donnerstag

Smiley des Tages

Heute fühle ich mich

☐ glücklich ☐ unglücklich

☐ motiviert ☐ traurig

☐ müde ☐ fit

Tagesbewertung

10 (super)

5 (solala)

1 (mies)

Am meisten nachgedacht über

Mein Highlight des Tages

_____

_____

Mein Tiefpunkt des Tages

_____

_____

Mein Privatleben

☐ gut ☐ schlecht

Mein Arbeitstag

☐ gut ☐ schlecht

Tageskurve

10
5
1

Montag Dienstag Mittwoch Donnerstag Freitag Samstag Sonntag

Freitag

Smiley des Tages

Mein Highlight des Tages

_____

_____

Mein Tiefpunkt des Tages

_____

_____

Mein Arbeitstag   Mein Privatleben

☐ gut ☐ schlecht   ☐ gut ☐ schlecht

Heute fühle ich mich

☐ glücklich   ☐ unglücklich

☐ motiviert   ☐ traurig

☐ müde   ☐ fit

Am meisten
nachgedacht über

Tages-
bewertung

10 (super)

5 (solala)

1 (mies)

Samstag

Smiley des Tages

Mein Highlight des Tages

_____

_____

Mein Tiefpunkt des Tages

_____

_____

Mein Arbeitstag   Mein Privatleben

☐ gut ☐ schlecht   ☐ gut ☐ schlecht

Heute fühle ich mich

☐ glücklich   ☐ unglücklich

☐ motiviert   ☐ traurig

☐ müde   ☐ fit

Am meisten
nachgedacht über

Tages-
bewertung

10 (super)

5 (solala)

1 (mies)

Smiley des Tages

Sonntag

Heute fühle ich mich

☐ glücklich ☐ unglücklich

☐ motiviert ☐ traurig

☐ müde ☐ fit

Mein Highlight des Tages

_____

_____

Mein Tiefpunkt des Tages

_____

_____

Tages-
bewertung

Am meisten
nachgedacht über

10 (super)

5 (solala)

1 (mies)

Mein Privatleben   Mein Arbeitstag

☐ gut ☐ schlecht   ☐ gut ☐ schlecht

Meine Pläne für die
nächste Woche

Smiley der Woche

10 (super)

5 (solala)

1 (mies)

Mein Highlight der Woche

_____

Mein Tiefpunkt der Woche

_____

Wochen-
bewertung

Montag

Mein Highlight des Tages

_____

_____

Mein Tiefpunkt des Tages

_____

_____

Mein Arbeitstag   Mein Privatleben

☐ gut ☐ schlecht   ☐ gut ☐ schlecht

Heute fühle ich mich

☐ glücklich ☐ unglücklich

☐ motiviert ☐ traurig

☐ müde ☐ fit

Am meisten
nachgedacht über

Smiley des Tages

Tages-
bewertung

10 (super)

5 (solala)

1 (mies)

Dienstag

Mein Highlight des Tages

_____

_____

Mein Tiefpunkt des Tages

_____

_____

Mein Arbeitstag   Mein Privatleben

☐ gut ☐ schlecht   ☐ gut ☐ schlecht

Heute fühle ich mich

☐ glücklich ☐ unglücklich

☐ motiviert ☐ traurig

☐ müde ☐ fit

Am meisten
nachgedacht über

Smiley des Tages

Tages-
bewertung

10 (super)

5 (solala)

1 (mies)

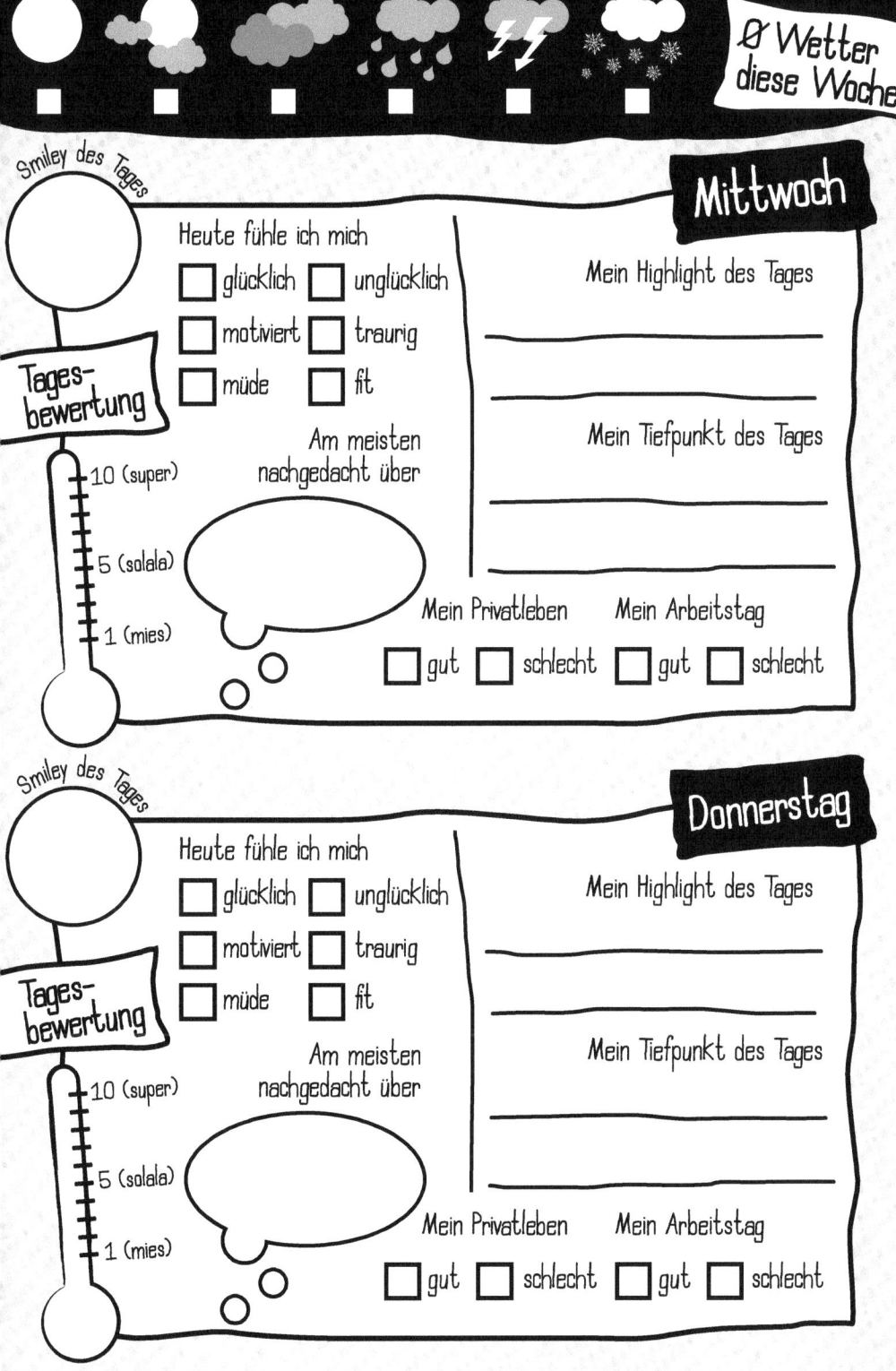

Ø Wetter diese Woche

Mittwoch

Smiley des Tages

Heute fühle ich mich
- [ ] glücklich [ ] unglücklich
- [ ] motiviert [ ] traurig
- [ ] müde [ ] fit

Tages-bewertung

10 (super)
5 (solala)
1 (mies)

Am meisten nachgedacht über

Mein Highlight des Tages
_____
_____

Mein Tiefpunkt des Tages
_____
_____

Mein Privatleben [ ] gut [ ] schlecht
Mein Arbeitstag [ ] gut [ ] schlecht

Donnerstag

Smiley des Tages

Heute fühle ich mich
- [ ] glücklich [ ] unglücklich
- [ ] motiviert [ ] traurig
- [ ] müde [ ] fit

Tages-bewertung

10 (super)
5 (solala)
1 (mies)

Am meisten nachgedacht über

Mein Highlight des Tages
_____
_____

Mein Tiefpunkt des Tages
_____
_____

Mein Privatleben [ ] gut [ ] schlecht
Mein Arbeitstag [ ] gut [ ] schlecht

Tageskurve

10
5
1

Montag | Dienstag | Mittwoch | Donnerstag | Freitag | Samstag | Sonntag

---

Freitag

Smiley des Tages

Mein Highlight des Tages

_____

_____

Mein Tiefpunkt des Tages

_____

_____

Mein Arbeitstag

☐ gut ☐ schlecht

Mein Privatleben

☐ gut ☐ schlecht

Heute fühle ich mich

☐ glücklich ☐ unglücklich

☐ motiviert ☐ traurig

☐ müde ☐ fit

Am meisten nachgedacht über

Tages-bewertung

10 (super)

5 (solala)

1 (mies)

Samstag

Smiley des Tages

Mein Highlight des Tages

_____

_____

Mein Tiefpunkt des Tages

_____

_____

Mein Arbeitstag

☐ gut ☐ schlecht

Mein Privatleben

☐ gut ☐ schlecht

Heute fühle ich mich

☐ glücklich ☐ unglücklich

☐ motiviert ☐ traurig

☐ müde ☐ fit

Am meisten nachgedacht über

Tages-bewertung

10 (super)

5 (solala)

1 (mies)

Smiley des Tages

Sonntag

Heute fühle ich mich

☐ glücklich ☐ unglücklich

☐ motiviert ☐ traurig

☐ müde ☐ fit

Tages-bewertung

10 (super)

5 (solala)

1 (mies)

Am meisten nachgedacht über

Mein Highlight des Tages

_____

_____

Mein Tiefpunkt des Tages

_____

_____

Mein Privatleben   Mein Arbeitstag

☐ gut ☐ schlecht   ☐ gut ☐ schlecht

Meine Pläne für die nächste Woche

Smiley der Woche

Mein Highlight der Woche

_____

Mein Tiefpunkt der Woche

_____

10 (super)

5 (solala)

1 (mies)

Wochen-bewertung

Woche 39 vom _____ bis _____ Jahr _____

Montag

Smiley des Tages

Mein Highlight des Tages

_____

_____

Mein Tiefpunkt des Tages

_____

_____

Mein Arbeitstag

☐ gut ☐ schlecht

Mein Privatleben

☐ gut ☐ schlecht

Heute fühle ich mich

☐ glücklich ☐ unglücklich

☐ motiviert ☐ traurig

☐ müde ☐ fit

Am meisten nachgedacht über

Tages-bewertung

10 (super)

5 (solala)

1 (mies)

Dienstag

Smiley des Tages

Mein Highlight des Tages

_____

_____

Mein Tiefpunkt des Tages

_____

_____

Mein Arbeitstag

☐ gut ☐ schlecht

Mein Privatleben

☐ gut ☐ schlecht

Heute fühle ich mich

☐ glücklich ☐ unglücklich

☐ motiviert ☐ traurig

☐ müde ☐ fit

Am meisten nachgedacht über

Tages-bewertung

10 (super)

5 (solala)

1 (mies)

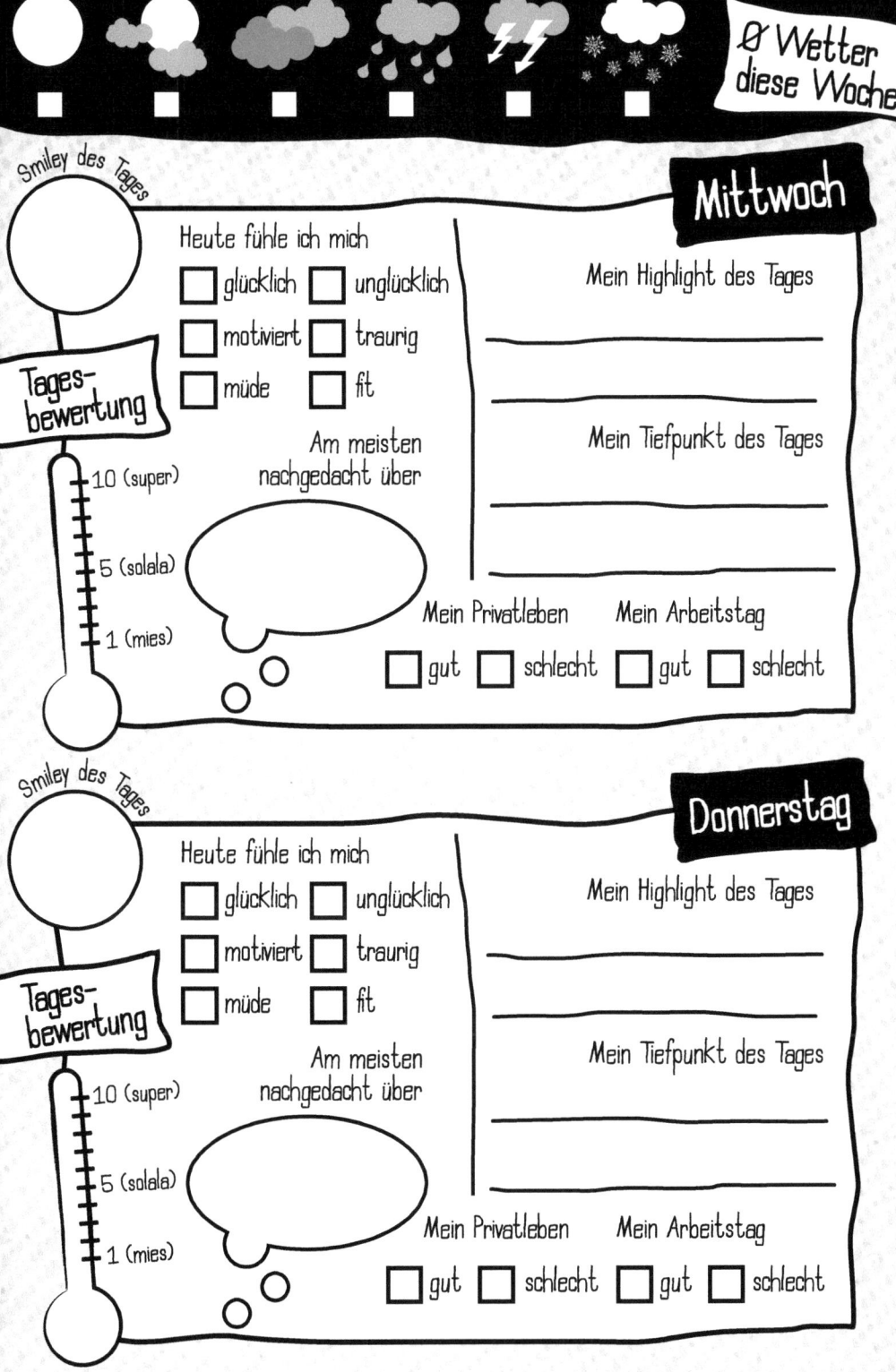

Tageskurve

10
5
1

Montag Dienstag Mittwoch Donnerstag Freitag Samstag Sonntag

Freitag

Smiley des Tages

Mein Highlight des Tages

_____
_____

Mein Tiefpunkt des Tages

_____
_____

Heute fühle ich mich

☐ glücklich ☐ unglücklich

☐ motiviert ☐ traurig

☐ müde ☐ fit

Am meisten
nachgedacht über

Tages-
bewertung

10 (super)

5 (solala)

1 (mies)

Mein Arbeitstag   Mein Privatleben

☐ gut ☐ schlecht   ☐ gut ☐ schlecht

Samstag

Smiley des Tages

Mein Highlight des Tages

_____
_____

Mein Tiefpunkt des Tages

_____
_____

Heute fühle ich mich

☐ glücklich ☐ unglücklich

☐ motiviert ☐ traurig

☐ müde ☐ fit

Am meisten
nachgedacht über

Tages-
bewertung

10 (super)

5 (solala)

1 (mies)

Mein Arbeitstag   Mein Privatleben

☐ gut ☐ schlecht   ☐ gut ☐ schlecht

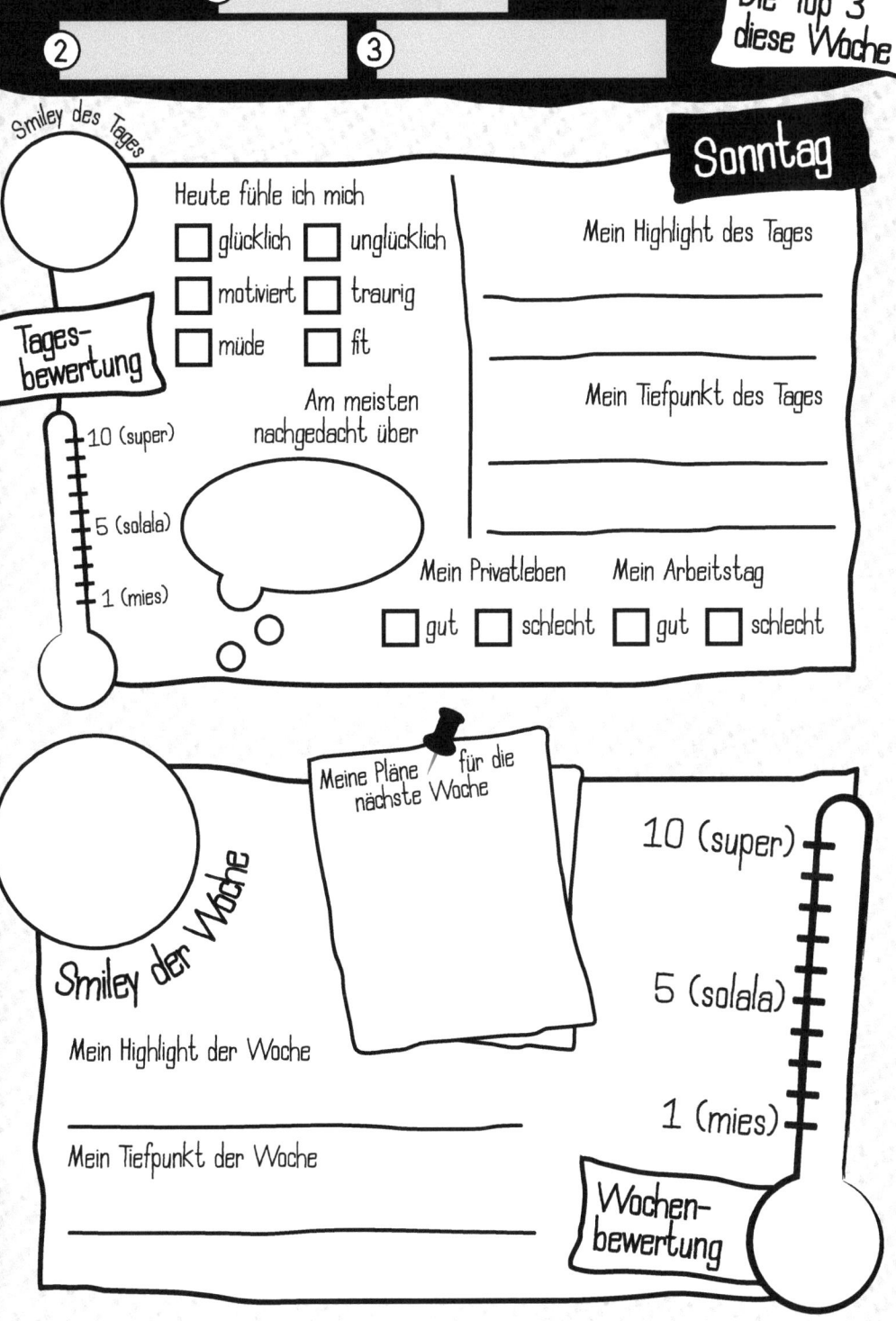

Woche 40

vom _____ bis _____ Jahr _____

Montag

Mein Highlight des Tages

_____

_____

Mein Tiefpunkt des Tages

_____

_____

Mein Arbeitstag

☐ gut ☐ schlecht

Mein Privatleben

☐ gut ☐ schlecht

Heute fühle ich mich

☐ glücklich ☐ unglücklich

☐ motiviert ☐ traurig

☐ müde ☐ fit

Am meisten nachgedacht über

Smiley des Tages

Tages-bewertung

10 (super)

5 (solala)

1 (mies)

Dienstag

Mein Highlight des Tages

_____

_____

Mein Tiefpunkt des Tages

_____

_____

Mein Arbeitstag

☐ gut ☐ schlecht

Mein Privatleben

☐ gut ☐ schlecht

Heute fühle ich mich

☐ glücklich ☐ unglücklich

☐ motiviert ☐ traurig

☐ müde ☐ fit

Am meisten nachgedacht über

Smiley des Tages

Tages-bewertung

10 (super)

5 (solala)

1 (mies)

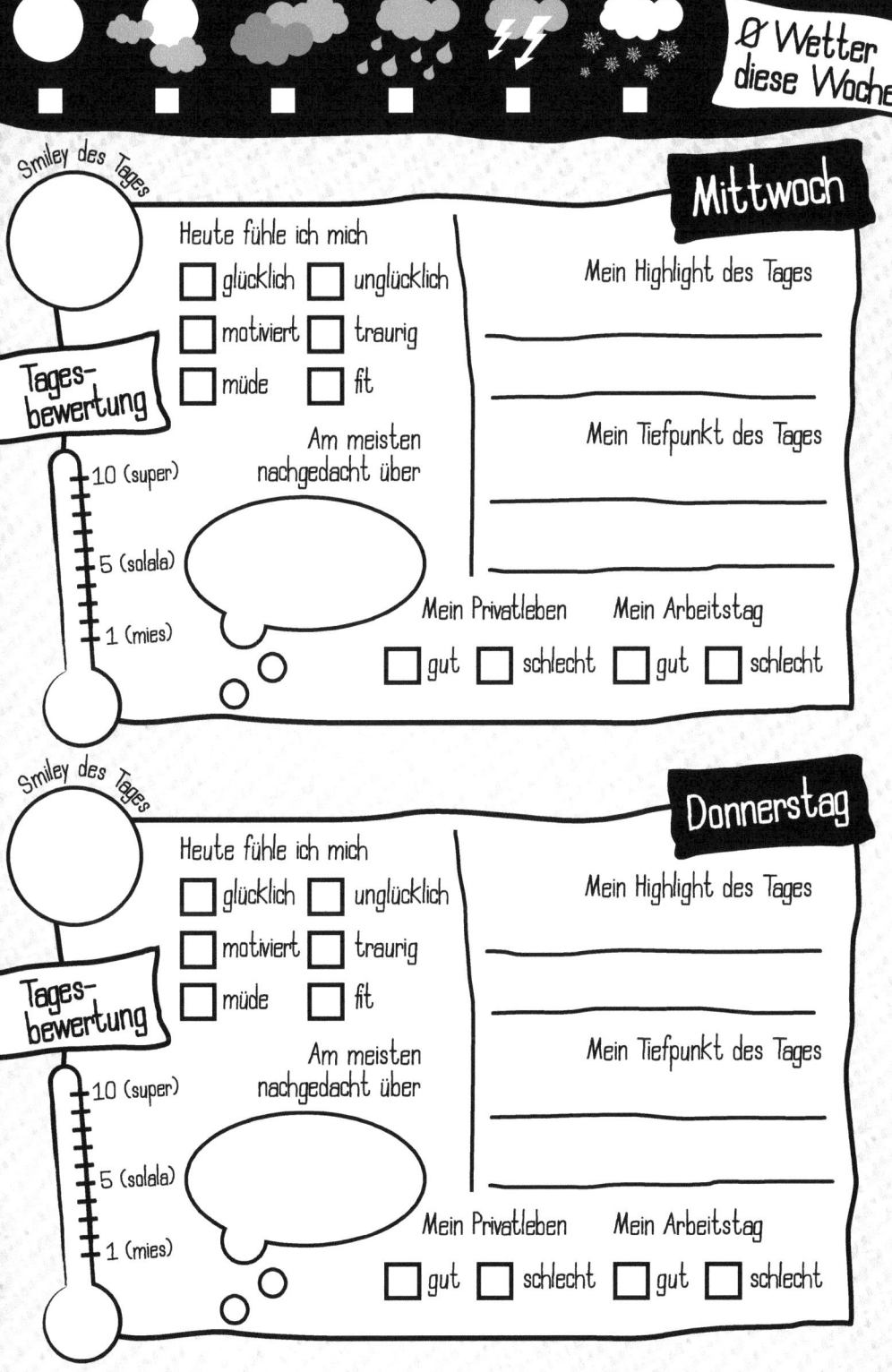

Tageskurve

10
5
1

Montag   Dienstag   Mittwoch   Donnerstag   Freitag   Samstag   Sonntag

Freitag

Smiley des Tages

Mein Highlight des Tages

_____

_____

Mein Tiefpunkt des Tages

_____

_____

Mein Arbeitstag

☐ gut ☐ schlecht

Mein Privatleben

☐ gut ☐ schlecht

Heute fühle ich mich

☐ glücklich   ☐ unglücklich

☐ motiviert   ☐ traurig

☐ müde   ☐ fit

Am meisten nachgedacht über

Tages-bewertung

10 (super)

5 (solala)

1 (mies)

Samstag

Smiley des Tages

Mein Highlight des Tages

_____

_____

Mein Tiefpunkt des Tages

_____

_____

Mein Arbeitstag

☐ gut ☐ schlecht

Mein Privatleben

☐ gut ☐ schlecht

Heute fühle ich mich

☐ glücklich   ☐ unglücklich

☐ motiviert   ☐ traurig

☐ müde   ☐ fit

Am meisten nachgedacht über

Tages-bewertung

10 (super)

5 (solala)

1 (mies)

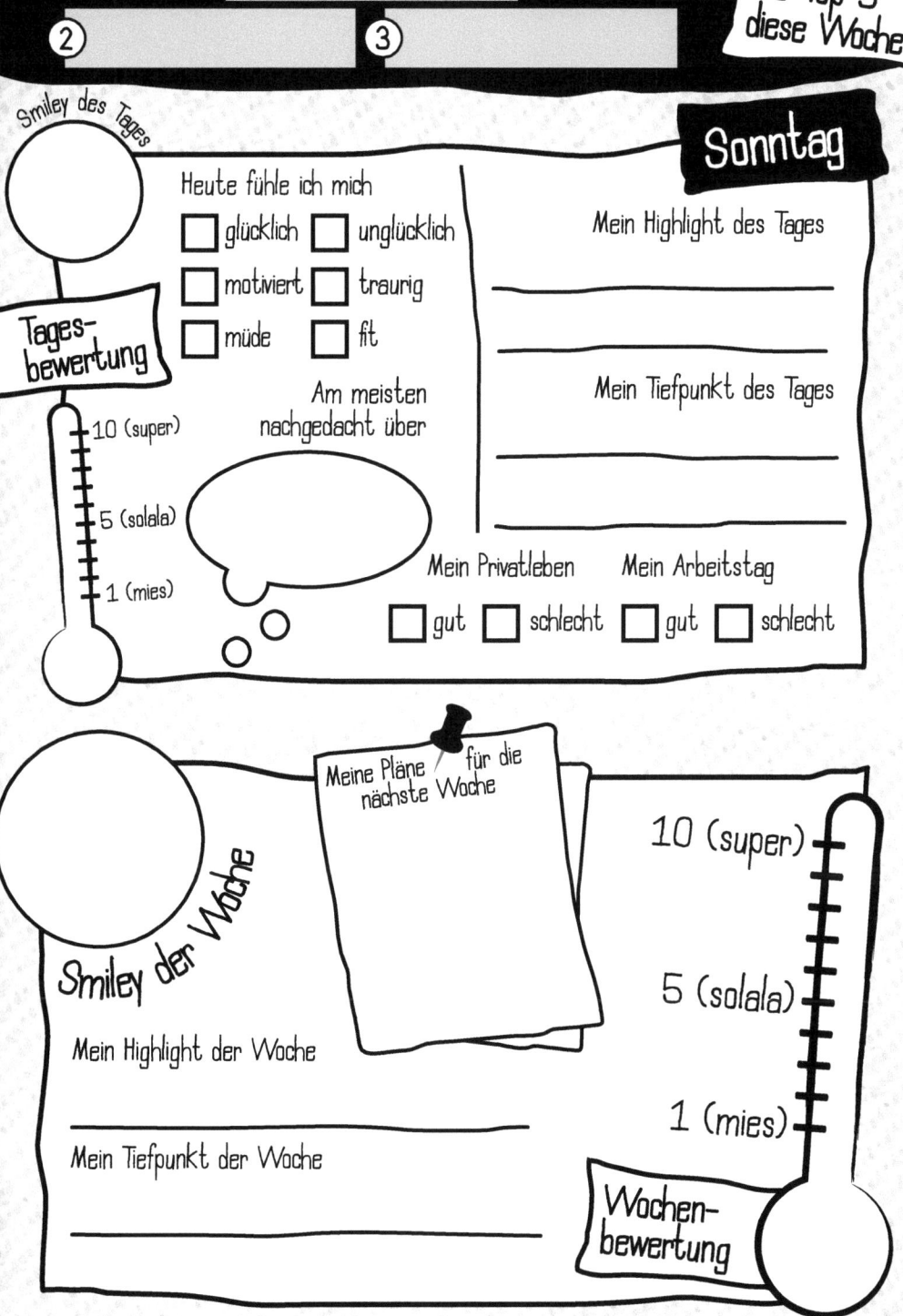

Woche 41 vom _____ bis _____ Jahr _____

Montag

Smiley des Tages

Mein Highlight des Tages

_____

_____

Mein Tiefpunkt des Tages

_____

_____

Mein Arbeitstag

☐ gut ☐ schlecht

Mein Privatleben

☐ gut ☐ schlecht

Heute fühle ich mich

☐ glücklich ☐ unglücklich

☐ motiviert ☐ traurig

☐ müde ☐ fit

Am meisten nachgedacht über

Tages-bewertung

10 (super)

5 (solala)

1 (mies)

Dienstag

Smiley des Tages

Mein Highlight des Tages

_____

_____

Mein Tiefpunkt des Tages

_____

_____

Mein Arbeitstag

☐ gut ☐ schlecht

Mein Privatleben

☐ gut ☐ schlecht

Heute fühle ich mich

☐ glücklich ☐ unglücklich

☐ motiviert ☐ traurig

☐ müde ☐ fit

Am meisten nachgedacht über

Tages-bewertung

10 (super)

5 (solala)

1 (mies)

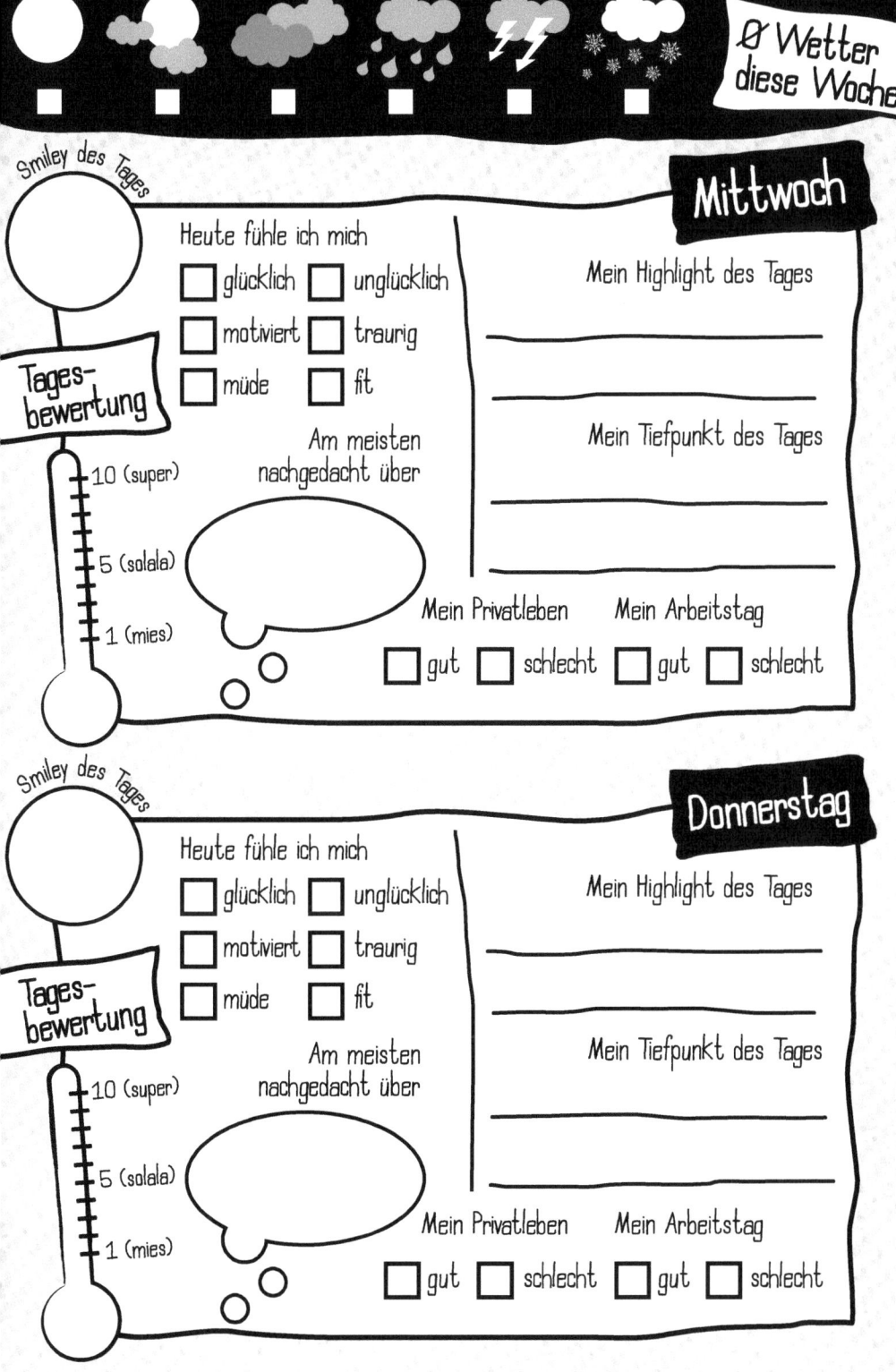

Ø Wetter diese Woche

Smiley des Tages

Mittwoch

Heute fühle ich mich

☐ glücklich ☐ unglücklich

☐ motiviert ☐ traurig

☐ müde ☐ fit

Tages-bewertung

Am meisten nachgedacht über

10 (super)

5 (solala)

1 (mies)

Mein Highlight des Tages

_____

_____

Mein Tiefpunkt des Tages

_____

_____

Mein Privatleben ☐ gut ☐ schlecht

Mein Arbeitstag ☐ gut ☐ schlecht

Smiley des Tages

Donnerstag

Heute fühle ich mich

☐ glücklich ☐ unglücklich

☐ motiviert ☐ traurig

☐ müde ☐ fit

Tages-bewertung

Am meisten nachgedacht über

10 (super)

5 (solala)

1 (mies)

Mein Highlight des Tages

_____

_____

Mein Tiefpunkt des Tages

_____

_____

Mein Privatleben ☐ gut ☐ schlecht

Mein Arbeitstag ☐ gut ☐ schlecht

Tageskurve

10
5
1

Montag | Dienstag | Mittwoch | Donnerstag | Freitag | Samstag | Sonntag

Freitag

Smiley des Tages

Mein Highlight des Tages

_____

_____

Mein Tiefpunkt des Tages

_____

_____

Mein Arbeitstag

☐ gut ☐ schlecht

Mein Privatleben

☐ gut ☐ schlecht

Heute fühle ich mich

☐ glücklich ☐ unglücklich

☐ motiviert ☐ traurig

☐ müde ☐ fit

Am meisten nachgedacht über

Tages-bewertung

10 (super)

5 (solala)

1 (mies)

Samstag

Smiley des Tages

Mein Highlight des Tages

_____

_____

Mein Tiefpunkt des Tages

_____

_____

Mein Arbeitstag

☐ gut ☐ schlecht

Mein Privatleben

☐ gut ☐ schlecht

Heute fühle ich mich

☐ glücklich ☐ unglücklich

☐ motiviert ☐ traurig

☐ müde ☐ fit

Am meisten nachgedacht über

Tages-bewertung

10 (super)

5 (solala)

1 (mies)

Smiley des Tages

Sonntag

Heute fühle ich mich

☐ glücklich ☐ unglücklich

☐ motiviert ☐ traurig

☐ müde ☐ fit

Mein Highlight des Tages

_____

_____

Tages-
bewertung

Am meisten
nachgedacht über

Mein Tiefpunkt des Tages

_____

_____

10 (super)

5 (solala)

1 (mies)

Mein Privatleben   Mein Arbeitstag

☐ gut ☐ schlecht   ☐ gut ☐ schlecht

Meine Pläne für die
nächste Woche

10 (super)

Smiley der Woche

5 (solala)

Mein Highlight der Woche

_____

1 (mies)

Mein Tiefpunkt der Woche

_____

Wochen-
bewertung

Woche 42 vom _____ bis _____ Jahr _____

Montag

Smiley des Tages

Mein Highlight des Tages

_____

_____

Mein Tiefpunkt des Tages

_____

_____

Mein Arbeitstag

☐ gut ☐ schlecht

Mein Privatleben

☐ gut ☐ schlecht

Heute fühle ich mich

☐ glücklich ☐ unglücklich

☐ motiviert ☐ traurig

☐ müde ☐ fit

Am meisten nachgedacht über

Tages-bewertung

10 (super)

5 (solala)

1 (mies)

Dienstag

Smiley des Tages

Mein Highlight des Tages

_____

_____

Mein Tiefpunkt des Tages

_____

_____

Mein Arbeitstag

☐ gut ☐ schlecht

Mein Privatleben

☐ gut ☐ schlecht

Heute fühle ich mich

☐ glücklich ☐ unglücklich

☐ motiviert ☐ traurig

☐ müde ☐ fit

Am meisten nachgedacht über

Tages-bewertung

10 (super)

5 (solala)

1 (mies)

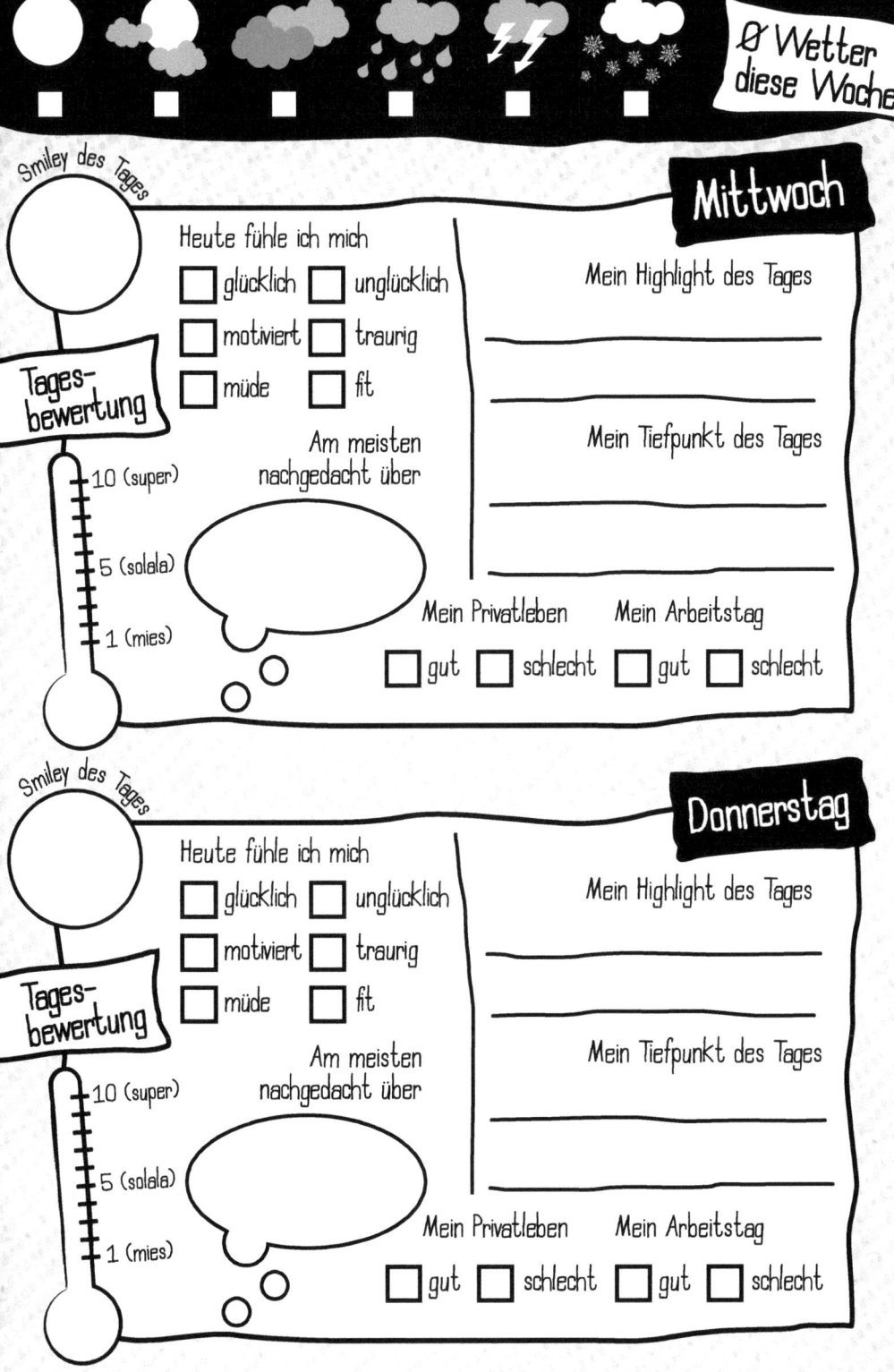

Ø Wetter diese Woche

Smiley des Tages

Mittwoch

Heute fühle ich mich

☐ glücklich ☐ unglücklich

☐ motiviert ☐ traurig

☐ müde ☐ fit

Tages-bewertung

Mein Highlight des Tages

_____

_____

Mein Tiefpunkt des Tages

_____

_____

Am meisten nachgedacht über

10 (super)

5 (solala)

1 (mies)

Mein Privatleben

☐ gut ☐ schlecht

Mein Arbeitstag

☐ gut ☐ schlecht

Smiley des Tages

Donnerstag

Heute fühle ich mich

☐ glücklich ☐ unglücklich

☐ motiviert ☐ traurig

☐ müde ☐ fit

Tages-bewertung

Mein Highlight des Tages

_____

_____

Mein Tiefpunkt des Tages

_____

_____

Am meisten nachgedacht über

10 (super)

5 (solala)

1 (mies)

Mein Privatleben

☐ gut ☐ schlecht

Mein Arbeitstag

☐ gut ☐ schlecht

Tageskurve

10
5
1

Montag Dienstag Mittwoch Donnerstag Freitag Samstag Sonntag

Freitag

Mein Highlight des Tages

_____

_____

Mein Tiefpunkt des Tages

_____

_____

Mein Arbeitstag   Mein Privatleben

☐ gut ☐ schlecht   ☐ gut ☐ schlecht

Heute fühle ich mich

☐ glücklich ☐ unglücklich

☐ motiviert ☐ traurig

☐ müde ☐ fit

Am meisten
nachgedacht über

Smiley des Tages

Tages-
bewertung

10 (super)

5 (solala)

1 (mies)

Samstag

Mein Highlight des Tages

_____

_____

Mein Tiefpunkt des Tages

_____

_____

Mein Arbeitstag   Mein Privatleben

☐ gut ☐ schlecht   ☐ gut ☐ schlecht

Heute fühle ich mich

☐ glücklich ☐ unglücklich

☐ motiviert ☐ traurig

☐ müde ☐ fit

Am meisten
nachgedacht über

Smiley des Tages

Tages-
bewertung

10 (super)

5 (solala)

1 (mies)

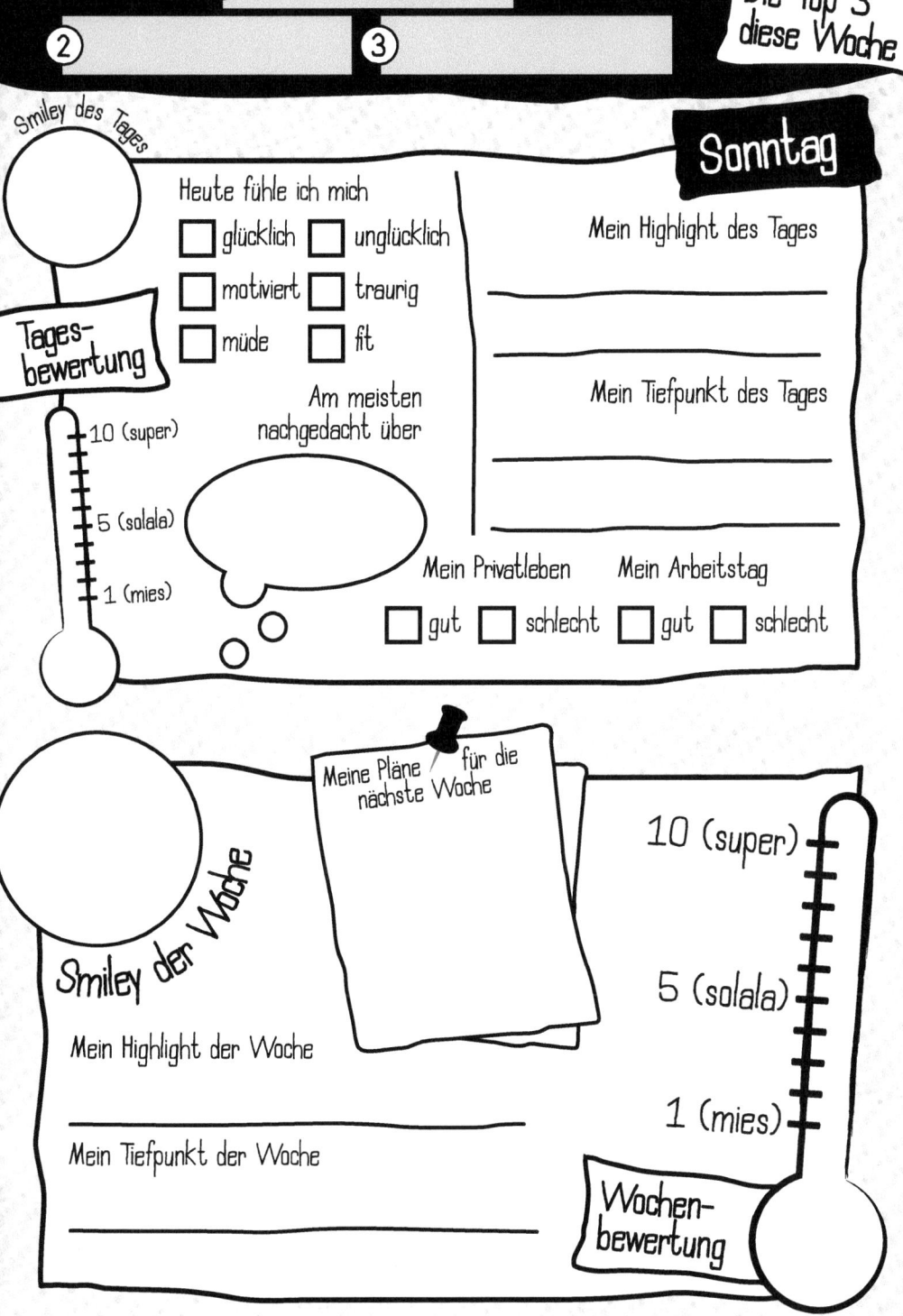

Woche 43 vom _____ bis _____ Jahr _____

Montag

Smiley des Tages

Mein Highlight des Tages

_____

_____

Mein Tiefpunkt des Tages

_____

_____

Mein Arbeitstag
☐ gut ☐ schlecht

Mein Privatleben
☐ gut ☐ schlecht

Heute fühle ich mich
☐ glücklich ☐ unglücklich
☐ motiviert ☐ traurig
☐ müde ☐ fit

Am meisten nachgedacht über

Tages-bewertung

10 (super)
5 (solala)
1 (mies)

Dienstag

Smiley des Tages

Mein Highlight des Tages

_____

_____

Mein Tiefpunkt des Tages

_____

_____

Mein Arbeitstag
☐ gut ☐ schlecht

Mein Privatleben
☐ gut ☐ schlecht

Heute fühle ich mich
☐ glücklich ☐ unglücklich
☐ motiviert ☐ traurig
☐ müde ☐ fit

Am meisten nachgedacht über

Tages-bewertung

10 (super)
5 (solala)
1 (mies)

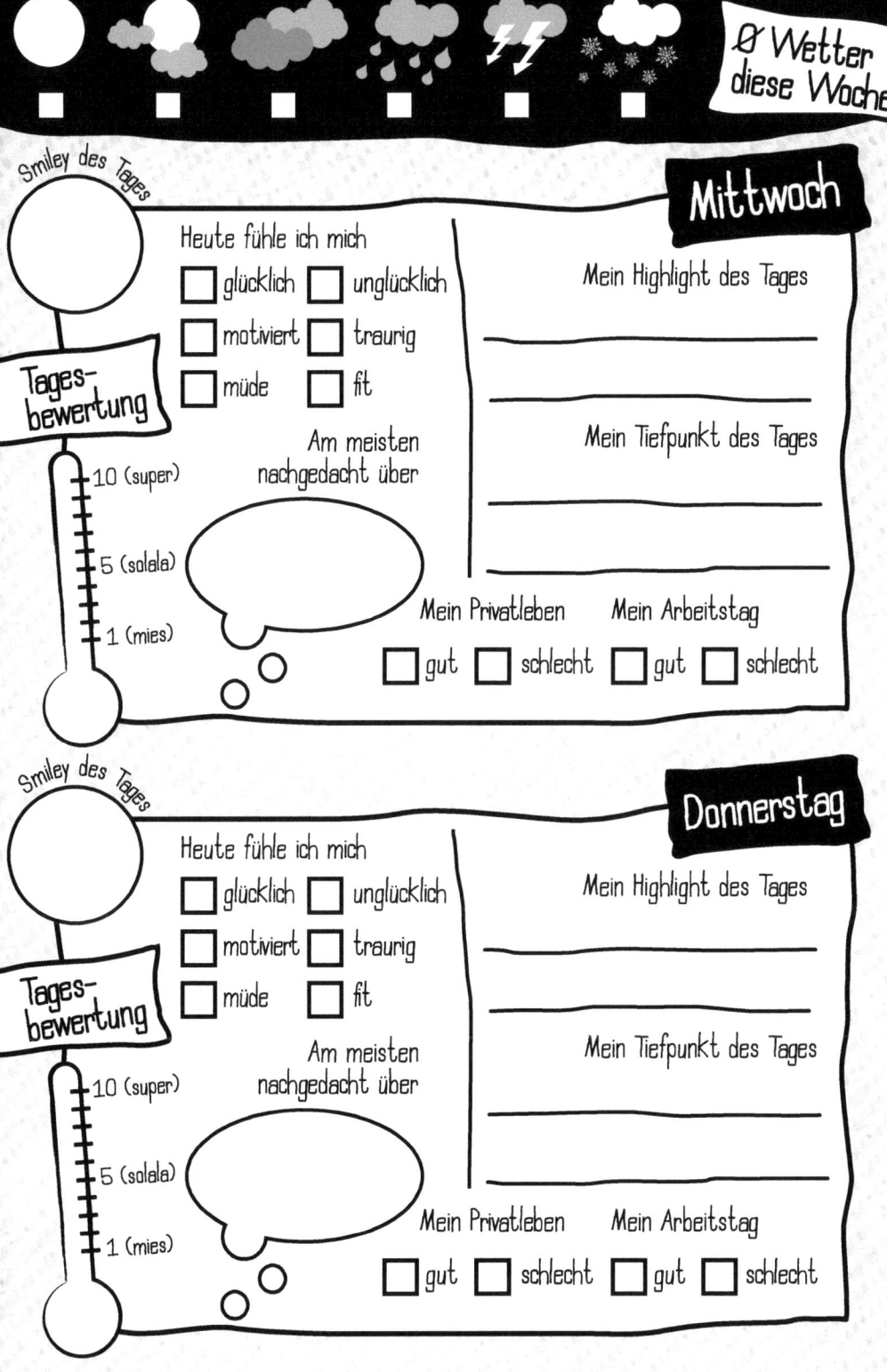

Ø Wetter diese Woche

Mittwoch

Smiley des Tages

Heute fühle ich mich
- [ ] glücklich [ ] unglücklich
- [ ] motiviert [ ] traurig
- [ ] müde [ ] fit

Tages-bewertung

10 (super)
5 (solala)
1 (mies)

Am meisten nachgedacht über

Mein Highlight des Tages
_____
_____

Mein Tiefpunkt des Tages
_____
_____

Mein Privatleben   Mein Arbeitstag
[ ] gut [ ] schlecht   [ ] gut [ ] schlecht

Donnerstag

Smiley des Tages

Heute fühle ich mich
- [ ] glücklich [ ] unglücklich
- [ ] motiviert [ ] traurig
- [ ] müde [ ] fit

Tages-bewertung

10 (super)
5 (solala)
1 (mies)

Am meisten nachgedacht über

Mein Highlight des Tages
_____
_____

Mein Tiefpunkt des Tages
_____
_____

Mein Privatleben   Mein Arbeitstag
[ ] gut [ ] schlecht   [ ] gut [ ] schlecht

Tageskurve

10
5
1

Montag Dienstag Mittwoch Donnerstag Freitag Samstag Sonntag

Freitag

Smiley des Tages

Mein Highlight des Tages

_____

_____

Mein Tiefpunkt des Tages

_____

_____

Mein Arbeitstag   Mein Privatleben

☐ gut ☐ schlecht   ☐ gut ☐ schlecht

Heute fühle ich mich

☐ glücklich   ☐ unglücklich

☐ motiviert   ☐ traurig

☐ müde   ☐ fit

Am meisten
nachgedacht über

Tages-
bewertung

10 (super)

5 (solala)

1 (mies)

Samstag

Smiley des Tages

Mein Highlight des Tages

_____

_____

Mein Tiefpunkt des Tages

_____

_____

Mein Arbeitstag   Mein Privatleben

☐ gut ☐ schlecht   ☐ gut ☐ schlecht

Heute fühle ich mich

☐ glücklich   ☐ unglücklich

☐ motiviert   ☐ traurig

☐ müde   ☐ fit

Am meisten
nachgedacht über

Tages-
bewertung

10 (super)

5 (solala)

1 (mies)

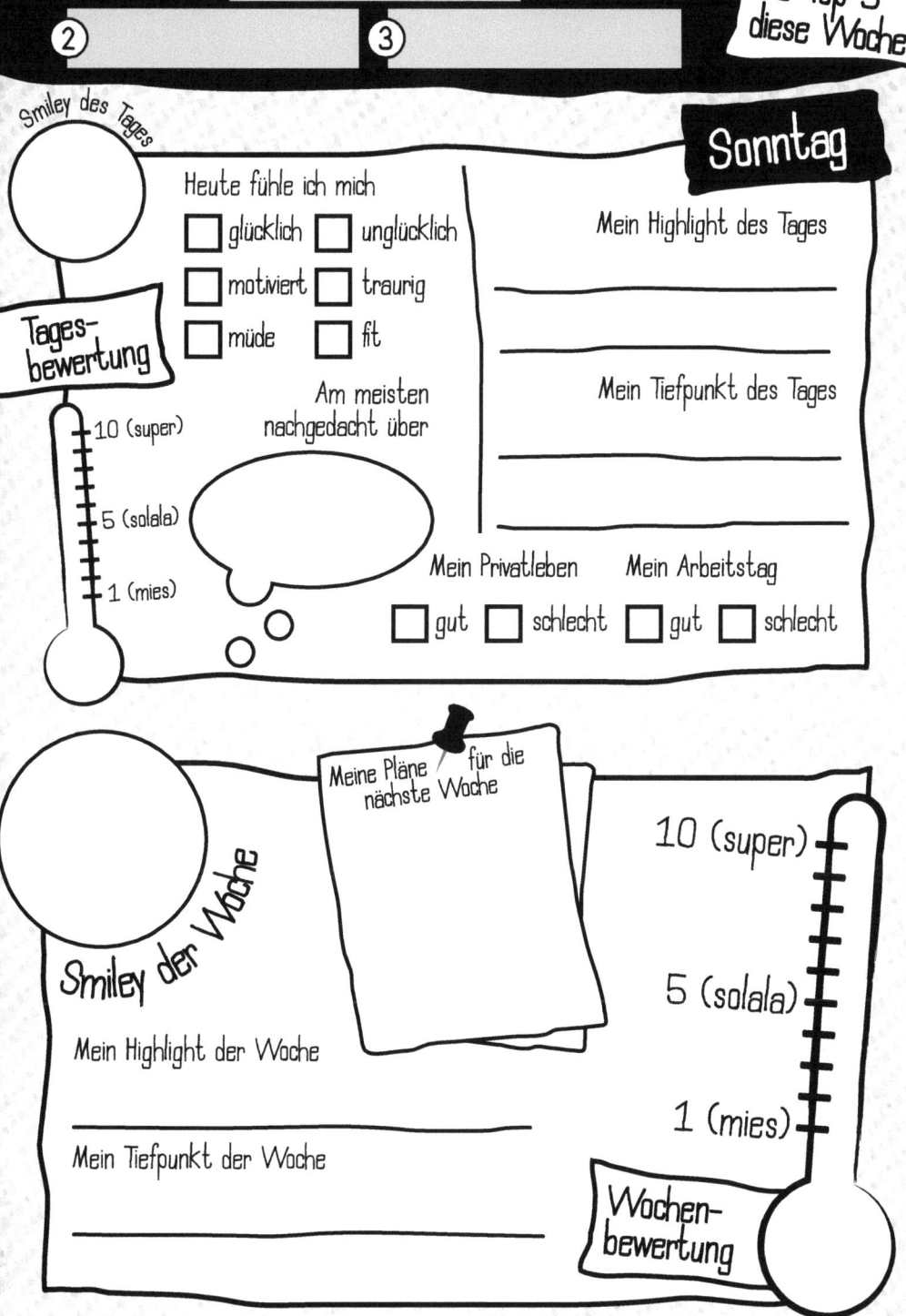

Woche 44

vom _____ bis _____ Jahr _____

Montag

Mein Highlight des Tages

_____

_____

Mein Tiefpunkt des Tages

_____

_____

Mein Arbeitstag

☐ gut ☐ schlecht

Mein Privatleben

☐ gut ☐ schlecht

Heute fühle ich mich

☐ glücklich ☐ unglücklich

☐ motiviert ☐ traurig

☐ müde ☐ fit

Am meisten nachgedacht über

Smiley des Tages

Tages-bewertung

10 (super)

5 (solala)

1 (mies)

Dienstag

Mein Highlight des Tages

_____

_____

Mein Tiefpunkt des Tages

_____

_____

Mein Arbeitstag

☐ gut ☐ schlecht

Mein Privatleben

☐ gut ☐ schlecht

Heute fühle ich mich

☐ glücklich ☐ unglücklich

☐ motiviert ☐ traurig

☐ müde ☐ fit

Am meisten nachgedacht über

Smiley des Tages

Tages-bewertung

10 (super)

5 (solala)

1 (mies)

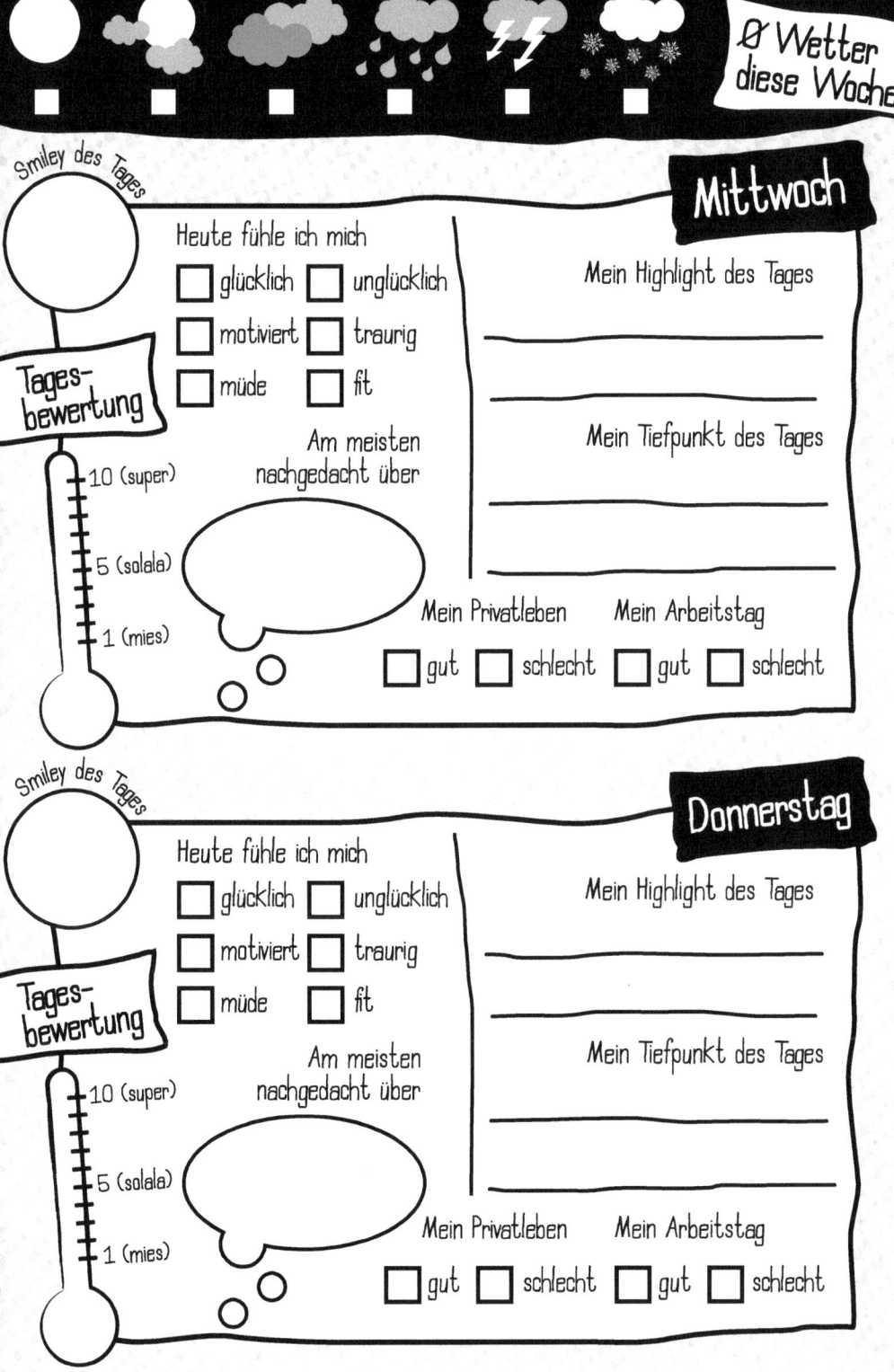

Ø Wetter diese Woche

Smiley des Tages

Mittwoch

Heute fühle ich mich

☐ glücklich ☐ unglücklich
☐ motiviert ☐ traurig
☐ müde ☐ fit

Tages-bewertung

Am meisten nachgedacht über

10 (super)

5 (solala)

1 (mies)

Mein Highlight des Tages

_____

_____

Mein Tiefpunkt des Tages

_____

_____

Mein Privatleben   Mein Arbeitstag

☐ gut ☐ schlecht   ☐ gut ☐ schlecht

Smiley des Tages

Donnerstag

Heute fühle ich mich

☐ glücklich ☐ unglücklich
☐ motiviert ☐ traurig
☐ müde ☐ fit

Tages-bewertung

Am meisten nachgedacht über

10 (super)

5 (solala)

1 (mies)

Mein Highlight des Tages

_____

_____

Mein Tiefpunkt des Tages

_____

_____

Mein Privatleben   Mein Arbeitstag

☐ gut ☐ schlecht   ☐ gut ☐ schlecht

Tageskurve

10
5
1

Montag Dienstag Mittwoch Donnerstag Freitag Samstag Sonntag

Freitag

Smiley des Tages

Mein Highlight des Tages

_____

_____

Mein Tiefpunkt des Tages

_____

_____

Mein Arbeitstag

☐ gut ☐ schlecht

Mein Privatleben

☐ gut ☐ schlecht

Heute fühle ich mich

☐ glücklich ☐ unglücklich

☐ motiviert ☐ traurig

☐ müde ☐ fit

Am meisten
nachgedacht über

Tages-
bewertung

10 (super)

5 (solala)

1 (mies)

Samstag

Smiley des Tages

Mein Highlight des Tages

_____

_____

Mein Tiefpunkt des Tages

_____

_____

Mein Arbeitstag

☐ gut ☐ schlecht

Mein Privatleben

☐ gut ☐ schlecht

Heute fühle ich mich

☐ glücklich ☐ unglücklich

☐ motiviert ☐ traurig

☐ müde ☐ fit

Am meisten
nachgedacht über

Tages-
bewertung

10 (super)

5 (solala)

1 (mies)

①

② ③

Smiley des Tages

Sonntag

Heute fühle ich mich

☐ glücklich ☐ unglücklich

☐ motiviert ☐ traurig

☐ müde ☐ fit

Mein Highlight des Tages

_____

_____

Tages-
bewertung

Am meisten
nachgedacht über

Mein Tiefpunkt des Tages

_____

_____

10 (super)

5 (solala)

1 (mies)

Mein Privatleben   Mein Arbeitstag

☐ gut ☐ schlecht ☐ gut ☐ schlecht

Meine Pläne für die
nächste Woche

10 (super)

Smiley der Woche

5 (solala)

Mein Highlight der Woche

_____

1 (mies)

Mein Tiefpunkt der Woche

_____

Wochen-
bewertung

Woche 45 vom _____ bis _____ Jahr _____

Montag

Smiley des Tages

Mein Highlight des Tages

_____

_____

Mein Tiefpunkt des Tages

_____

_____

Mein Arbeitstag   Mein Privatleben

☐ gut ☐ schlecht   ☐ gut ☐ schlecht

Heute fühle ich mich

☐ glücklich ☐ unglücklich

☐ motiviert ☐ traurig

☐ müde   ☐ fit

Am meisten nachgedacht über

Tages-bewertung

10 (super)

5 (solala)

1 (mies)

Dienstag

Smiley des Tages

Mein Highlight des Tages

_____

_____

Mein Tiefpunkt des Tages

_____

_____

Mein Arbeitstag   Mein Privatleben

☐ gut ☐ schlecht   ☐ gut ☐ schlecht

Heute fühle ich mich

☐ glücklich ☐ unglücklich

☐ motiviert ☐ traurig

☐ müde   ☐ fit

Am meisten nachgedacht über

Tages-bewertung

10 (super)

5 (solala)

1 (mies)

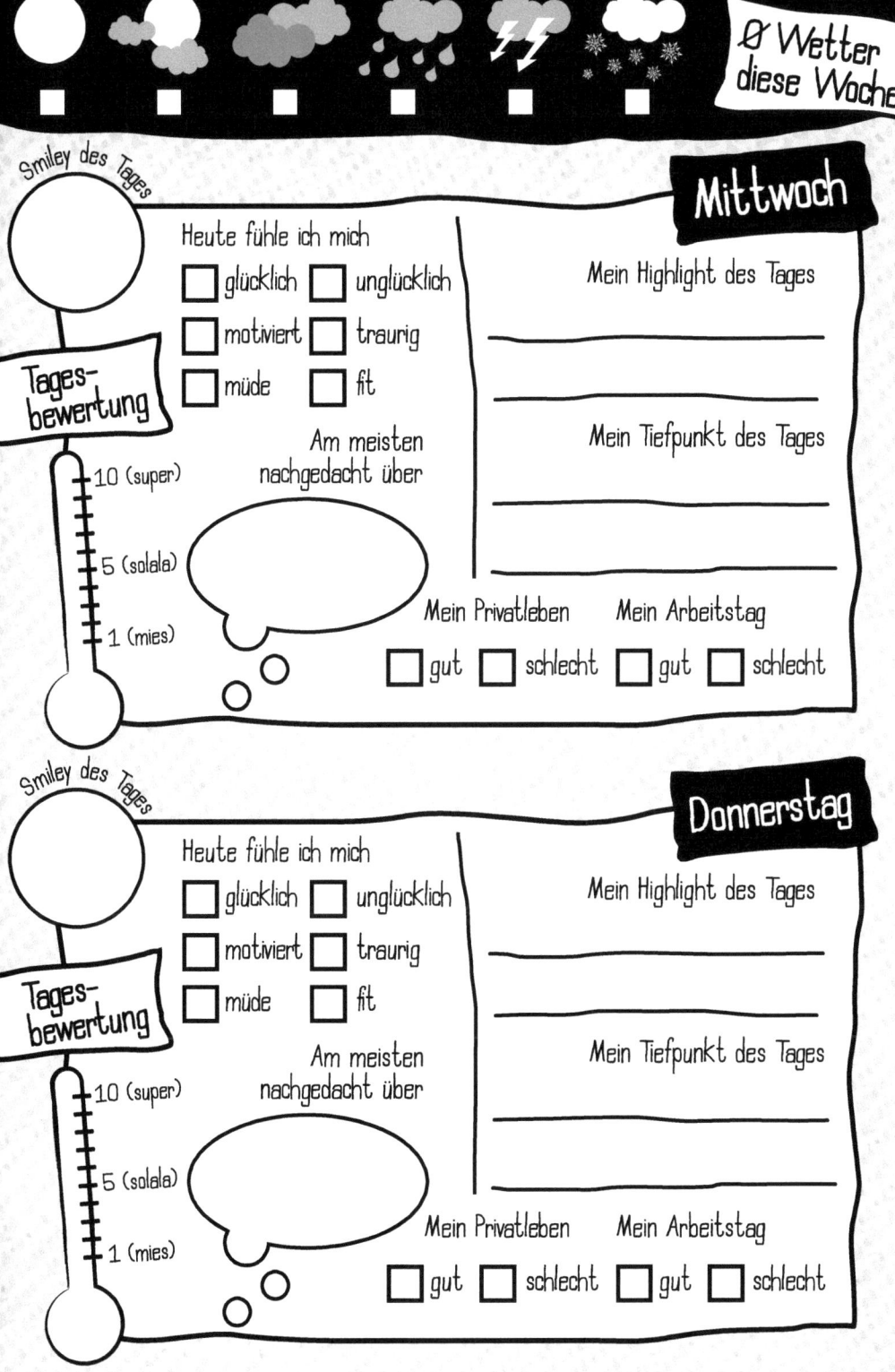

Tageskurve

10
5
1

Montag   Dienstag   Mittwoch   Donnerstag   Freitag   Samstag   Sonntag

Freitag

Smiley des Tages

Mein Highlight des Tages

_____

_____

Mein Tiefpunkt des Tages

_____

_____

Heute fühle ich mich

☐ glücklich   ☐ unglücklich

☐ motiviert   ☐ traurig

☐ müde   ☐ fit

Am meisten
nachgedacht über

Tages-
bewertung

10 (super)

5 (solala)

1 (mies)

Mein Arbeitstag

☐ gut   ☐ schlecht

Mein Privatleben

☐ gut   ☐ schlecht

Samstag

Smiley des Tages

Mein Highlight des Tages

_____

_____

Mein Tiefpunkt des Tages

_____

_____

Heute fühle ich mich

☐ glücklich   ☐ unglücklich

☐ motiviert   ☐ traurig

☐ müde   ☐ fit

Am meisten
nachgedacht über

Tages-
bewertung

10 (super)

5 (solala)

1 (mies)

Mein Arbeitstag

☐ gut   ☐ schlecht

Mein Privatleben

☐ gut   ☐ schlecht

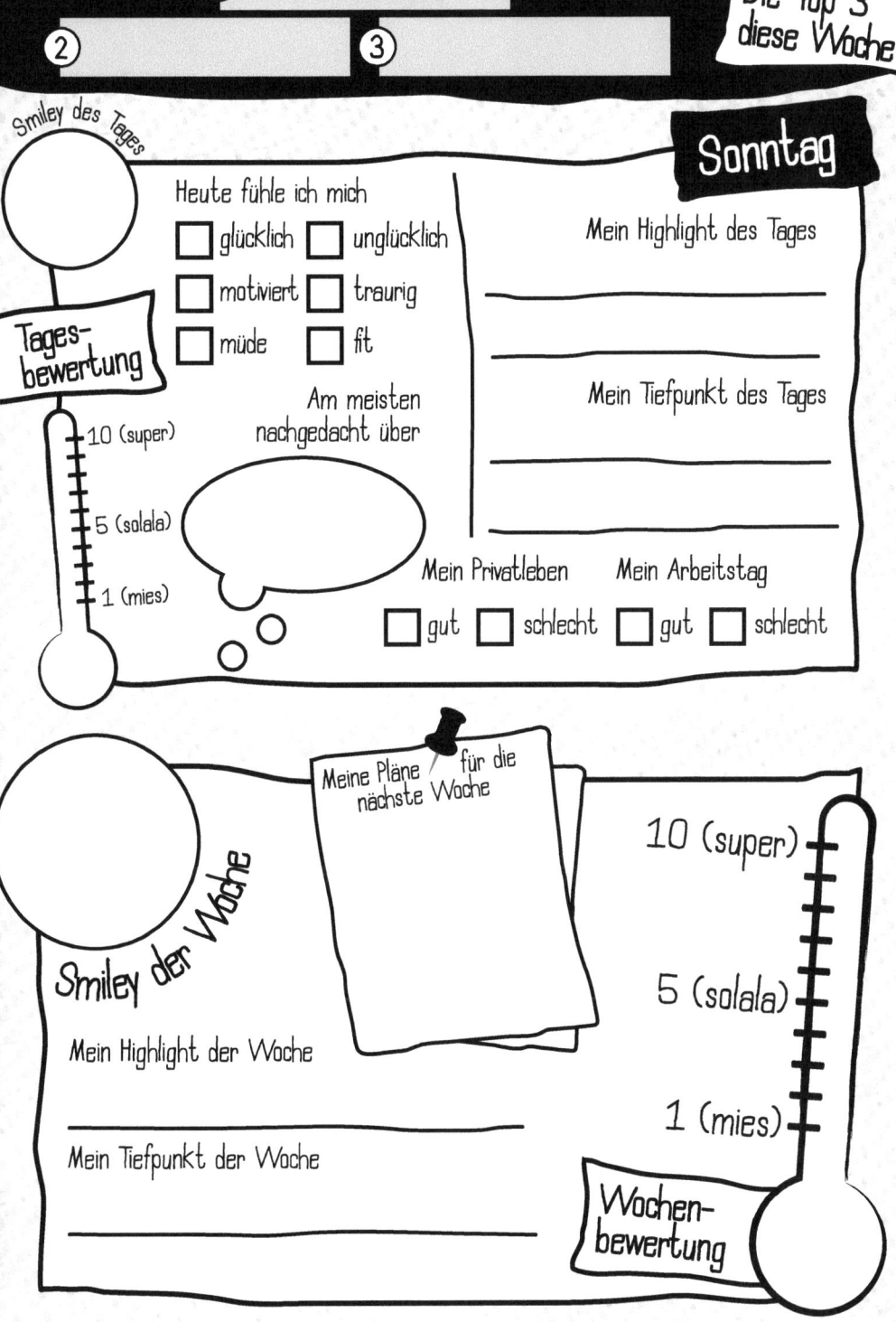

Woche 46

vom _____ bis _____ Jahr _____

Montag

Mein Highlight des Tages

_____

_____

Mein Tiefpunkt des Tages

_____

_____

Mein Arbeitstag

☐ gut ☐ schlecht

Mein Privatleben

☐ gut ☐ schlecht

Heute fühle ich mich

☐ glücklich ☐ unglücklich

☐ motiviert ☐ traurig

☐ müde ☐ fit

Am meisten nachgedacht über

Smiley des Tages

Tages-bewertung

10 (super)

5 (solala)

1 (mies)

Dienstag

Mein Highlight des Tages

_____

_____

Mein Tiefpunkt des Tages

_____

_____

Mein Arbeitstag

☐ gut ☐ schlecht

Mein Privatleben

☐ gut ☐ schlecht

Heute fühle ich mich

☐ glücklich ☐ unglücklich

☐ motiviert ☐ traurig

☐ müde ☐ fit

Am meisten nachgedacht über

Smiley des Tages

Tages-bewertung

10 (super)

5 (solala)

1 (mies)

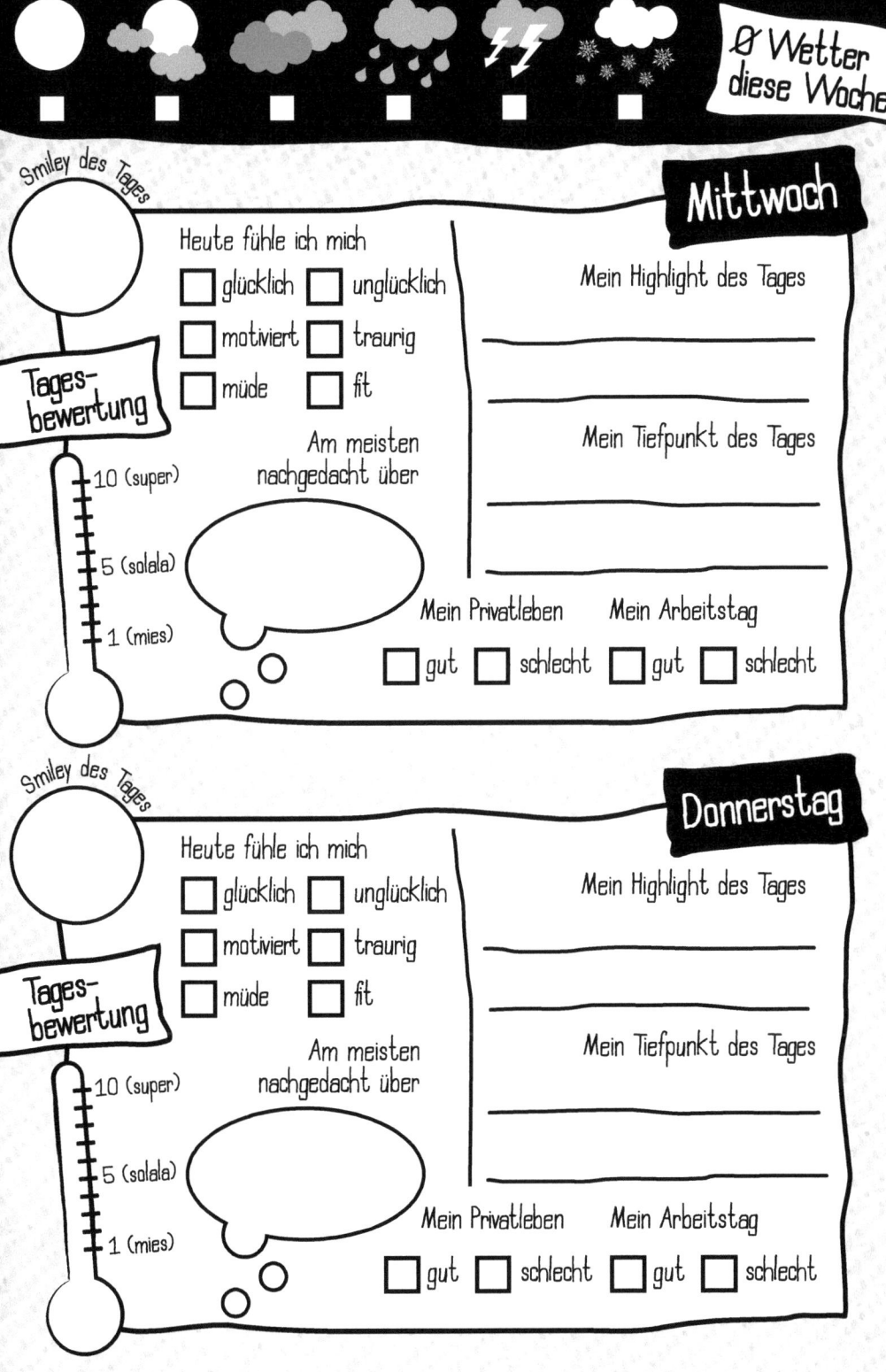

Tageskurve

10
5
1

Montag Dienstag Mittwoch Donnerstag Freitag Samstag Sonntag

Freitag

Smiley des Tages

Mein Highlight des Tages

_____

_____

Mein Tiefpunkt des Tages

_____

_____

Mein Arbeitstag   Mein Privatleben

☐ gut ☐ schlecht   ☐ gut ☐ schlecht

Heute fühle ich mich

☐ glücklich ☐ unglücklich

☐ motiviert ☐ traurig

☐ müde ☐ fit

Am meisten nachgedacht über

Tages-bewertung

10 (super)

5 (solala)

1 (mies)

Samstag

Smiley des Tages

Mein Highlight des Tages

_____

_____

Mein Tiefpunkt des Tages

_____

_____

Mein Arbeitstag   Mein Privatleben

☐ gut ☐ schlecht   ☐ gut ☐ schlecht

Heute fühle ich mich

☐ glücklich ☐ unglücklich

☐ motiviert ☐ traurig

☐ müde ☐ fit

Am meisten nachgedacht über

Tages-bewertung

10 (super)

5 (solala)

1 (mies)

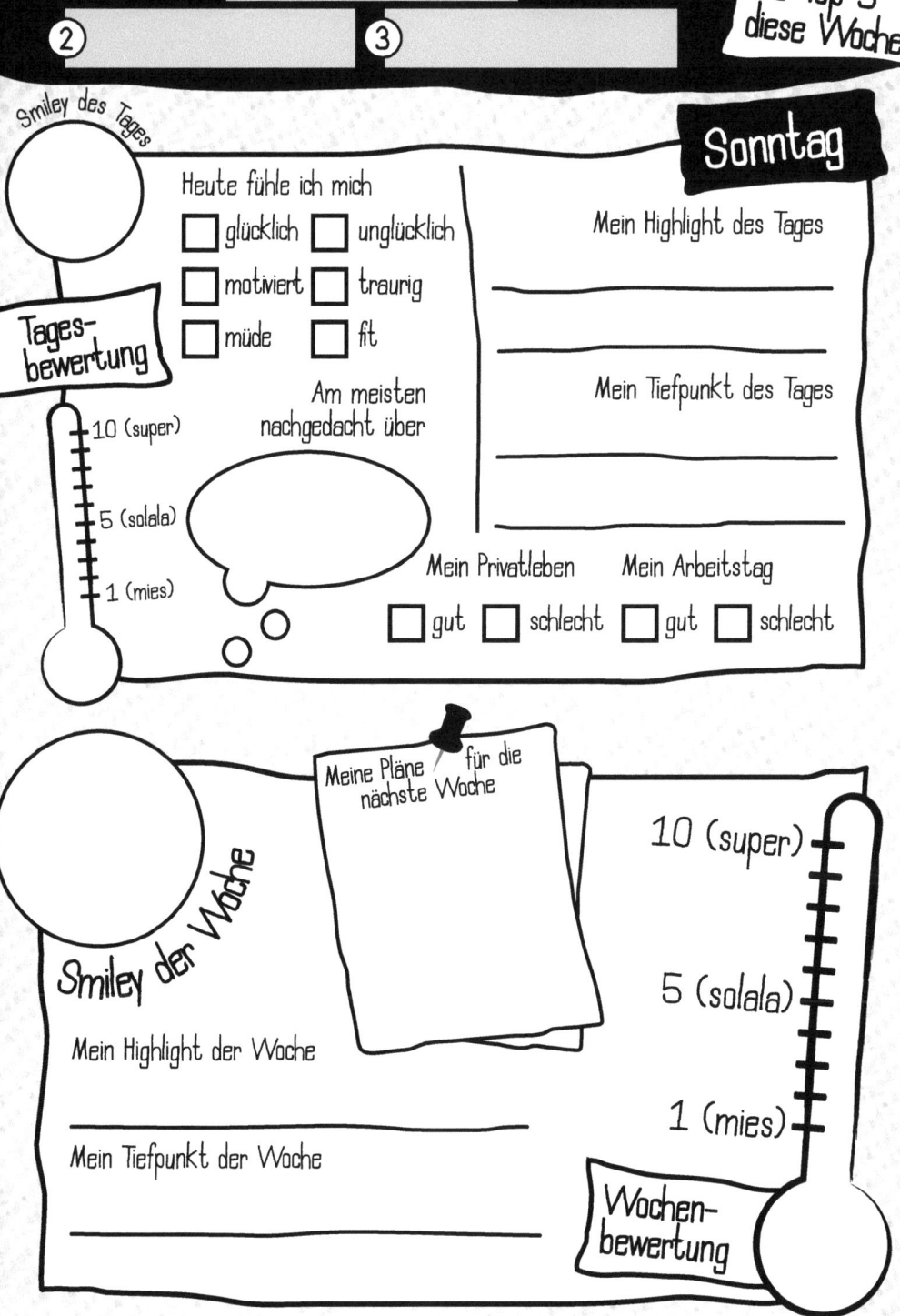

Die Top 3
diese Woche

① ② ③

Smiley des Tages

Sonntag

Heute fühle ich mich

☐ glücklich ☐ unglücklich

☐ motiviert ☐ traurig

☐ müde ☐ fit

Tages-bewertung

10 (super)

5 (solala)

1 (mies)

Am meisten nachgedacht über

Mein Highlight des Tages

_____

_____

Mein Tiefpunkt des Tages

_____

_____

Mein Privatleben   Mein Arbeitstag

☐ gut ☐ schlecht   ☐ gut ☐ schlecht

Meine Pläne für die nächste Woche

Smiley der Woche

Mein Highlight der Woche

_____

Mein Tiefpunkt der Woche

_____

10 (super)

5 (solala)

1 (mies)

Wochen-bewertung

Woche 47 — vom _____ bis _____ Jahr _____

Montag

Smiley des Tages

Mein Highlight des Tages

_____

_____

Mein Tiefpunkt des Tages

_____

_____

Mein Arbeitstag

☐ gut ☐ schlecht

Mein Privatleben

☐ gut ☐ schlecht

Heute fühle ich mich

☐ glücklich ☐ unglücklich

☐ motiviert ☐ traurig

☐ müde ☐ fit

Am meisten nachgedacht über

Tages-bewertung

10 (super)

5 (solala)

1 (mies)

Dienstag

Smiley des Tages

Mein Highlight des Tages

_____

_____

Mein Tiefpunkt des Tages

_____

_____

Mein Arbeitstag

☐ gut ☐ schlecht

Mein Privatleben

☐ gut ☐ schlecht

Heute fühle ich mich

☐ glücklich ☐ unglücklich

☐ motiviert ☐ traurig

☐ müde ☐ fit

Am meisten nachgedacht über

Tages-bewertung

10 (super)

5 (solala)

1 (mies)

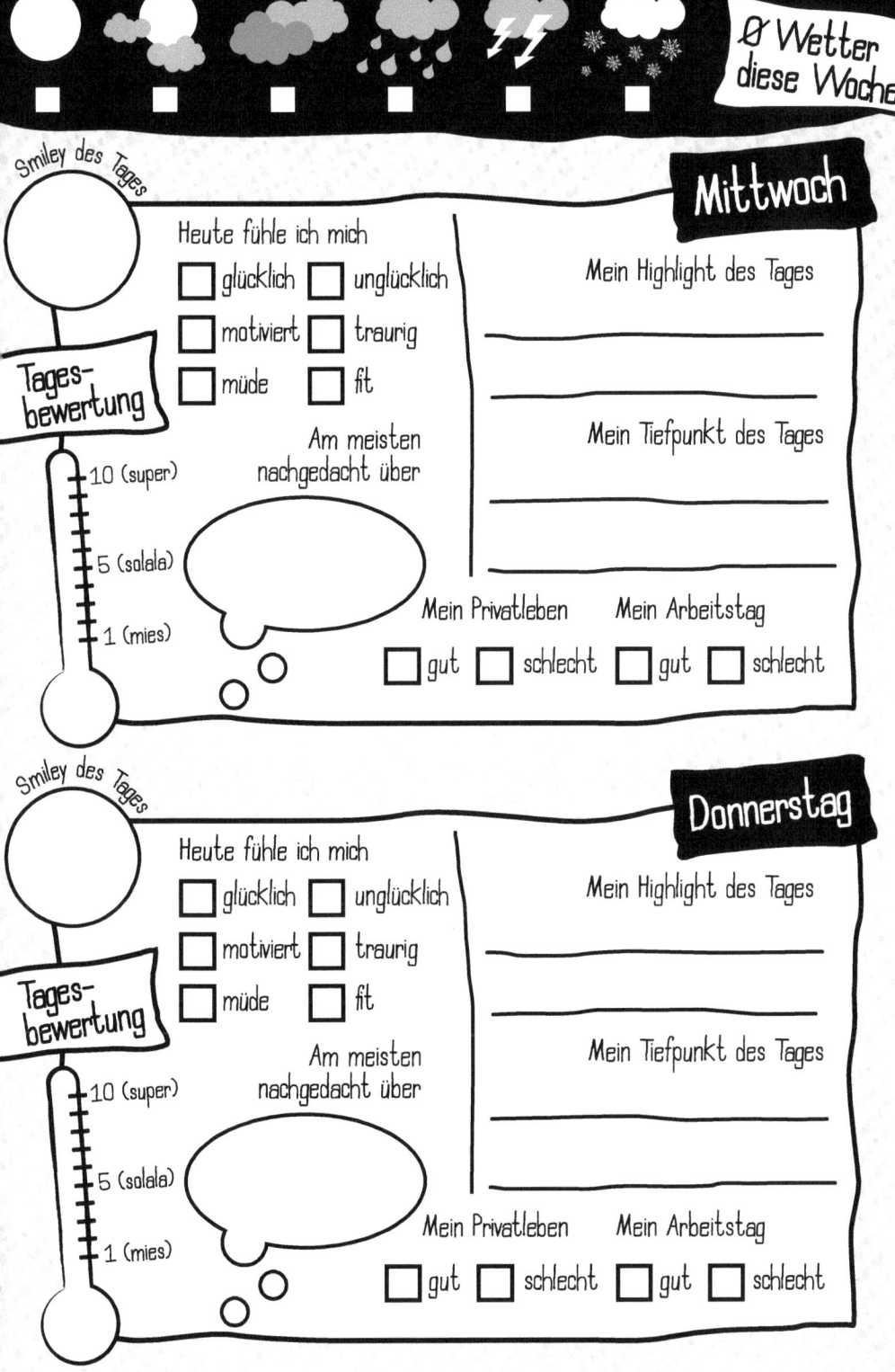

Ø Wetter diese Woche

Smiley des Tages

Mittwoch

Heute fühle ich mich

☐ glücklich ☐ unglücklich

☐ motiviert ☐ traurig

☐ müde ☐ fit

Tages-bewertung

Am meisten nachgedacht über

10 (super)

5 (solala)

1 (mies)

Mein Highlight des Tages

_____

_____

Mein Tiefpunkt des Tages

_____

_____

Mein Privatleben ☐ gut ☐ schlecht

Mein Arbeitstag ☐ gut ☐ schlecht

Smiley des Tages

Donnerstag

Heute fühle ich mich

☐ glücklich ☐ unglücklich

☐ motiviert ☐ traurig

☐ müde ☐ fit

Tages-bewertung

Am meisten nachgedacht über

10 (super)

5 (solala)

1 (mies)

Mein Highlight des Tages

_____

_____

Mein Tiefpunkt des Tages

_____

_____

Mein Privatleben ☐ gut ☐ schlecht

Mein Arbeitstag ☐ gut ☐ schlecht

Tageskurve

10
5
1

Montag　Dienstag　Mittwoch　Donnerstag　Freitag　Samstag　Sonntag

Freitag

Smiley des Tages

Mein Highlight des Tages

_____

_____

Mein Tiefpunkt des Tages

_____

_____

Mein Arbeitstag　　Mein Privatleben

☐ gut ☐ schlecht　☐ gut ☐ schlecht

Heute fühle ich mich

☐ glücklich ☐ unglücklich

☐ motiviert ☐ traurig

☐ müde ☐ fit

Am meisten
nachgedacht über

Tages-
bewertung

10 (super)

5 (solala)

1 (mies)

Samstag

Smiley des Tages

Mein Highlight des Tages

_____

_____

Mein Tiefpunkt des Tages

_____

_____

Mein Arbeitstag　　Mein Privatleben

☐ gut ☐ schlecht　☐ gut ☐ schlecht

Heute fühle ich mich

☐ glücklich ☐ unglücklich

☐ motiviert ☐ traurig

☐ müde ☐ fit

Am meisten
nachgedacht über

Tages-
bewertung

10 (super)

5 (solala)

1 (mies)

① ② ③

Smiley des Tages

Sonntag

Heute fühle ich mich

☐ glücklich ☐ unglücklich

☐ motiviert ☐ traurig

☐ müde ☐ fit

Tages-
bewertung

10 (super)

5 (solala)

1 (mies)

Am meisten
nachgedacht über

Mein Highlight des Tages

_____

_____

Mein Tiefpunkt des Tages

_____

_____

Mein Privatleben   Mein Arbeitstag

☐ gut ☐ schlecht   ☐ gut ☐ schlecht

Meine Pläne   für die
nächste Woche

Smiley der Woche

Mein Highlight der Woche

_____

Mein Tiefpunkt der Woche

_____

10 (super)

5 (solala)

1 (mies)

Wochen-
bewertung

Woche 48 vom _____ bis _____ Jahr _____

Montag

Smiley des Tages

Mein Highlight des Tages

_____

_____

Mein Tiefpunkt des Tages

_____

_____

Mein Arbeitstag   Mein Privatleben

☐ gut ☐ schlecht   ☐ gut ☐ schlecht

Heute fühle ich mich

☐ glücklich ☐ unglücklich

☐ motiviert ☐ traurig

☐ müde ☐ fit

Am meisten
nachgedacht über

Tages-
bewertung

10 (super)

5 (solala)

1 (mies)

Dienstag

Smiley des Tages

Mein Highlight des Tages

_____

_____

Mein Tiefpunkt des Tages

_____

_____

Mein Arbeitstag   Mein Privatleben

☐ gut ☐ schlecht   ☐ gut ☐ schlecht

Heute fühle ich mich

☐ glücklich ☐ unglücklich

☐ motiviert ☐ traurig

☐ müde ☐ fit

Am meisten
nachgedacht über

Tages-
bewertung

10 (super)

5 (solala)

1 (mies)

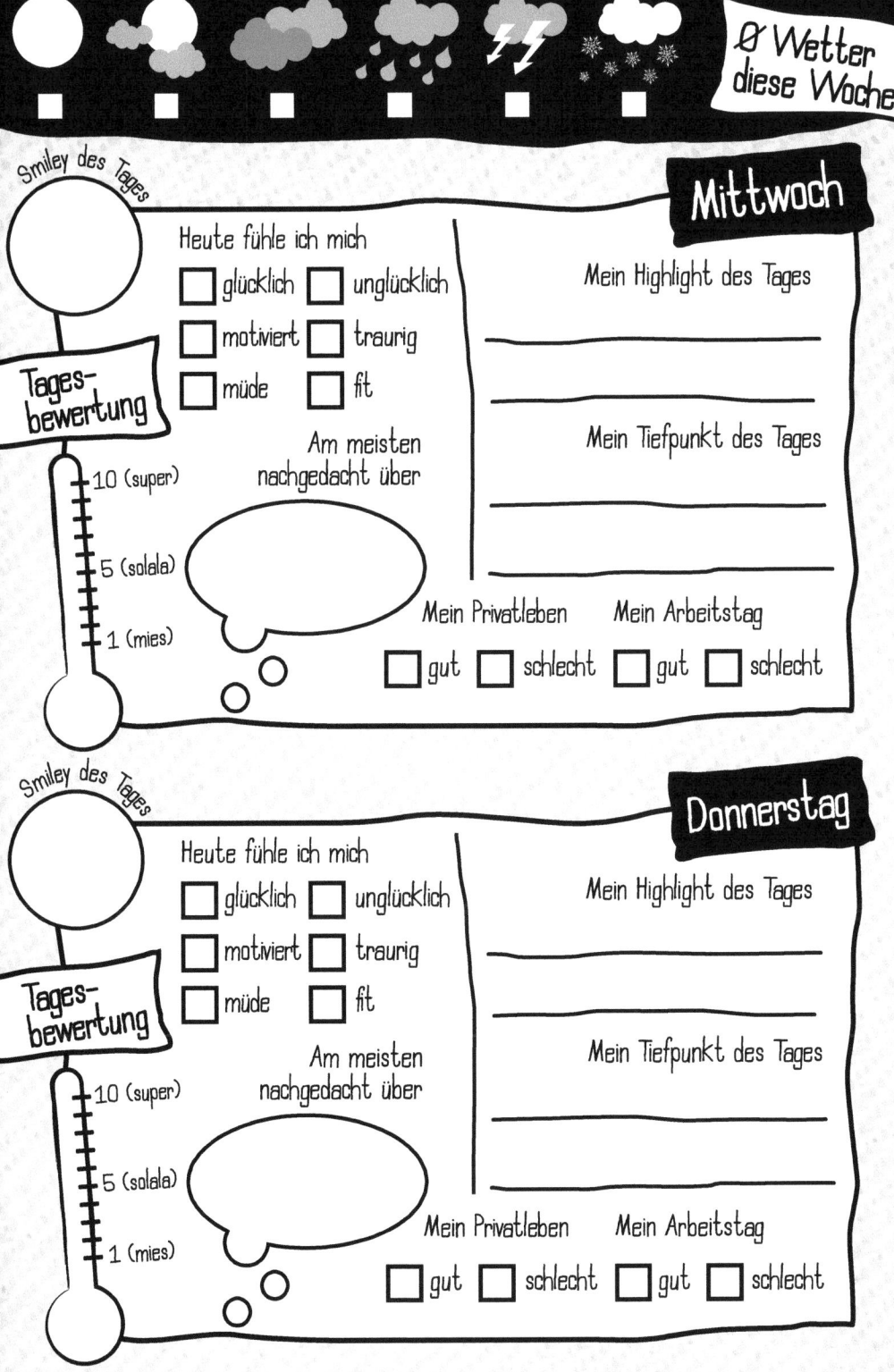

Ø Wetter diese Woche

Mittwoch

Smiley des Tages

Heute fühle ich mich

☐ glücklich ☐ unglücklich
☐ motiviert ☐ traurig
☐ müde ☐ fit

Tages-bewertung

10 (super)

5 (solala)

1 (mies)

Am meisten nachgedacht über

Mein Highlight des Tages

_____
_____

Mein Tiefpunkt des Tages

_____

Mein Privatleben   Mein Arbeitstag

☐ gut ☐ schlecht   ☐ gut ☐ schlecht

Donnerstag

Smiley des Tages

Heute fühle ich mich

☐ glücklich ☐ unglücklich
☐ motiviert ☐ traurig
☐ müde ☐ fit

Tages-bewertung

Am meisten nachgedacht über

10 (super)

5 (solala)

1 (mies)

Mein Highlight des Tages

_____
_____

Mein Tiefpunkt des Tages

_____

Mein Privatleben   Mein Arbeitstag

☐ gut ☐ schlecht   ☐ gut ☐ schlecht

Tageskurve

```
10
5
1
```
Montag   Dienstag   Mittwoch   Donnerstag   Freitag   Samstag   Sonntag

Freitag

Smiley des Tages

Mein Highlight des Tages

_____

_____

Mein Tiefpunkt des Tages

_____

_____

Mein Arbeitstag   Mein Privatleben

☐ gut ☐ schlecht   ☐ gut ☐ schlecht

Heute fühle ich mich

☐ glücklich ☐ unglücklich

☐ motiviert ☐ traurig

☐ müde ☐ fit

Am meisten
nachgedacht über

Tages-
bewertung

10 (super)

5 (solala)

1 (mies)

Samstag

Smiley des Tages

Mein Highlight des Tages

_____

_____

Mein Tiefpunkt des Tages

_____

_____

Mein Arbeitstag   Mein Privatleben

☐ gut ☐ schlecht   ☐ gut ☐ schlecht

Heute fühle ich mich

☐ glücklich ☐ unglücklich

☐ motiviert ☐ traurig

☐ müde ☐ fit

Am meisten
nachgedacht über

Tages-
bewertung

10 (super)

5 (solala)

1 (mies)

Smiley des Tages

Sonntag

Heute fühle ich mich

☐ glücklich ☐ unglücklich

☐ motiviert ☐ traurig

☐ müde ☐ fit

Tages-
bewertung

10 (super)

5 (solala)

1 (mies)

Am meisten
nachgedacht über

Mein Highlight des Tages

_____

_____

Mein Tiefpunkt des Tages

_____

_____

Mein Privatleben   Mein Arbeitstag

☐ gut ☐ schlecht   ☐ gut ☐ schlecht

Smiley der Woche

Meine Pläne   für die
nächste Woche

10 (super)

5 (solala)

1 (mies)

Mein Highlight der Woche

_____

Mein Tiefpunkt der Woche

_____

Wochen-
bewertung

Montag

Smiley des Tages

Mein Highlight des Tages

_____

_____

Mein Tiefpunkt des Tages

_____

_____

Mein Arbeitstag

☐ gut ☐ schlecht

Mein Privatleben

☐ gut ☐ schlecht

Heute fühle ich mich

☐ glücklich ☐ unglücklich

☐ motiviert ☐ traurig

☐ müde ☐ fit

Am meisten nachgedacht über

Tages-bewertung

10 (super)

5 (solala)

1 (mies)

Dienstag

Smiley des Tages

Mein Highlight des Tages

_____

_____

Mein Tiefpunkt des Tages

_____

_____

Mein Arbeitstag

☐ gut ☐ schlecht

Mein Privatleben

☐ gut ☐ schlecht

Heute fühle ich mich

☐ glücklich ☐ unglücklich

☐ motiviert ☐ traurig

☐ müde ☐ fit

Am meisten nachgedacht über

Tages-bewertung

10 (super)

5 (solala)

1 (mies)

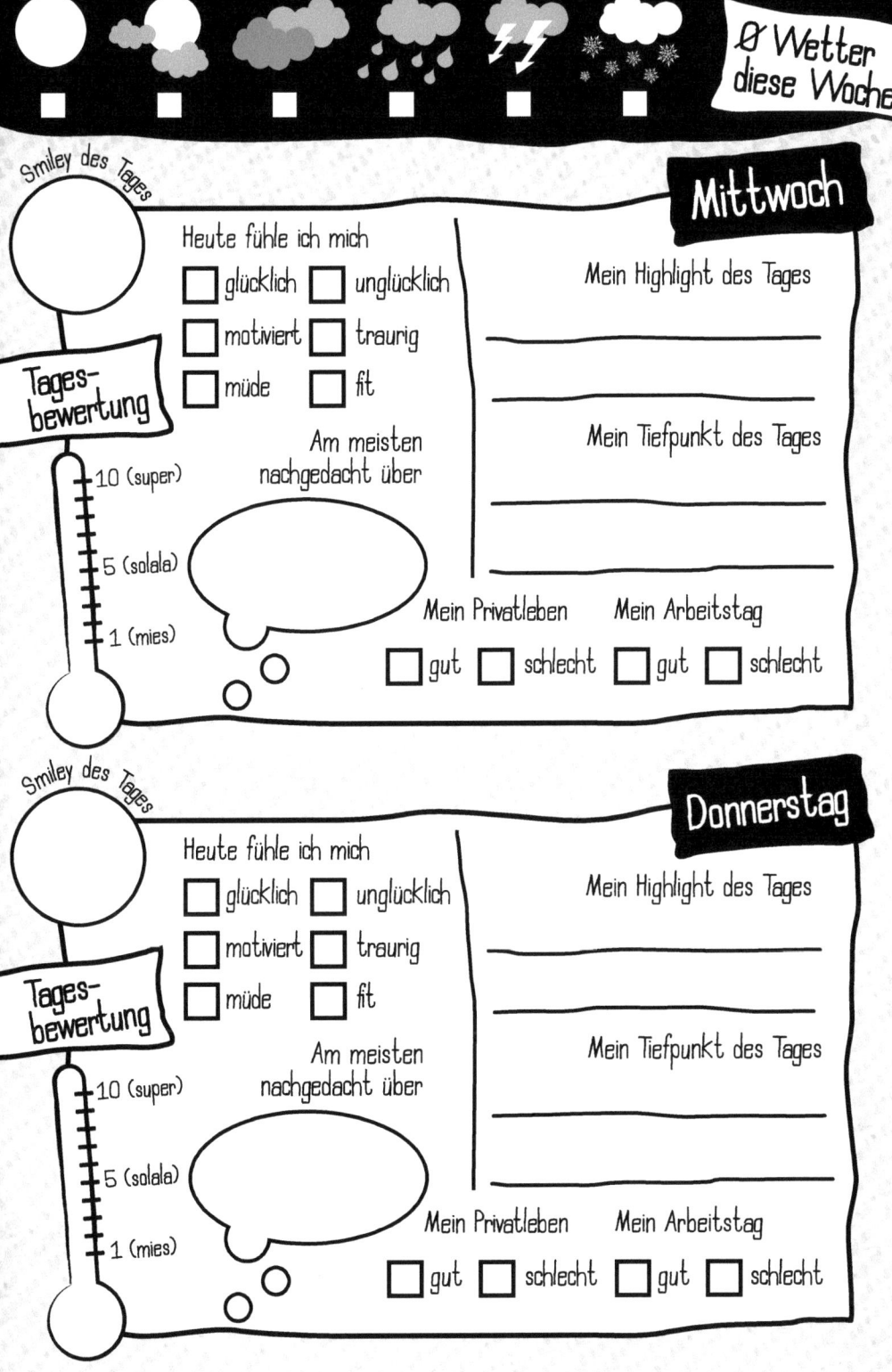

Ø Wetter diese Woche

Mittwoch

Smiley des Tages

Heute fühle ich mich

☐ glücklich ☐ unglücklich

☐ motiviert ☐ traurig

☐ müde ☐ fit

Tages-bewertung

10 (super)

5 (solala)

1 (mies)

Am meisten nachgedacht über

Mein Highlight des Tages

_____

_____

Mein Tiefpunkt des Tages

_____

_____

Mein Privatleben   Mein Arbeitstag

☐ gut ☐ schlecht   ☐ gut ☐ schlecht

Donnerstag

Smiley des Tages

Heute fühle ich mich

☐ glücklich ☐ unglücklich

☐ motiviert ☐ traurig

☐ müde ☐ fit

Tages-bewertung

10 (super)

5 (solala)

1 (mies)

Am meisten nachgedacht über

Mein Highlight des Tages

_____

_____

Mein Tiefpunkt des Tages

_____

_____

Mein Privatleben   Mein Arbeitstag

☐ gut ☐ schlecht   ☐ gut ☐ schlecht

Tageskurve

10
5
1

Montag   Dienstag   Mittwoch   Donnerstag   Freitag   Samstag   Sonntag

Freitag

Smiley des Tages

Mein Highlight des Tages

_____

_____

Mein Tiefpunkt des Tages

_____

_____

Mein Arbeitstag

☐ gut ☐ schlecht

Mein Privatleben

☐ gut ☐ schlecht

Heute fühle ich mich

☐ glücklich ☐ unglücklich

☐ motiviert ☐ traurig

☐ müde ☐ fit

Am meisten nachgedacht über

Tages-bewertung

10 (super)

5 (solala)

1 (mies)

Samstag

Smiley des Tages

Mein Highlight des Tages

_____

_____

Mein Tiefpunkt des Tages

_____

_____

Mein Arbeitstag

☐ gut ☐ schlecht

Mein Privatleben

☐ gut ☐ schlecht

Heute fühle ich mich

☐ glücklich ☐ unglücklich

☐ motiviert ☐ traurig

☐ müde ☐ fit

Am meisten nachgedacht über

Tages-bewertung

10 (super)

5 (solala)

1 (mies)

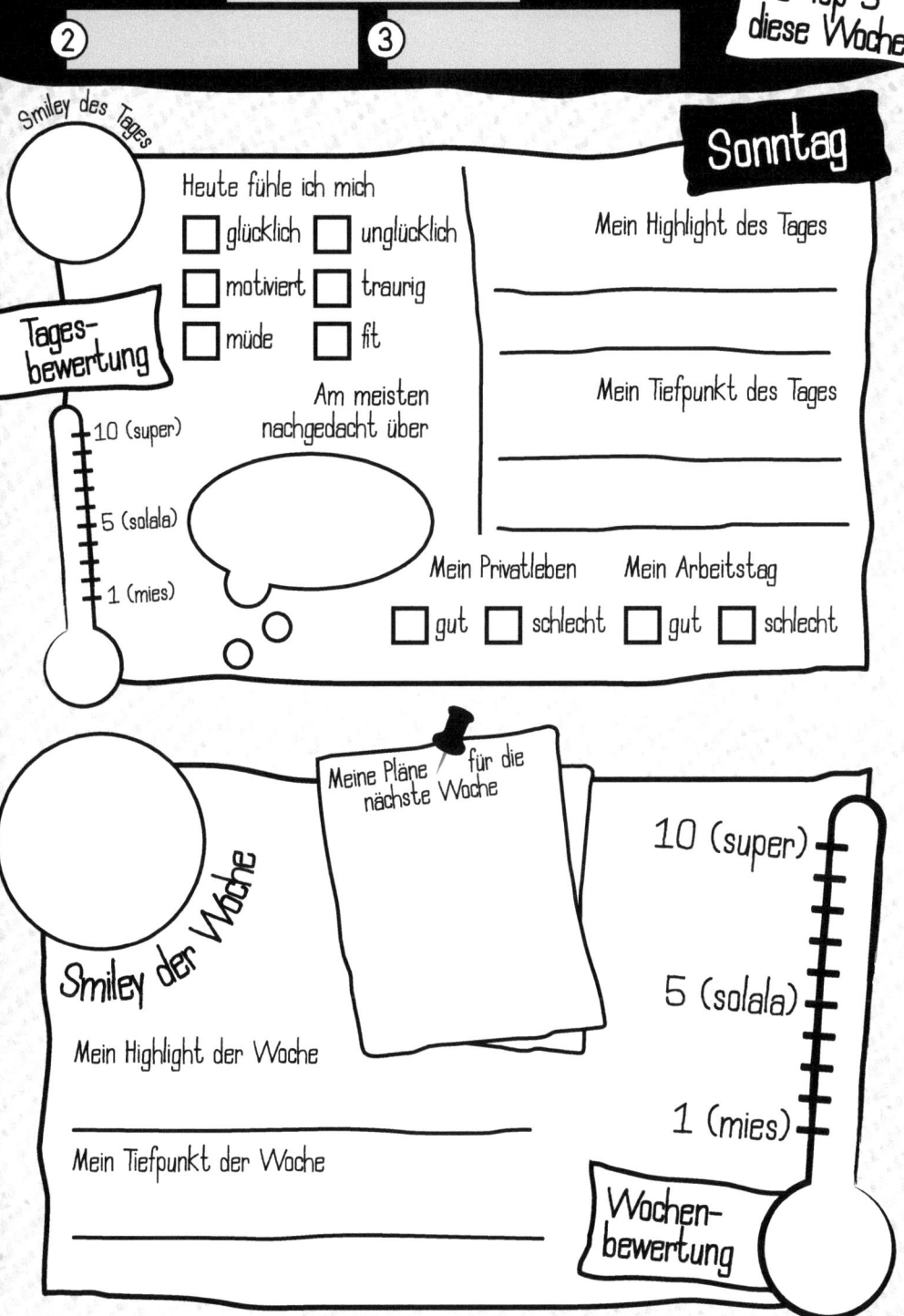

Woche 50   vom _____ bis _____ Jahr _____

Montag

Smiley des Tages

Mein Highlight des Tages

_____

_____

Mein Tiefpunkt des Tages

_____

_____

Mein Arbeitstag

☐ gut ☐ schlecht

Mein Privatleben

☐ gut ☐ schlecht

Heute fühle ich mich

☐ glücklich ☐ unglücklich

☐ motiviert ☐ traurig

☐ müde ☐ fit

Am meisten
nachgedacht über

Tages-
bewertung

10 (super)

5 (solala)

1 (mies)

Dienstag

Smiley des Tages

Mein Highlight des Tages

_____

_____

Mein Tiefpunkt des Tages

_____

_____

Mein Arbeitstag

☐ gut ☐ schlecht

Mein Privatleben

☐ gut ☐ schlecht

Heute fühle ich mich

☐ glücklich ☐ unglücklich

☐ motiviert ☐ traurig

☐ müde ☐ fit

Am meisten
nachgedacht über

Tages-
bewertung

10 (super)

5 (solala)

1 (mies)

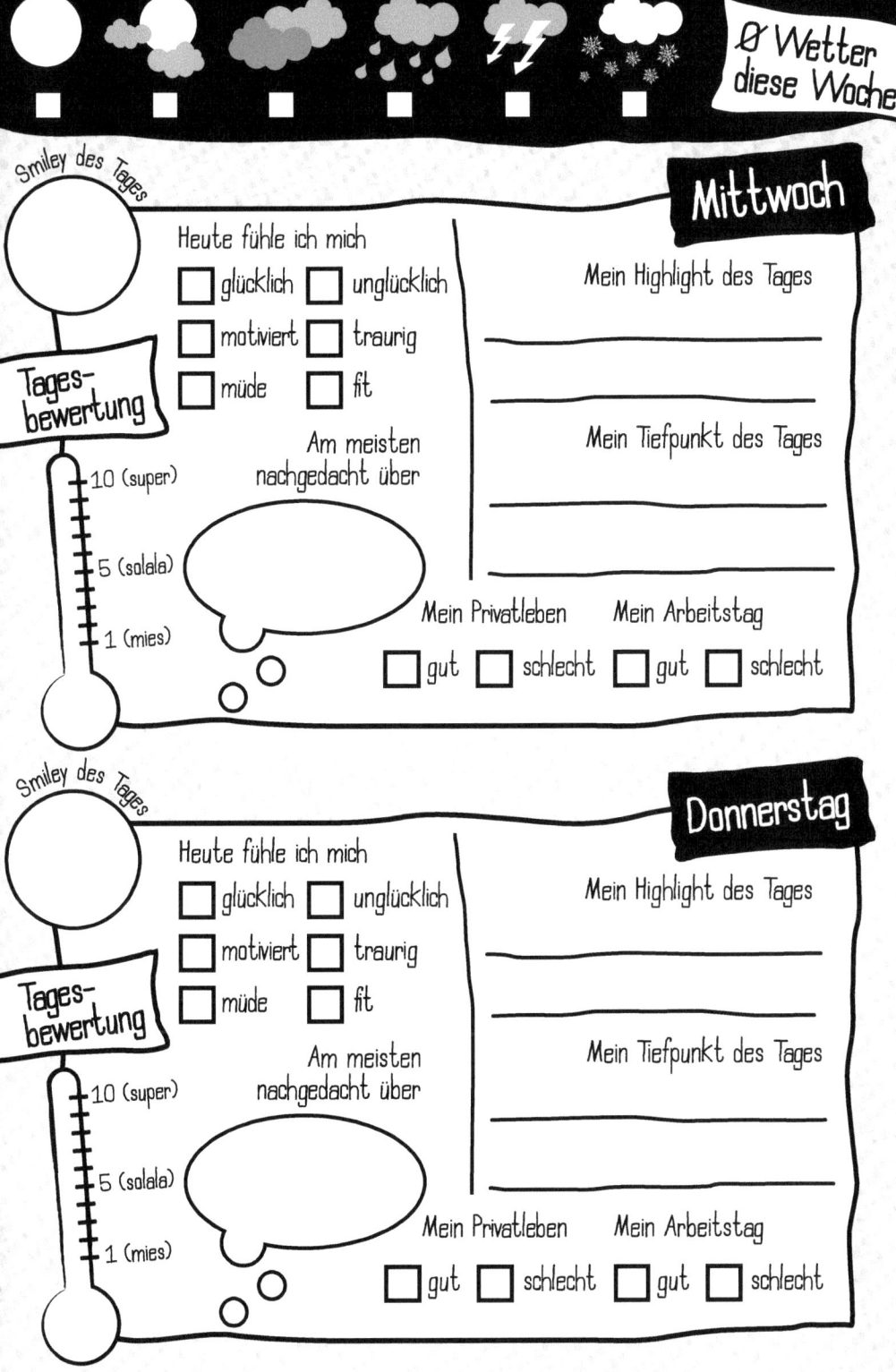

Tageskurve

10
5
1

Montag   Dienstag   Mittwoch   Donnerstag   Freitag   Samstag   Sonntag

Freitag

Smiley des Tages

Mein Highlight des Tages

_____

_____

Mein Tiefpunkt des Tages

_____

_____

Mein Arbeitstag   Mein Privatleben

☐ gut ☐ schlecht   ☐ gut ☐ schlecht

Heute fühle ich mich

☐ glücklich ☐ unglücklich

☐ motiviert ☐ traurig

☐ müde ☐ fit

Am meisten
nachgedacht über

Tages-
bewertung

10 (super)

5 (solala)

1 (mies)

Samstag

Smiley des Tages

Mein Highlight des Tages

_____

_____

Mein Tiefpunkt des Tages

_____

_____

Mein Arbeitstag   Mein Privatleben

☐ gut ☐ schlecht   ☐ gut ☐ schlecht

Heute fühle ich mich

☐ glücklich ☐ unglücklich

☐ motiviert ☐ traurig

☐ müde ☐ fit

Am meisten
nachgedacht über

Tages-
bewertung

10 (super)

5 (solala)

1 (mies)

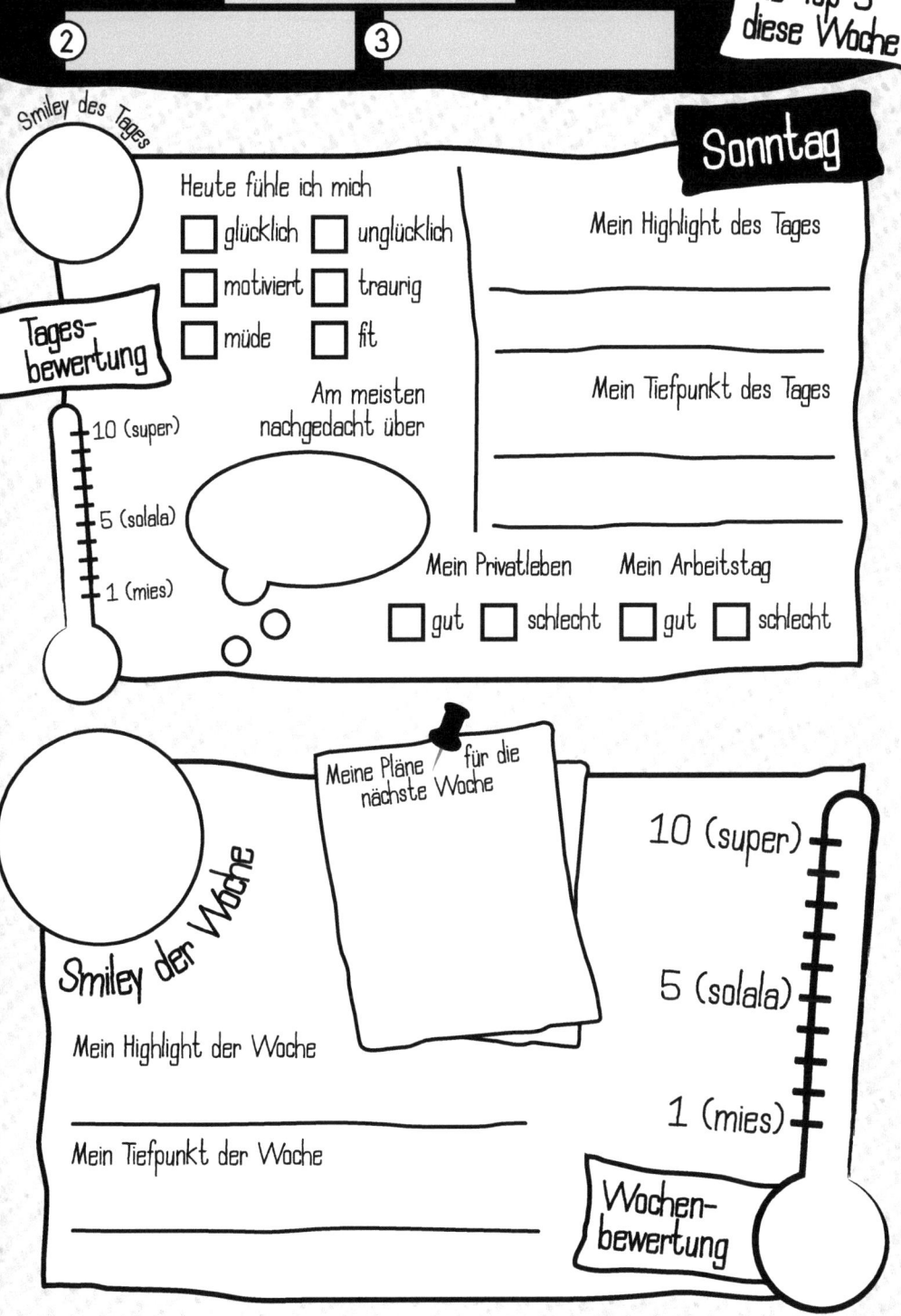

Woche 51

vom _____ bis _____ Jahr _____

Montag

Smiley des Tages

Mein Highlight des Tages

_____

_____

Mein Tiefpunkt des Tages

_____

_____

Mein Arbeitstag

☐ gut ☐ schlecht

Mein Privatleben

☐ gut ☐ schlecht

Heute fühle ich mich

☐ glücklich ☐ unglücklich

☐ motiviert ☐ traurig

☐ müde ☐ fit

Am meisten nachgedacht über

Tages-bewertung

10 (super)

5 (solala)

1 (mies)

Dienstag

Smiley des Tages

Mein Highlight des Tages

_____

_____

Mein Tiefpunkt des Tages

_____

_____

Mein Arbeitstag

☐ gut ☐ schlecht

Mein Privatleben

☐ gut ☐ schlecht

Heute fühle ich mich

☐ glücklich ☐ unglücklich

☐ motiviert ☐ traurig

☐ müde ☐ fit

Am meisten nachgedacht über

Tages-bewertung

10 (super)

5 (solala)

1 (mies)

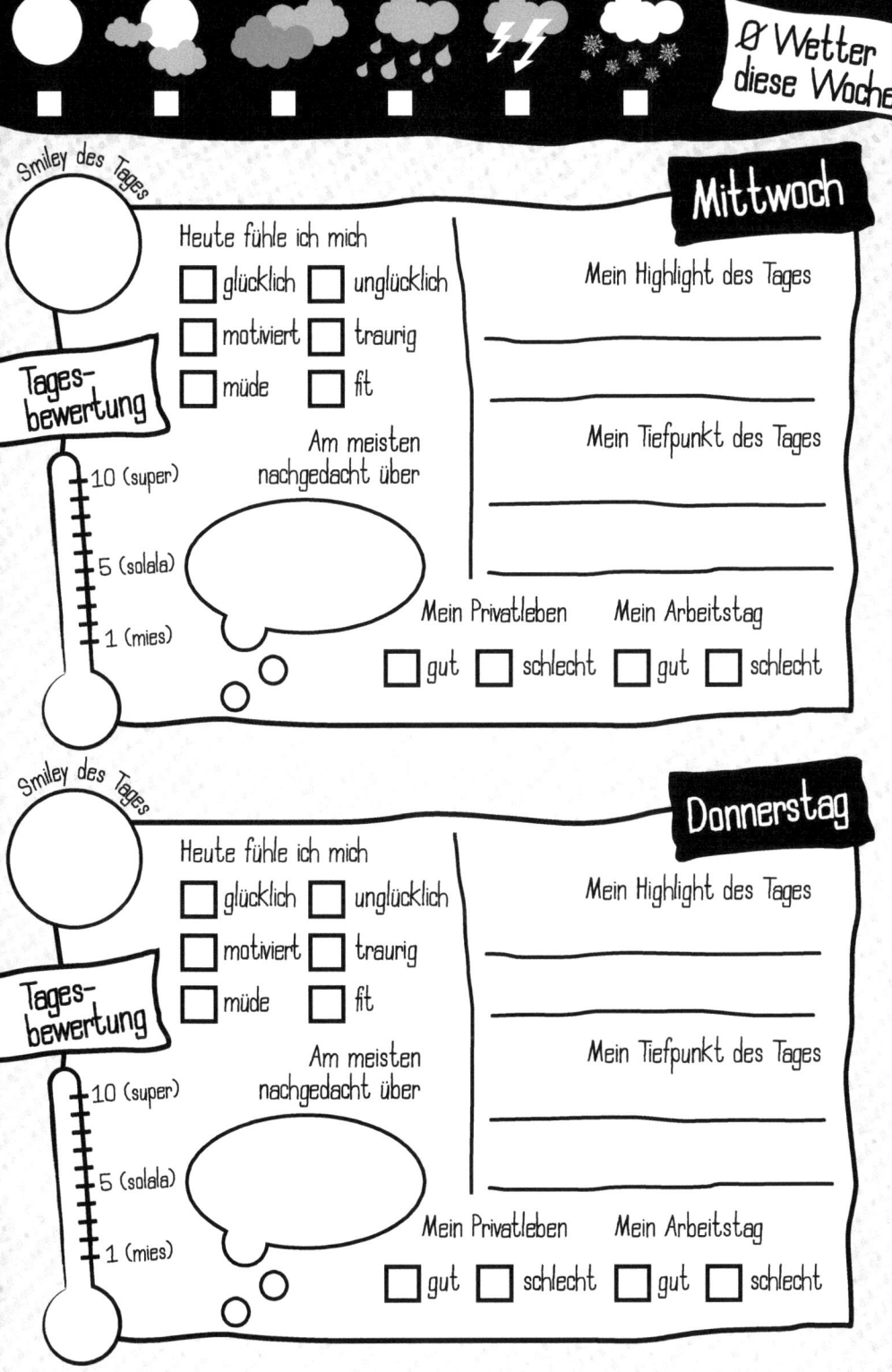

Ø Wetter diese Woche

Mittwoch

Smiley des Tages

Heute fühle ich mich

☐ glücklich ☐ unglücklich
☐ motiviert ☐ traurig
☐ müde ☐ fit

Tages-bewertung

10 (super)
5 (solala)
1 (mies)

Am meisten nachgedacht über

Mein Highlight des Tages
_____
_____

Mein Tiefpunkt des Tages
_____
_____

Mein Privatleben   Mein Arbeitstag

☐ gut ☐ schlecht   ☐ gut ☐ schlecht

Donnerstag

Smiley des Tages

Heute fühle ich mich

☐ glücklich ☐ unglücklich
☐ motiviert ☐ traurig
☐ müde ☐ fit

Tages-bewertung

10 (super)
5 (solala)
1 (mies)

Am meisten nachgedacht über

Mein Highlight des Tages
_____
_____

Mein Tiefpunkt des Tages
_____
_____

Mein Privatleben   Mein Arbeitstag

☐ gut ☐ schlecht   ☐ gut ☐ schlecht

Tageskurve

10
5
1

Montag   Dienstag   Mittwoch   Donnerstag   Freitag   Samstag   Sonntag

Freitag

Smiley des Tages

Mein Highlight des Tages

_____

_____

Mein Tiefpunkt des Tages

_____

_____

Mein Arbeitstag

☐ gut ☐ schlecht

Mein Privatleben

☐ gut ☐ schlecht

Heute fühle ich mich

☐ glücklich ☐ unglücklich

☐ motiviert ☐ traurig

☐ müde ☐ fit

Am meisten
nachgedacht über

Tages-
bewertung

10 (super)

5 (solala)

1 (mies)

Samstag

Smiley des Tages

Mein Highlight des Tages

_____

_____

Mein Tiefpunkt des Tages

_____

_____

Mein Arbeitstag

☐ gut ☐ schlecht

Mein Privatleben

☐ gut ☐ schlecht

Heute fühle ich mich

☐ glücklich ☐ unglücklich

☐ motiviert ☐ traurig

☐ müde ☐ fit

Am meisten
nachgedacht über

Tages-
bewertung

10 (super)

5 (solala)

1 (mies)

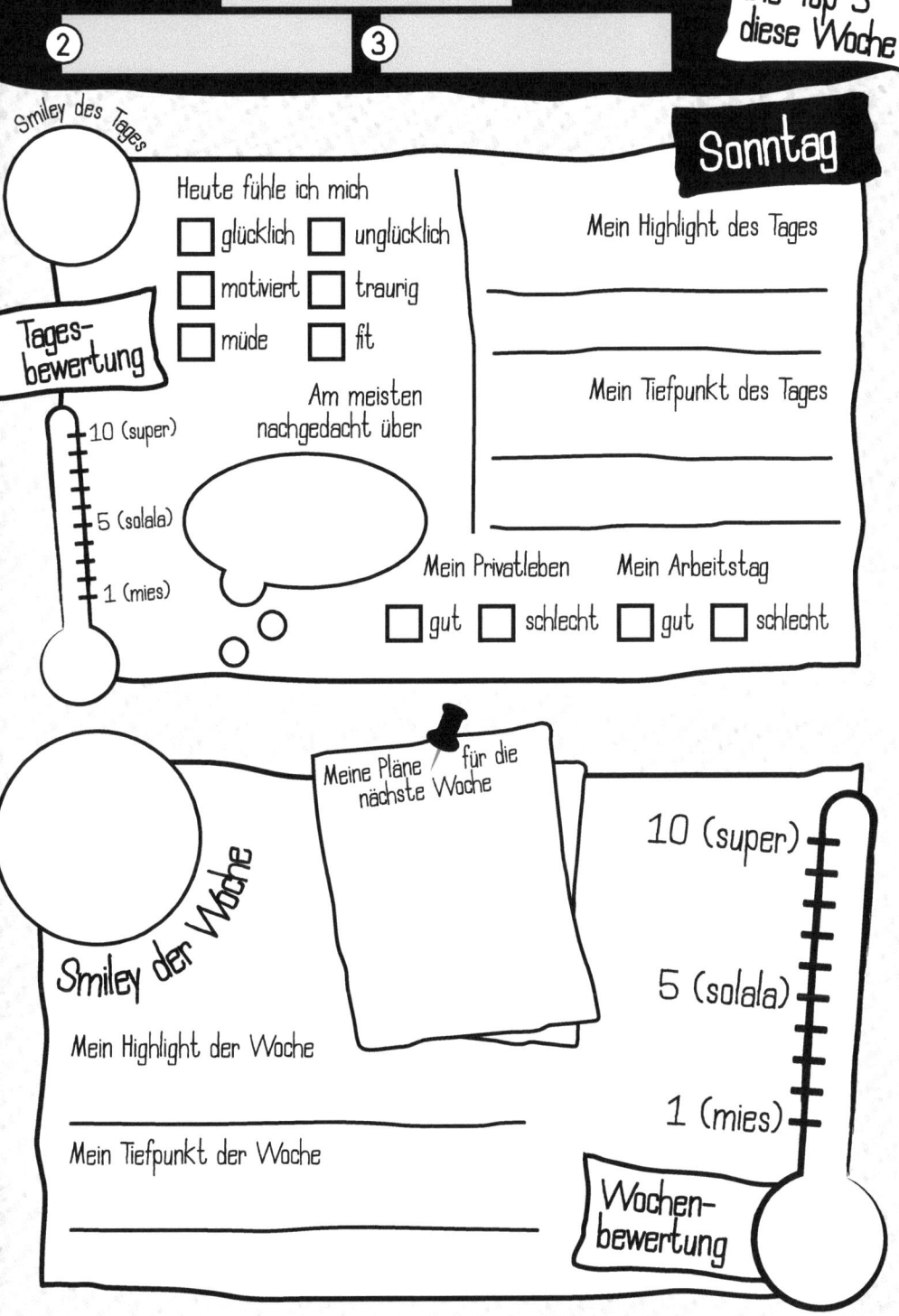

Woche 52 vom _____ bis _____ Jahr _____

Montag

Mein Highlight des Tages

_____

_____

Mein Tiefpunkt des Tages

_____

_____

Mein Arbeitstag

☐ gut ☐ schlecht

Mein Privatleben

☐ gut ☐ schlecht

Heute fühle ich mich

☐ glücklich ☐ unglücklich

☐ motiviert ☐ traurig

☐ müde ☐ fit

Am meisten nachgedacht über

Smiley des Tages

Tages-bewertung

10 (super)

5 (solala)

1 (mies)

Dienstag

Mein Highlight des Tages

_____

_____

Mein Tiefpunkt des Tages

_____

_____

Mein Arbeitstag

☐ gut ☐ schlecht

Mein Privatleben

☐ gut ☐ schlecht

Heute fühle ich mich

☐ glücklich ☐ unglücklich

☐ motiviert ☐ traurig

☐ müde ☐ fit

Am meisten nachgedacht über

Smiley des Tages

Tages-bewertung

10 (super)

5 (solala)

1 (mies)

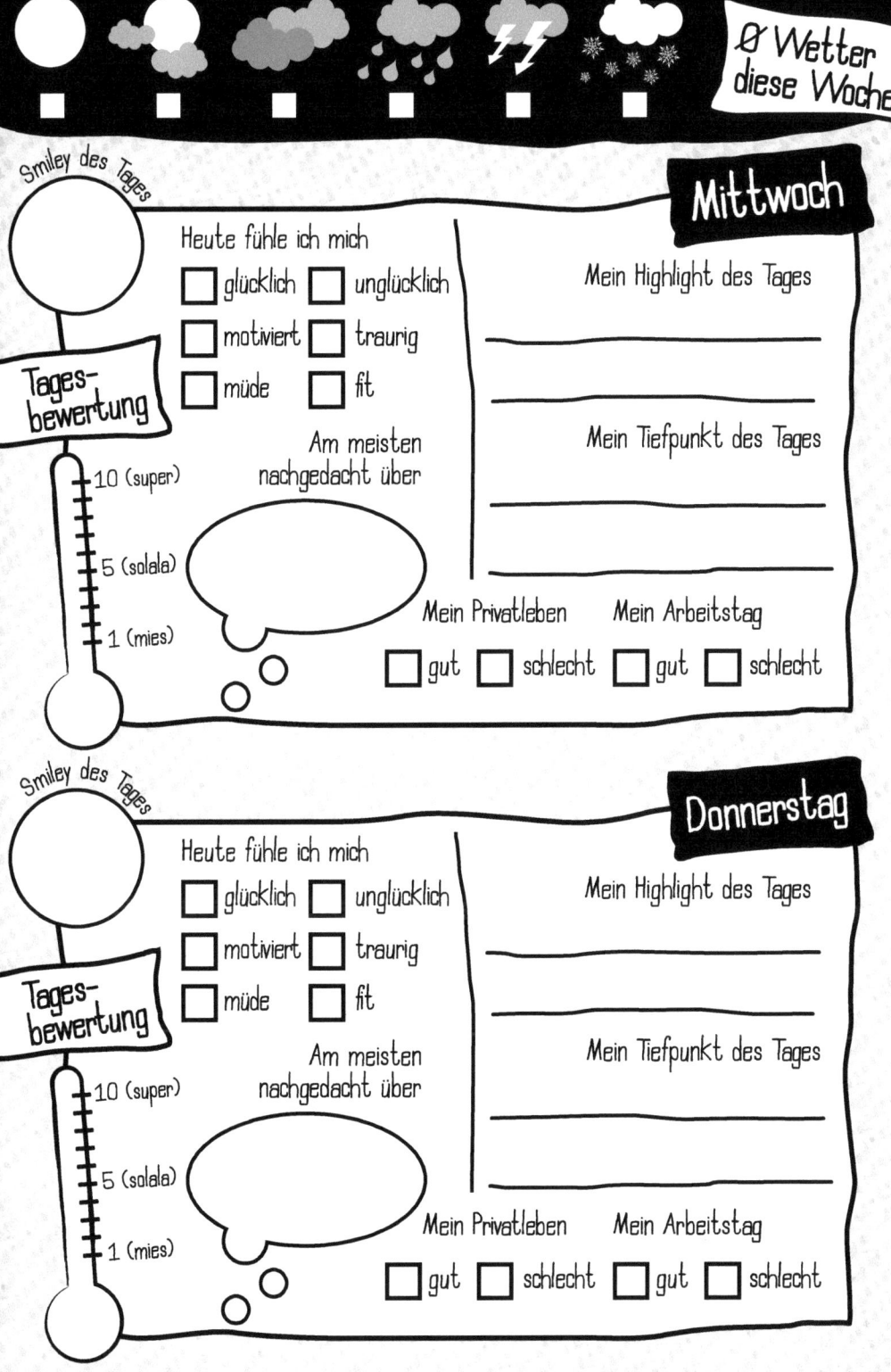

Tageskurve

10
5
1

Montag Dienstag Mittwoch Donnerstag Freitag Samstag Sonntag

Freitag

Smiley des Tages

Mein Highlight des Tages

_____

_____

Mein Tiefpunkt des Tages

_____

_____

Mein Arbeitstag

☐ gut ☐ schlecht

Mein Privatleben

☐ gut ☐ schlecht

Heute fühle ich mich

☐ glücklich ☐ unglücklich

☐ motiviert ☐ traurig

☐ müde ☐ fit

Am meisten nachgedacht über

Tages-bewertung

10 (super)

5 (solala)

1 (mies)

Samstag

Smiley des Tages

Mein Highlight des Tages

_____

_____

Mein Tiefpunkt des Tages

_____

_____

Mein Arbeitstag

☐ gut ☐ schlecht

Mein Privatleben

☐ gut ☐ schlecht

Heute fühle ich mich

☐ glücklich ☐ unglücklich

☐ motiviert ☐ traurig

☐ müde ☐ fit

Am meisten nachgedacht über

Tages-bewertung

10 (super)

5 (solala)

1 (mies)

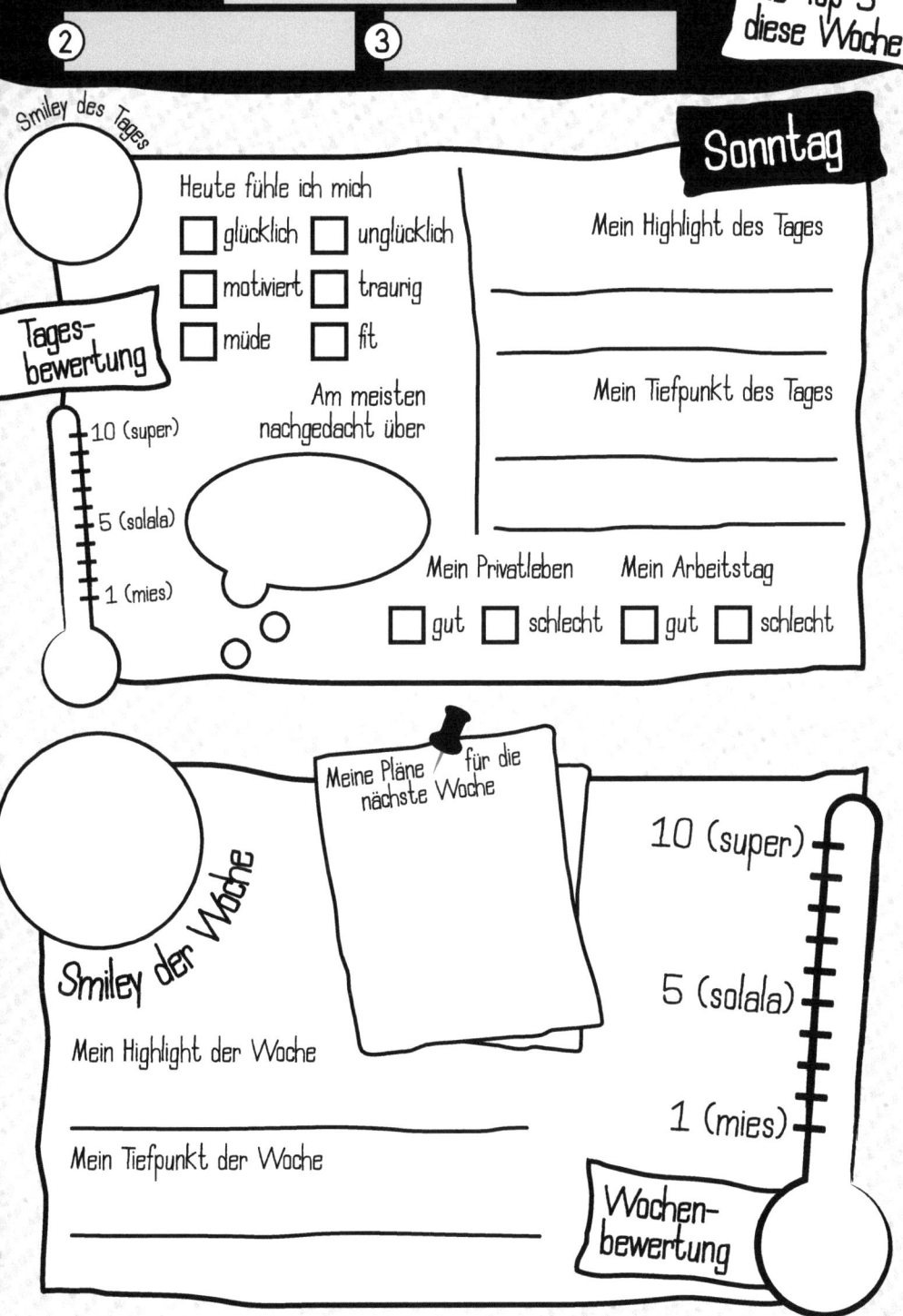

Woche 53   vom _____ bis _____ Jahr _____

Montag

Smiley des Tages

Mein Highlight des Tages

_____

_____

Mein Tiefpunkt des Tages

_____

_____

Mein Arbeitstag   Mein Privatleben

☐ gut ☐ schlecht   ☐ gut ☐ schlecht

Heute fühle ich mich

☐ glücklich ☐ unglücklich

☐ motiviert ☐ traurig

☐ müde ☐ fit

Am meisten nachgedacht über

Tages-bewertung

10 (super)

5 (solala)

1 (mies)

Dienstag

Smiley des Tages

Mein Highlight des Tages

_____

_____

Mein Tiefpunkt des Tages

_____

_____

Mein Arbeitstag   Mein Privatleben

☐ gut ☐ schlecht   ☐ gut ☐ schlecht

Heute fühle ich mich

☐ glücklich ☐ unglücklich

☐ motiviert ☐ traurig

☐ müde ☐ fit

Am meisten nachgedacht über

Tages-bewertung

10 (super)

5 (solala)

1 (mies)

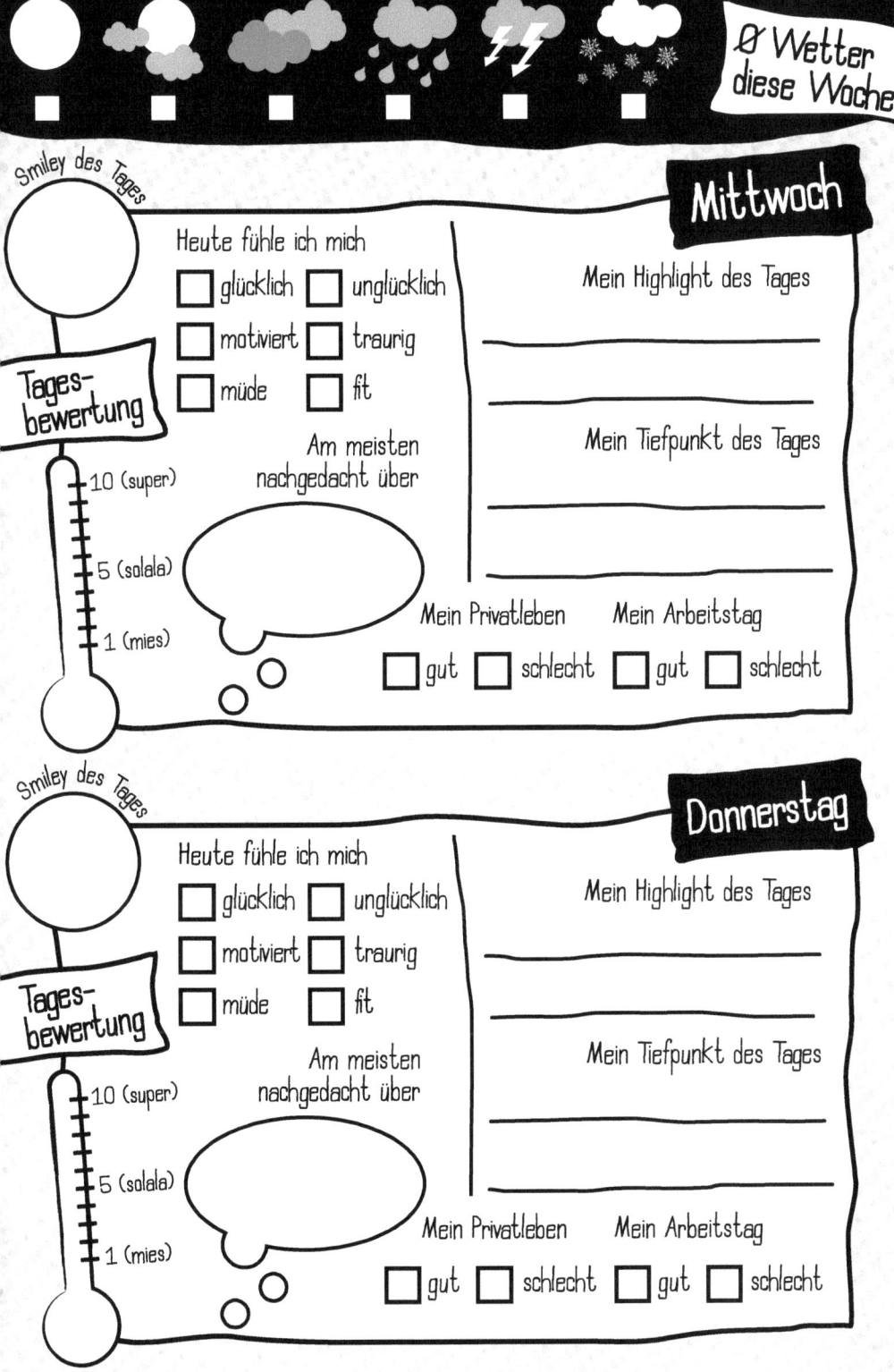

Tageskurve

10
5
1

Montag Dienstag Mittwoch Donnerstag Freitag Samstag Sonntag

Freitag

Smiley des Tages

Mein Highlight des Tages

_____

_____

Mein Tiefpunkt des Tages

_____

_____

Mein Arbeitstag

☐ gut ☐ schlecht

Heute fühle ich mich

☐ glücklich ☐ unglücklich

☐ motiviert ☐ traurig

☐ müde ☐ fit

Am meisten nachgedacht über

Mein Privatleben

☐ gut ☐ schlecht

Tages-bewertung

10 (super)

5 (solala)

1 (mies)

Samstag

Smiley des Tages

Mein Highlight des Tages

_____

_____

Mein Tiefpunkt des Tages

_____

_____

Mein Arbeitstag

☐ gut ☐ schlecht

Heute fühle ich mich

☐ glücklich ☐ unglücklich

☐ motiviert ☐ traurig

☐ müde ☐ fit

Am meisten nachgedacht über

Mein Privatleben

☐ gut ☐ schlecht

Tages-bewertung

10 (super)

5 (solala)

1 (mies)

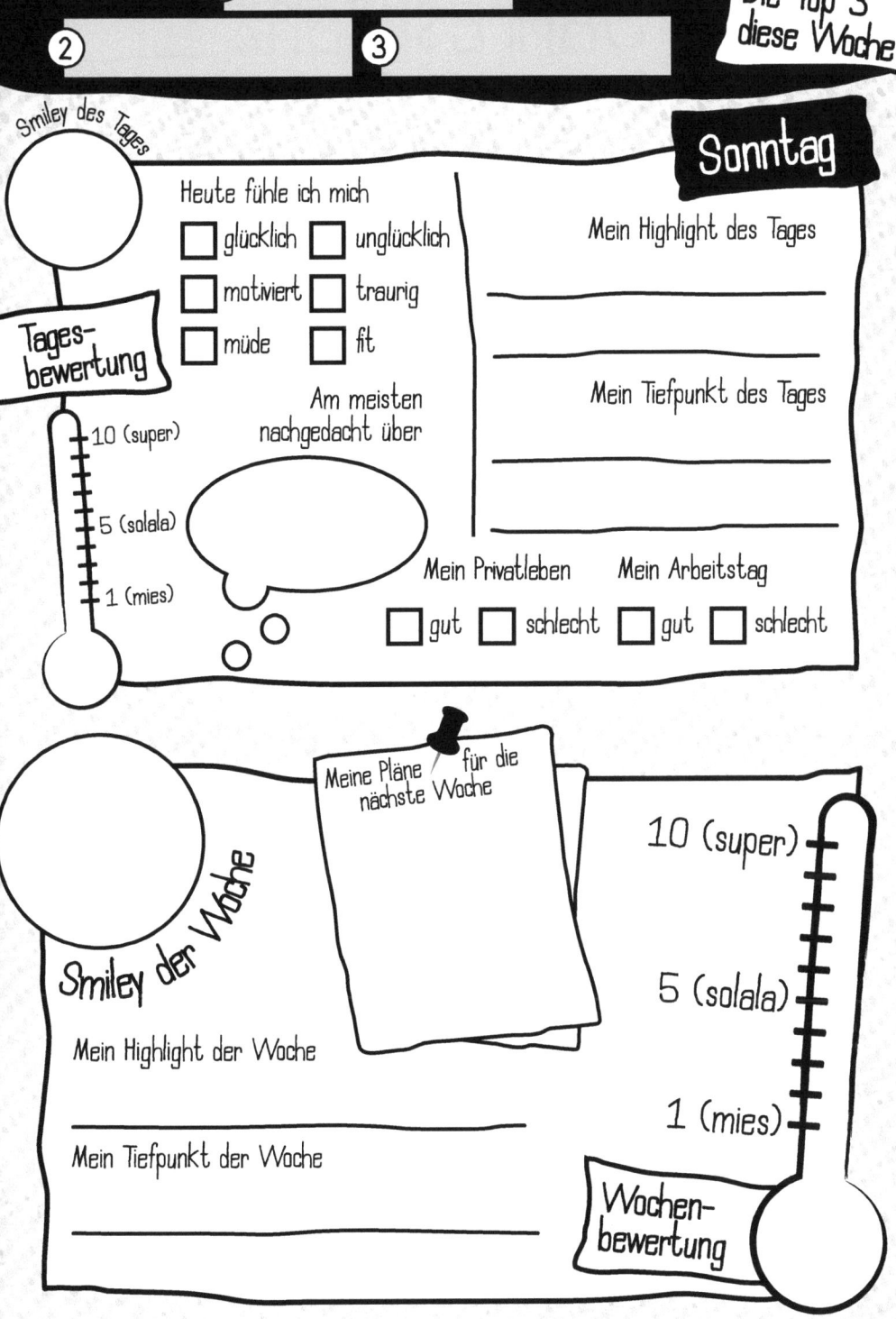

Meine Jahresbilanz

Positive Dinge des Jahres

Negative Dinge des Jahres

Ich habe alle Pläne, die ich mir für das letzte Jahr vorgenommen habe, verwirklicht

☐ ja ☐ nein

Die beste Nachricht des Jahres

Welche nicht?

_____

_____

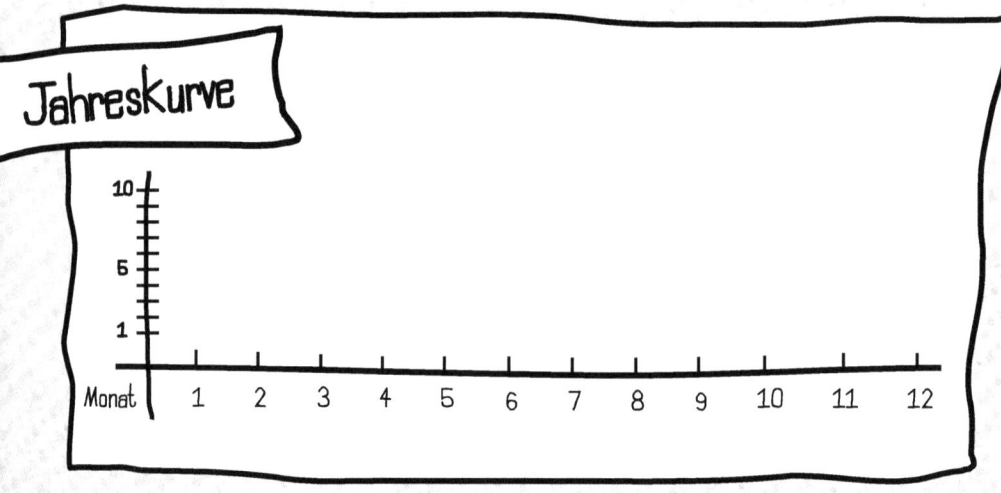

Jahreskurve

Monat: 1 2 3 4 5 6 7 8 9 10 11 12

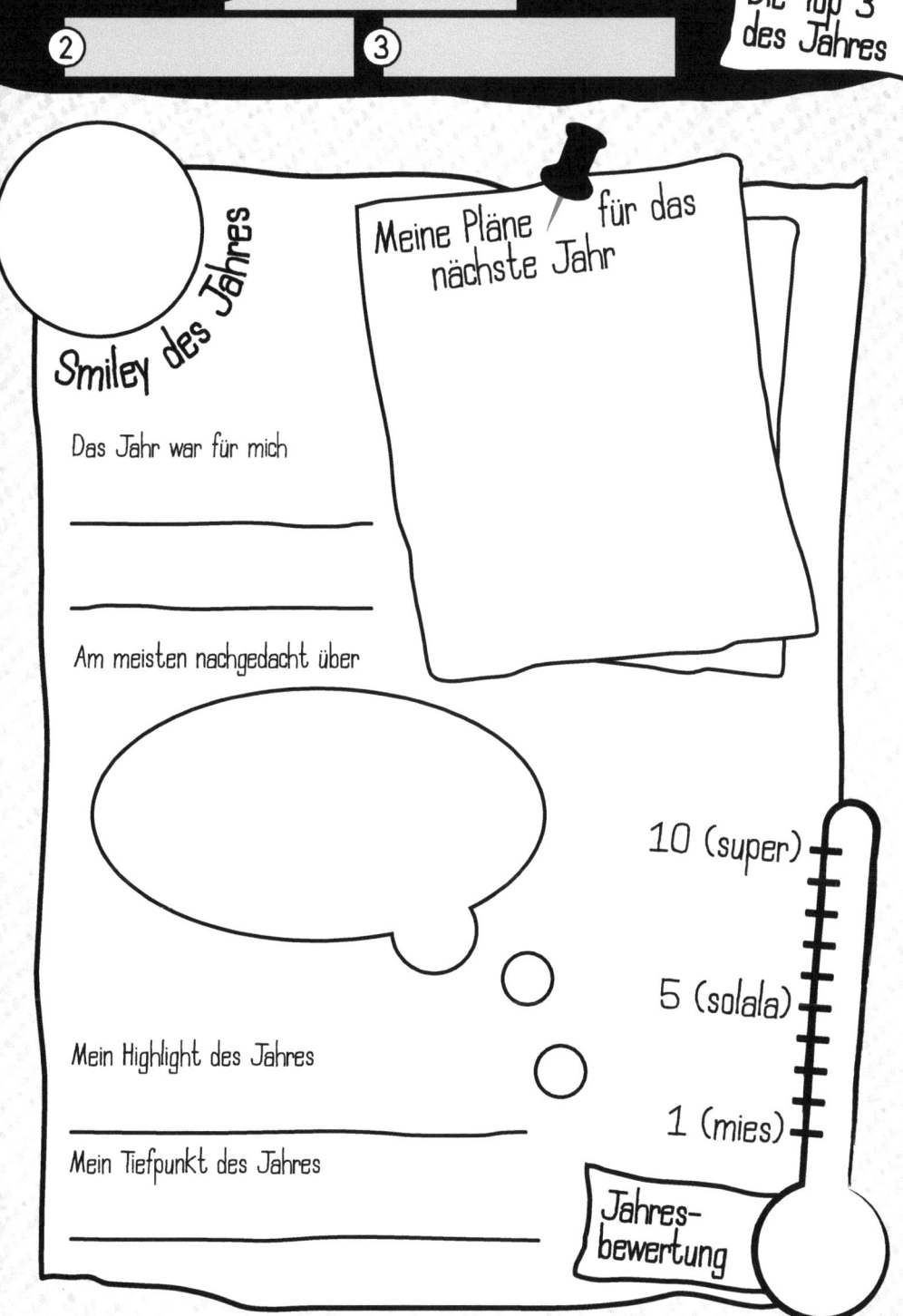

Die Top 3
des Jahres

① ② ③

Smiley des Jahres

Meine Pläne für das nächste Jahr

Das Jahr war für mich

_____

_____

Am meisten nachgedacht über

Mein Highlight des Jahres

_____

Mein Tiefpunkt des Jahres

_____

10 (super)

5 (solala)

1 (mies)

Jahres-
bewertung